河北省教育厅人文社会科学研究重大课题攻关项目"新时代河北省乡村教师继续教育模式构建研究",项目编号:ZD201803。

|光明社科文库|

乡村教师继续教育I-U-G-S模式构建研究

王 颖 等◎著

光明日报出版社

图书在版编目（CIP）数据

乡村教师继续教育 I-U-G-S 模式构建研究 / 王颖等著. -- 北京：光明日报出版社，2023.5
ISBN 978-7-5194-7285-6

Ⅰ.①乡… Ⅱ.①王… Ⅲ.①农村学校—教师—继续教育—研究—中国 Ⅳ.①G451.2

中国国家版本馆 CIP 数据核字（2023）第 096157 号

乡村教师继续教育 I-U-G-S 模式构建研究
XIANGCUN JIAOSHI JIXU JIAOYU I-U-G-S MOSHI GOUJIAN YANJIU

著　　者：王　颖　等	
责任编辑：许　怡	责任校对：王　娟　乔宇佳
封面设计：中联华文	责任印制：曹　净

出版发行：光明日报出版社
地　　址：北京市西城区永安路 106 号，100050
电　　话：010-63169890（咨询），010-63131930（邮购）
传　　真：010-63131930
网　　址：http://book.gmw.cn
E - mail：gmrbcbs@gmw.cn
法律顾问：北京市兰台律师事务所龚柳方律师
印　　刷：三河市华东印刷有限公司
装　　订：三河市华东印刷有限公司
本书如有破损、缺页、装订错误，请与本社联系调换，电话：010-63131930

开　　本：170mm×240mm
字　　数：278 千字　　　　　　　印　　张：15.5
版　　次：2023 年 5 月第 1 版　　印　　次：2023 年 5 月第 1 次印刷
书　　号：ISBN 978-7-5194-7285-6
定　　价：95.00 元

版权所有　　翻印必究

前 言

习近平总书记在党的十九大报告中明确提出实施乡村振兴战略,强调把实施乡村振兴战略摆在优先位置,让乡村振兴成为全党全社会的共同行动。在二十大报告中,习近平总书记又指出"全面推进乡村振兴,坚持农业农村优先发展……扎实推动乡村产业、人才、文化、生态、组织振兴",为今后的农业农村工作指明了方向。乡村振兴,教育先行,重中之重是"努力造就一支热爱乡村、数量充足、素质优良、充满活力的乡村教师队伍"。乡村教师是发展更加公平有质量乡村教育的基础支撑,是改善乡村落后面貌、推进乡村振兴、建设社会主义现代化强国、实现中华民族伟大复兴的重要力量。

近几年,党和政府对乡村教师队伍建设给予了高度重视和大力支持,如2015年6月,国务院办公厅印发了我国第一个专门探索乡村教师素质提升和队伍建设的文件——《乡村教师支持计划(2015—2020年)》,强调把乡村教师队伍建设摆在优先发展的战略位置,让每个乡村孩子都能接受公平的、有质量的教育。2016年1月,教育部印发《乡村教师培训指南》,进一步对实施乡村教师培训的针对性和有效性给予专业指导与规范。2020年8月,教育部等六部门《关于加强新时代乡村教师队伍建设的意见》中提出加强新时代乡村教师队伍建设的总体要求:力争经过3—5年努力,乡村教师数量基本满足需求,质量水平明显提升,队伍结构明显优化,地位大幅提高,待遇得到有效保障,职业吸引力持续增强,贫困地区乡村教师队伍建设明显加强。并提出"创新教师教育模式,培育符合新时代要求的高质量乡村教师"的举措。以上文件指明了今后乡村教师教育的方向和具体方略,对提升乡村教师教育的认识高度和开展乡村教师教育工作发挥了重要引领作用。但从乡村教育实际来看,乡村教师队伍建设在面临机遇的同时,也面临着诸多新难题,如因为乡村生活和教育条件艰苦、待遇差,教职岗位缺乏吸引力,乡村教师普遍面临着"下不去""留不住"的困境,造成教师数量不足、结构性失衡;新生代乡村教师缺少在乡村生活和工作的经验和感情,对乡村教师的角色定位尤其是乡村振兴背景下的价值定位不清晰，缺乏扎根乡村教育的情怀；多年应试教育使乡村教师单纯教书匠的角色明显，专业素养不高，跟不上乡村社会事业发展的步伐；由于始终在仰视城市教育，乡村教师逐渐失去了职业自信和角色自觉，发展动力严重不足；等等。为改善这一现状，关键是要解决好两方面的问题，一是综合待遇，二是自身发展。因此，除了政府要出台更加完善的政策，如提高乡村教师薪酬待遇、改善乡村教师工作条件、完善保险和住房保障、职称评聘制度向乡村教师倾斜等增强乡村教师职业吸引力的政策之外，乡村教师继续教育工作显得尤为重要。

提高乡村教师专业水平，对提高乡村教师群体地位，从而大幅提高乡村教育质量至关重要。经过各方面的不懈努力，近些年乡村教师继续教育工作卓有成效，但存在的问题也是显而易见的：乡村教师话语权缺失，参与培训通常是遵从硬性要求和常态性规定，缺乏发展的主动性，处于"被教育"状态；以功利目的为主的陈旧的教育观念难以站在"全人教师"的高度设定继续教育目标；扎根乡村的情怀教育等师德养成、通识性知识学习和人文素养提升在教育内容里较少呈现；培训方式单一，针对性和实操性不足，网络远程教育形式化明显，优质多样的培训机会惠及面小；以高校教师为主体的培训者缺乏对乡村教育和教师的了解，培训城市化和理论化倾向明显；对乡村教师培训需求调研和支持不充分，缺乏培训后的回访与跟踪指导；参与培训的各方沟通不畅，合作效率低下，资源难以整合；整体看，乡村教师对继续教育的实效性评价不高。同时，我国乡村教师分布地域广泛，各地教育条件差别巨大。认清乡村教师所处的时代背景与生态环境，就会对乡村教师教育的重要性和迫切性有充分认识；认清乡村教师继续教育的现实，对改变当前乡村教师继续教育低效的责任感和使命感就会油然而生。那么，应该如何开展乡村教师继续教育工作，使乡村教师真正成为乡村社会文化的支柱？这是每一位关注乡村教育和乡村教师发展的研究者都要深入思考的问题。

本书是河北省教育厅人文社会科学研究重大攻关项目"河北省乡村教师继续教育模式构建研究"的研究成果。项目组成员通过近五年的理论与实践探索，围绕着研究主题在乡村学校做了大量考察和调研工作，并在实验的基础上提出构建乡村教师继续教育I-U-G-S模式。I-U-G-S是Individual-University-Government-School的简写，意指在对新时代乡村教育生态充分认识的基础上，基于教师专业发展理论和当前乡村教师继续教育实际，以充分发挥乡村教师自主发展的积极性，发挥一线教学名师和本地域、本校骨干教师的引领作用，成立乡村教师学习共同体。同时，政府职能部门、师范院校和乡村中小学幼儿园协同配合，优化教师继续教育环境，为乡村教师自主发展创造条件，构建参训教师

（I）主动发展、师范院校（U）引领、高校（G）组织、乡村学校（S）配合的四位一体协同教育新模式。本书详细阐述了此模式的研究背景、研究设计方案、理论基础、政策和现实依据、模式的内容框架、模式的实践应用与实施效果等方面内容，也有对模式不足的反思与展望。本书对指导乡村教师继续教育工作开展进而提升乡村教师教育质量、促进乡村教育的发展具有重要意义。

本书是集体智慧的结晶。其中，胡国华教授撰写第一章"乡村教师继续教育模式研究的缘起"、第七章第一、二节"乡村教师继续教育有效性评价指标体系构建""乡村中小学教师继续教育I-U-G-S模式的有效性分析"；董烈霞讲师撰写第二章"乡村教师继续教育模式的文献综述"、第三章"乡村教师继续教育模式构建研究设计"、第六章第一节"乡村教师继续教育I-U-G-S模式在中小学的实践应用"；董兰敏讲师撰写第四章"乡村教师继续教育模式构建的现实诉求"；王颖教授撰写第五章"乡村教师继续教育I-U-G-S模式的构建"；刘婷讲师撰写第六章第二节"乡村教师继续教育I-U-G-S模式在幼儿园的实践应用——以M幼儿园为例"、第七章第三节"乡村幼儿教师继续教育I-U-G-S模式的有效性分析"。此外，彭丽华副教授参与了项目全程的调研及培训工作，众多乡村中小学、幼儿园领导和教师对本项目的研究给予了大力支持与配合，在此一并表示衷心感谢。同时，本书引用和借鉴了大量公开发表的学术文献，在此对所有被引用文献的作者表示感谢。感谢出版社的编辑老师，对本书的出版给予大力支持！

需要说明的是，尽管在研究过程中每一位研究者都付出了巨大努力，但由于能力、学识不足，所掌握的资料有限，本书无论在研究过程还是模式构建上还存在诸多问题。怀着一份改善农村教育生态现状的使命感和决心，项目组成员将持续关注乡村教育和乡村教师发展，始终将乡村教师教育作为自己的研究方向，为乡村振兴事业贡献绵薄之力！

项目主持人：王颖

2022年11月

目 录
CONTENTS

第一章　乡村教师继续教育模式研究的缘起 ……………………… 1
　一、乡村教师继续教育变革的时代背景 …………………………… 1
　二、新时代我国乡村教师发展的政策支持 ………………………… 6
　三、当前乡村教师继续教育中存在的现实问题 …………………… 9
　四、未来乡村教师继续教育的历史使命 …………………………… 16

第二章　乡村教师继续教育模式的文献综述 ……………………… 19
　一、概念界定 ………………………………………………………… 19
　二、有代表性的乡村教师继续教育模式介绍及实施现状 ………… 24
　三、当前乡村教师继续教育模式应用存在的问题及原因分析 …… 34

第三章　乡村教师继续教育模式构建研究设计 …………………… 38
　一、研究方法与思路 ………………………………………………… 38
　二、研究目标 ………………………………………………………… 41
　三、研究内容 ………………………………………………………… 42
　四、研究重点 ………………………………………………………… 44
　五、研究意义与创新 ………………………………………………… 45

第四章　乡村教师继续教育模式构建的现实诉求 ………………… 48
　一、乡村教师专业素养现状 ………………………………………… 48
　二、乡村教师专业发展需求现状 …………………………………… 62

第五章　乡村教师继续教育 I-U-G-S 模式的构建 ………………… 81
　一、乡村教师继续教育 I-U-G-S 模式的设计理念 ………………… 81
　二、乡村教师继续教育 I-U-G-S 模式的内涵与运行机制 ………… 92
　三、乡村教师继续教育 I-U-G-S 模式的基本架构 ………………… 96

  四、乡村教师继续教育 I-U-G-S 模式运行的保障 ………………… 114

第六章　乡村教师继续教育 I-U-G-S 模式的实践应用 ……………… 119
  一、乡村教师继续教育 I-U-G-S 模式在中小学的实践应用 ………… 119
  二、乡村教师继续教育 I-U-G-S 模式在幼儿园的实践应用——以 M 幼儿园为例 ……………………………………………………………… 133

第七章　乡村教师继续教育 I-U-G-S 模式的实施效果 ……………… 149
  一、乡村教师继续教育有效性评价指标体系构建 …………………… 150
  二、乡村中小学教师继续教育 I-U-G-S 模式的有效性分析 ………… 156
  三、乡村幼儿教师继续教育 I-U-G-S 模式的有效性分析 …………… 185

参考文献 ………………………………………………………………… 203
附　录 …………………………………………………………………… 206

第一章

乡村教师继续教育模式研究的缘起

一、乡村教师继续教育变革的时代背景

当前，人类社会已经迈进了"全球化""信息化""网络化"这一前所未有的世界大变革时代，科学技术日新月异，社会转型日益加速，综合国力竞争激烈，多元文化冲突交融，互联网技术的创新与变迁正在深刻改变着人们传统的生产和生活方式，当变革成为时代发展的主流，当人才成为时代进步的动力时，大力推进教育改革、深度赋能教育发展、不断提升教育质量必将成为世界各国未来发展的共同选择。

随着人类快速步入全球化知识经济时代，人工智能等信息技术正在广泛运用于教育领域，助推在线学习和虚拟教育的迭代演进，不断生成新的教育生态。与此同时，追求教育公平，反思教育价值，构建现代化教育治理体系，提升学生核心素养和全球胜任力，探索项目式学习，深入课程教学改革，打造信息化时代教育发展的新常态等众多问题开始引发全社会的广泛关注。在风起云涌的教育变革大潮中，提高教育质量始终是教育发展的核心内容和最终追求，所谓"百年大计，教育为本；教育大计，教师为本"，教师无疑是教育发展中最为关键和重要的议题。因此，通过探索教师教育发展的新路径和新模式以不断提升教师专业水平，进而提高人才培养规格和教育质量早已成为国际社会的共识。

（一）国际背景

自20世纪60年代，法国著名成人教育家保罗·朗格朗提出"终身教育"这一概念，经由联合国教科文组织的直接倡导和推动，得到了世界各国政府的积极响应，如今已经发展成为当代一种最具普遍性和生命力的国际性教育思潮。终身教育思潮，冲破了传统教育的藩篱，拓展了教育的内涵和外延，是教育对现代社会深刻变革做出的积极回应，也是人类实现自身发展的必然途径。伴随着信息化时代的到来，知识呈现几何级快速增长，改变了人们将教师作为知识垄断者的传统认知，教师开始逐渐从"知识掌握者"向"持续学习者"的角色转变。可以说，终身教育在教育理论和实践领域中引起了一场广泛而深刻的革命，而在这一社会背景下，学校被要求发挥出引领世界教育变革的重要作用，而教师也必将成为这场变革的中心。持续不断的学习将成为教师获得专业发展的必然选择，唯有不断学习，持续更新教育理念，调整知识结构，提升能力水平，才能不断完善自我、发展自我，进而跟上时代的步伐。面对终身教育、终身学习型社会对学校教育和教师提出的严峻挑战，为适应未来日新月异的社会对教师素养提出的种种要求，世界各国都在为重新定位教师角色、完善教师培训计划、提升教师专业素质而做出种种努力。

英国社会各界普遍认为，高质量教师缺失制约了学校教育高质量发展，而学校教育质量低下又是导致年轻一代难以适应社会的主要原因。为改变这一现状，自20世纪六七十年代以来，英国就非常重视教师培训工作。[1] 1972年出台了《詹姆斯报告》，提出了一个全新的教师职前教育和在职培训计划，即著名的"师资培训三段法"，把师资培训分成个人高等教育、职前教育专业训练和在职进修三个阶段构成的统一体。1975年撤销了"地区师资培训组织"，使师范院校成为公共高等教育机构。同时，师范教育由定向与非定向相结合的体制转变为非定向体制，促进了教师教育的多元化发展。1992年，英国颁布的《继续教育和高等教育法》中明确规定"继续教育学院从地方教育局独立出来，教师继续教育不再属于地方教育局，而是由中央政府统一管理"。该法还规定继续教育经费由中央政府通过新成立的英格兰继续教育拨款委员会和威尔士继续教育拨款委员会提供，以确保继续教育经费专款专用。21世纪以后，地方政府管辖的学习与技能委员会成为协调教师培训机构间合作的主要部门，这一管理方式的转变，有利于地方根据自身需求，对当地教师展开有针对性的培训，很大程度上满足了教师培训需求，提升了培训效果。

法国《继续教育法》明确规定：中小学教师每年都要安排两周时间接受在职培训。为加大教师培训力度，法国还实施过全国小学教师教育计划，提出"国家在教师预算项目中增加3%用于支付教师带薪学习。每位教师在其一生的职业生涯中，可以获取累计两年的全薪进修假"[2]，这一规定从时间和经费两方面为中小学教师提供了充足的保障。

美国虽然实施分权制教育管理体制，但联邦政府也积极通过立法来对国家

---

[1] 祝怀新，许啸. 英国教师培训管理体系改革探析 [J]. 西南大学学报（社会科学版），2009（3）：90-93.

[2] 李均. 当代发达国家教师继续教育的发展趋势 [J]. 外国中小学教育，2002（6）：1-3, 25.

教师的培训工作提出统一要求，如《2009年美国复苏与再投资法案》中确定了教育稳定基金计划，要求各州只有制定具体的组织实施教师培训工作的计划方案，才能申请领取稳定金，以此促使各州重视教师培训工作。[1]

韩国为了使教员持续具有专业化的知识和技能、强烈的教育使命感和真挚的教育爱心，一直非常重视教员研修制度。《教员研修规定》及其实施规则明确对不同层次学校教师资格的研修课程做出了学时和学分的具体规定：教师1、2级、校监、园监的每次研修时间要求在30日以上，并至少保证180小时的学习时间。此外，为了调动教师的积极性，韩国还规定对在岛屿、偏僻地区学校工作的教员要给予优先研修的机会，并支付研修所需的全部经费。[2] 韩国国家层面对教员职后培训在注重标准化教育过程的前提下也兼顾研修过程与评价的多元化，使幼稚园教师、初等、中等教员的职业研修都能根据自身特点和需求开展丰富多样、形态各异的继续教育活动，这有效提升了韩国基础教育的教师质量。

由此可见，当今世界上很多国家为了促进本国教育发展，都纷纷开展适合本国国情的教师培训工作，期望通过大规模高质量的教师研修，提升教师专业素养，实现教育跨越式发展。

（二）国内背景

"强国必先强教，强教必先强师"，教育是国之大计、党之大计，教师则是立教之本、兴教之源。一直以来，我国都十分重视教师队伍建设。

早在1977年10月，教育部就组织召开了全国师资培训工作座谈会，要求利用广播、电视等多种形式，举办教师培训进修班，对现有教师进行培训，争取用三到五年的时间，使绝大多数低水平教师达到合格水平。要求各地建立学校师资培训机构，教育行政部门做好师资培训计划。同年12月，以政府文件形式下发了《关于加强中小学在职教师培训工作的意见》，从此使我国基础教育教师培训有了合法的政策依据，农村教师培训也由此成为政府的重要政策要求。

1980年，教育部出台《关于进一步加强中小学在职教师培训工作的意见》，强调要建立一批地市教师进修学校，承担起县级中小学在职教师终身教育的责任；面向中小学和幼儿园教师，开展学历补偿教育，为职后教师进修进一步提供了机构组织保障。

1992年，国家教委颁发了《关于加快中学教师学历培训步伐的意见》，提

---

[1] 罗生全，张莉. 美国"学校全员培训"述评[J]. 外国中小学教育，2010（8）：56-60.
[2] 洪昌男. 教职条件改善和教育潜力开发：韩国教育60年[M]. 首尔：首尔大学出版文化院，2010：201.

出通过函授、自学考试和卫星电视教育等多样化的培训方式尽快提高中学教师学历达标率，最大限度地动员学历不合格教师参加分期分批培训。

1995年，《中华人民共和国教育法》第一次以立法形式确立了终身教育理念，将在职教师的"学历教育"转变为"终身教育"，为全新的教师培训制度建立和完善奠定了法理基础。此后，政策文本对于"教师培训"的表述也多改为"继续教育"。1999年，教育部颁发了《中小学教师继续教育规定》（以下简称《规定》），要求中小学教师在一定时期内必须接受相应的培训活动，以使其专业素质和专业水平得以提升。[①]《规定》对中小学教师继续教育的组织管理、内容类别、条件保障和考核奖惩等方面都做了具体说明。这是改革开放以来我国中小学教师继续教育第一部较为完整的行政法规，也是《面向21世纪教育振兴行动计划》中的跨世纪工程，对后期中小学教师的继续教育产生了深远影响。我国教师教育也正式告别了过去以"补偿学历"为主要目标的历史阶段，开始转向以"促进教师的专业素养提升"为重的发展轨道。

进入21世纪，教师队伍建设更是受到了前所未有的高度重视，为了提升教师专业化水平、提高教师培训的有效性，党和国家先后下发了一系列政策文件，直接促进了教师教育制度的完善化、系统化。2010年6月，财政部和教育部联合发布《关于实施"中小学教师国家级培训计划"的通知》（简称"国培计划"）。该计划的广泛实施，为中小学教师特别是乡村教师的在职培训进修起到了很大的促进作用。为确保该计划的有效实施，中央财政部专门划拨5亿元对中西部国培计划进行财政资助，要求农村中小学教师分类进行专项在职培训，以提升中小学教师的专业水平和教学能力。同年7月，中共中央、国务院颁布了《国家中长期教育改革和发展规划纲要（2010—2020年）》，在加强教师队伍建设的章节中，明确指出要"完善培养培训体系，做好培养培训规划，优化队伍结构，提高教师专业水平和教学能力""以农村教师为重点，加强农村中小学薄弱学科教师队伍建设""完善教师培训制度，将教师培训经费列入政府预算，对教师实行每五年一周期的全员培训"。这些规定为今后的教师培训提供了政策依据。

2011年1月，教育部印发了《关于大力加强中小学教师培训工作的意见》，明确了我国中小学教师培训工作的总体目标，并从整体上对全国以及各地方开展中小学教师培训工作的相关任务进行了部署，要求各地以提升教师队伍的专业化为目标，以农村教师为重点，以"国培计划"为抓手，积极推进中小学教

[①] 戴礼章. 县域乡村教师有效培训研究［M］. 上海：华东师范大学出版社，2022：33.

师全员培训，构建灵活开放的教师终身教育体系。

自上述系列文件颁布之后，全国各地开展了大规模的教师国培项目，对全国幼儿园、中小学教师进行了分类、分层、分岗培训。各地也以国培计划为契机，根据各地实情，纷纷制订有地方特色的省培计划，不断探索具有地方特色的教师培训模式；同时，市县级教育行政部门先后制订教师培训计划，落实培训经费，强化组织管理，使我国在教师培训模式创新和培训效益方面取得了显著成效。

党的十八大以来，习近平总书记多次强调要从战略高度来认识教师工作的重要性，要把教师队伍建设作为基础性重点工作来抓。"要加强教师教育体系建设，加大对师范院校的支持力度，找准教师教育中存在的主要问题，寻求深化教师教育改革的突破口和着力点，不断提高教师培养培训的质量。"[1] 2013年教育部颁发了《深化中小学教师培训模式改革全面提升培训质量的指导意见》，强调要按照培训者的实际需求改进培训方式，增强培训的针对性和实效性。尽快建立教师培训需求调研制度，对于新任教师岗前培训、在职教师提高培训、骨干教师高级培训等要根据不同教师群体的实际需求开展。2017年教育部印发《中小学幼儿园教师培训课程指导标准》，为五年一周期的教师全员培训工作提供了内容依据。2018年1月，中共中央、国务院颁布《关于全面深化新时代教师队伍建设改革的意见》中，明确提出"为全面提高中小学教师质量，建设一支高素质专业化的教师队伍，要积极开展中小学教师全员培训，促进教师终身学习和专业发展"[2]。这个文件的出台可以看作我国教师教育发展历程中的一个里程碑，它从"兴国强师"的战略高度提出教师队伍建设是一项重大的政治任务和根本的民生工程，要求务必将其切实抓紧抓好。2019年2月，中共中央、国务院印发的《中国教育现代化2035》，将"建设高素质专业化创新型教师队伍"确定为教育现代化的十大战略任务之一，要求"强化职前教师培养和职后教师发展的有机衔接。夯实教师专业发展体系，推动教师终身学习和专业自主发展"[3]。

2022年10月，党的二十大报告中再次强调要"深化教育领域的综合改革，加强师德师风建设，培养高素质教师队伍，弘扬尊师重教的社会风尚"，为教师

---

[1] 习近平同北京师范大学师生代表座谈时的讲话（全文）[EB/OL]. 中国新闻网. 2014-09-10.

[2] 中共中央 国务院关于全面深化新时代教师队伍建设改革的意见[EB/OL]. 新华网. 2018-01-31.

[3] 中共中央 国务院印发《中国教育现代化2035》[EB/OL]. 新华网, 2019-02-23.

教育发展提出了新的要求。

　　一系列教育政策的出台，彰显了党和国家对人民教育事业的重视和对人民教师发展的无限关怀，也饱含了对未来我国教育事业的殷切期望。实现中华民族伟大复兴是中华民族近代以来最伟大的梦想，而广大学生是未来实现中华民族伟大复兴中国梦的主力军，广大教师则是打造这支中华民族"梦之队"的筑梦人。在党和国家坚强有力的领导下，一路风雨兼程、披荆斩棘，我国教师教育制度逐步健全，教师教育改革不断深化，教师队伍整体素质和专业化水平持续提升，尊师重教已然成为当今时代的最强音。

二、新时代我国乡村教师发展的政策支持

　　自改革开放至今，中国教育经过几十年的跨越式发展，取得了举世瞩目的成就：义务教育全面普及，高等教育大众化水平持续提高，职业教育在调整中不断创新突破，服务全民终身学习的终身教育体系初步构建。各级各类教育的完善发展助力我们实现了从人口大国到人力资源强国的历史性转变，也谱写出中国教育史上的辉煌篇章。然而，作为一个发展中国家，我国目前城乡社会发展一直存在着较大的不均衡。广大农村地区教育资源匮乏，经济发展落后，留守儿童众多，教师数量严重不足且流失严重，教师自我专业发展意识薄弱，大部分教师群体因为自身能力的局限性，远没有达到国家要求的教师专业标准，诸多农村学校都面临着教师"下不来、留不住、干不好"的尴尬局面。调查数据显示：虽然我国乡村小学和初中专任教师学历合格率接近国家标准，但初始学历合格率较低，且专业不对口、学非所教、教非所学的学科结构性矛盾尤为突出。此外，乡村教师队伍老化严重，不仅体现在年龄结构老化，更重要的是由于年龄老化而带来的教育理念落后、知识构成陈旧、改革意识淡薄、信息化教学方式缺失等一系列教育问题。

　　在我国基础教育师资队伍中，乡村教师作为基础教育的主力军，肩负着全国大部分地区的青少年教育任务，广大农村教师的教育教学质量直接影响到我国基础教育质量的整体水平，只有加强对乡村教师的继续教育工作，强化其理念、知识、能力等各方面的培训，才能使农村教师不断更新旧的教育理念，改革传统教学模式，提高教育教学效果。因此，在乡村振兴的过程中，大力振兴乡村教师继续教育是提升农村教师专业素质、解决我国农村教育质量不高问题的关键，是加强乡村教师队伍建设的必由之路，也是当前我国基础教育改革要求的当务之急。

　　随着党和国家的中国特色社会主义事业进入新时代，我国的教师教育也随

之开启了新的篇章。为积极促进义务教育优质资源均衡发展、逐步破解城乡区域之间的教师素质和水平差异较大等一系列独特而又复杂的问题，形成"下得去、留得住、教得好"的乡村教育局面，从国家到地方各级教育主管部门不断出台相关政策法规，规范乡村教师教育，将乡村教师教育提升到战略高度重视，强调乡村教师是发展更加公平有质量乡村教育的基础支撑，是改善乡村落后面貌、推进乡村振兴、建设社会主义现代化强国、实现中华民族伟大复兴的重要力量。为此，各级教育主管部门不断加大对乡村教师的培训力度，其教师培训政策也不断地向农村地区倾斜。

2015年，中央全面深化改革委员会第十一次会议审议通过了《乡村教师支持计划（2015—2020年）》（以下简称《计划》），让几百万乡村教师迎来了未来职业发展的春天。《计划》把乡村教师队伍建设摆在优先发展的战略位置，为了让每个乡村孩子都能接受公平、有质量的教育，要求各省级人民政府统筹规划和支持全员培训，市级、县级人民政府要切实履行实施主体责任，全面提升乡村教师的专业能力。"要把乡村教师培训纳入基本公共服务体系""到2020年之前，对全体乡村教师进行360个学时的培训"。同时，联合高校和县级教师发展中心，逐渐建立起乡村教师专业发展的长效机制和保障体系，进一步凸显了乡村教师队伍建设的重要地位。同年6月，北京师范大学继续教育与教师培训学院和北京师范大学高级管理者发展中心联合发布了"2030年中国未来乡村学校计划"，其中，特别针对乡村教师队伍建设提出了专项计划[①]，为乡村教师的职后培训提供政策保障。2016年3月，为了进一步确保乡村教师继续教育的顺利开展，教育部办公厅印发了一系列乡村教师培训指南的通知，具体包括《送教下乡培训指南》《乡村教师网络研修与校本研修整合培训指南》《乡村教师工作坊研修指南》《乡村教师培训团队置换脱产研修指南》，要求在乡村教师全员培训组织实施工作中参照执行，乡村教师培训工作在政策指导下有条不紊地陆续开展并获得了显著成效，我国乡村教师培训进入一个新阶段。

党的十九大提出大力实施"乡村振兴战略"，把乡村振兴看作实现全面建设社会主义现代化强国的重大历史任务，要求大力推动农村各项事业全面发展，扭转局部地区发展的不平衡、不充分的局势。治贫先治愚，扶贫必扶智，乡村振兴的关键在于乡村人口素质的提高，其前提和基础必然是乡村教育的发展和乡村教师专业素养的提升。因此，乡村教育振兴不仅是落实乡村振兴战略的应有之义，更是乡村振兴中具有基础性、先导性和全局性的重要工程，对于实现

---

① "2030中国未来乡村学校计划"启动[J]. 教育学报，2015，11（4）：96.

乡村振兴战略有着举足轻重的作用。2019年国务院政府工作报告中明确要"扎实推进脱贫攻坚和乡村振兴，坚持农业农村优先发展""用好教育这个阻断贫困代际传递的治本之策"。可以说，乡村振兴这一战略定位，给乡村教育和乡村教师提供了良好而广阔的发展空间。

为了响应《关于全面深化新时代教师队伍建设改革的意见》的决策部署，2018年3月，教育部等五部门印发了《教师教育振兴行动计划（2018—2022年）》，再次强调"教师教育是教育事业的工作母机，是提升教育质量的动力源泉"，确立了"健全教师培养培训体系，创新教师教育模式，培养卓越教师的时代目标"①，并特别针对提高乡村中小学教师质量，制定了乡村教师教育师资队伍优化行动、为乡村学校培养补充"一专多能"教师、赋予乡村教师更多选择权、提升乡村教师培训实效等一系列具体措施，为全面推动教师教育改革发展、努力建设一支高素质专业化创新型教师队伍指明了方向。

2020年7月，为全面贯彻习近平总书记关于教育的重要论述和全国教育大会精神，深入落实《中国教育现代化2035》和《中共中央 国务院关于全面深化新时代教师队伍建设改革的意见》，加强新时代乡村教师队伍建设，努力造就一支热爱乡村、数量充足、素质优良、充满活力的乡村教师队伍，教育部等六部门联合下发了《关于加强新时代乡村教师队伍建设的意见》，提出加强新时代乡村教师队伍建设的总体要求：要紧紧围绕乡村教师队伍建设的突出问题，定向发力、精准施策，大力推进乡村教师队伍建设高效率改革和高质量发展。力争经过3—5年努力，乡村教师数量基本满足需求，质量水平明显提升，队伍结构明显优化，地位大幅提高，待遇得到有效保障，职业吸引力持续增强，贫困地区乡村教师队伍建设明显加强。②

上述种种政策的相继出台，在明确了新时代我国乡村教师教育战略地位的同时，也指明了今后乡村教师教育的发展方向，对提升乡村教师教育的认识高度和开展乡村教师教育工作发挥了重要引领作用。教师教育是教育事业的工作母机，是提升教育质量的动力源泉。面对新时代、新征程、新使命，尽管我国当前的教师教育还存在着诸多不完全适应的情况，教师培养培训质量仍不能完全满足建设高素质专业化创新型教师队伍的需要，但相信在党和国家的积极推动和大力保障下，我们一定能够顺利完成"大力振兴乡村教师教育，全面提升

---

① 教育部等五部门印发《教师教育振兴行动计划（2018—2022年）》[N]. 中国教师报，2018-04-04.

② 教育部等六部门关于加强新时代乡村教师队伍建设的意见[EB/OL]. 中华人民共和国中央人民政府网. 2020-07-31.

乡村教师素质，打造一支适应进行现代化建设、担当民族复兴大任的教师队伍"这一光荣而神圣的历史任务。

三、当前乡村教师继续教育中存在的现实问题

长期以来，乡村教师并未因城乡地域差别、教育投入差别、生存环境差别而形成自身独特的继续教育发展模式。教师是教育的第一资源，乡村教育落后，究其根本原因仍在于城乡教师的素质差异。我国是农业大国，基础教育师资中，农村教师占了一半以上，庞大的乡村教师数量与乡村教师专业素质之间的矛盾成为制约我国乡村教育质量提升的瓶颈，因此，加强乡村教师队伍建设、补齐乡村教育短板已成为一个亟待解决的现实问题。而破解这一难题的关键之举就是有效加强乡村教师的继续教育，促进乡村教师群体整体专业水平的提升。

进入新时代以来，随着社会发展对教师专业素养的要求与日俱增，党和国家对乡村教师继续教育给予了大量的政策和资金支持，日益引起全国各地教育部门对乡村教师继续教育的广泛关注，形成了声势浩大的乡村教师培训热潮。各类乡村教师继续教育持续开展，顶岗支教项目、置换脱产研修项目、短期集中培训项目、转岗教师培训项目纷纷涌现，在实践中逐渐探索出了案例探究、情境教学、任务驱动、小组互动、实践反思、组建学习共同体等多种乡村教师继续教育模式，受惠教师覆盖面大幅度增加，为在新时代、新课程改革的背景下，乡村教师及时转变教育理念、更新教学方法、形成良好的师德师风、提升专业素养，进而推动整个乡村教育事业的高质量发展发挥了重要而关键的作用。

然而，表面看上去如火如荼的乡村教师继续教育是否在一定程度上真正达到了加强教师队伍建设进而提高教育质量的目的？培训内容是否能精准把握教师专业发展的真实诉求？培训效果是否满足乡村地区基础教育的特殊需要？培训评价体系是否能真实客观地衡量培训实效？唯有将理论分析与实证调查相结合，才能发现乡村地区教师继续教育过程中存在的不足，进而聚焦问题、查找原因，为持续优化创新乡村教师继续教育模式、指导完善未来乡村教师继续教育工作有效开展、确保新时代乡村教师队伍建设工作顺利进行奠定坚实有力的基础。

课题组成员经过大量的文献查阅、实地走访和调查研究，系统梳理了我国当前乡村教师继续教育发展的现状，发现主要存在以下问题。

（一）乡村教师继续教育形式缺乏对实施培训主体的研究

目前，乡村教师培训形式日趋多元化，但实施培训的主体划分，最普遍实

施的当属高校培训、乡村学校校本培训和合作培训。

1. 高校培训

高校培训是我国开展较早、发展较为成熟的农村教师继续教育形式，一般是由农村教师到高等院校和教师培训机构进修，如置换培训、国培计划等都属于此类培训。高校培训的实施主体是高等师范院校的教师和少数中小学骨干教师，培训内容注重课程的理论性和知识的系统性、完整性，培训方式以高校教师理论讲授为主、教学观摩等实践活动为辅。这一培训方式有利于在短时间内使乡村教师更新教育观念，丰富教育教学和相应的学科知识，拓宽专业视野。与此同时，高校教师通过培训授课也有利于和乡村教师进行互动，了解乡村一线教育教学中存在的问题，便于开展农村教育方面的学术研究。然而，目前我国高校本位的培训多以单向理论输出为主，侧重先进的教改理念、国家的大政方针、具体学科知识结构和教育思想，多结合城市学校教育成功案例进行剖析，严重忽视乡村的实际情况，缺乏一定的实用性和针对性。培训全程多以高校专家教师讲授为主，与乡村参训教师互动交流程度较低，难以激发参训者的主动性和积极性。由于乡村参训教师自己教育实践中存在的问题无法直接获得解决方法，使此类培训效果往往与乡村教师的现实预期落差较大。

2. 乡村学校校本培训

这类培训一般在乡村地区，以乡村学校为中心，通过校本培训的方式帮助乡村教师在岗接受专业培训，实现乡村教师的专业发展。乡村学校的校本培训是基于乡村学校的实际发展需要，由乡村学校发起，为满足乡村学校教师工作需要的校内培训活动。这一培训类型将乡村教师继续教育和乡村学校教学相结合，是一种较为灵活的在岗培训。一般而言，乡村学校校本培训形式多样，学校通常以案例研究、专题研讨等途径带动教师学习，教师之间则通过集体备课、相互听课、集中评课、课例分析等多种途径进行互助式学习。这类培训可以充分利用乡村本地教育资源，考虑到本校老师们的实际需要，使乡村教师专业素质在一定程度上得以提升。同时，有效避免了工学矛盾，有利于乡村学校教师的自我教育、自我发展、自我反思。但是，校本培训的效果往往取决于学校领导的培训意愿、教师的整体素质以及学校的教育氛围。一般而言，乡村地区教师专业发展意识和内在发展的意愿较低，校本培训资源匮乏，再加上乡村教师数量不足、个人工作量较大、缺乏培训时间，容易使乡村校本培训难以达到理想的效果。

3. 合作培训

为了适应新时代教师发展多样化的需求，构建多主体合作的教师继续教育体系逐渐替代了过去单一的教师继续教育方式，出现了一系列新的合作培训，常见的类型有"校地合作""城乡学校合作"以及"U-G-S"三方合作形式等。其中，"校地合作"即高等学校或教育培训机构与地方教育行政主管部门合作开展教师继续教育，通过开展送教下乡或送教上门，有效发挥区域整体教育资源优势，将先进的教育资源辐射到落后边远的农村地区，但实施中往往由于校地之间缺乏长期稳定的合作和监督机制，导致培训内容临时拼凑、培训人员随意更换，很容易使培训成为走过场、搞形式，实际效果大打折扣。"城乡学校合作"则是在一定区域内建立城乡中小学合作机制，通过区域内城市学校和乡村学校互助合作、校际联动，从城市的中小学校选派优秀骨干教师下乡，开展教学专题研讨、听评课等活动，帮扶乡村学校教师提升专业素质；抑或选拔乡村教师到城市学校进行跟岗学习。这种培训借助城乡友好互助，有利于实现乡村教师教育教学能力的迅速提升。但由于城乡学生的社会、家庭背景不同，成长环境不同，城市学校的教学方法有些无法适用于乡村学生。同时，由于是同一层次教师之间的指导学习，缺少专家高屋建瓴的理论引领，往往难以实现教育理论水平的提升。为走出传统孤立、单一、封闭的教师教育合作模式，东北师大逐渐探索出一种灵活开放、协同发展的"U-G-S"教师继续教育模式，通过寻求建立高校、地方政府与中小学之间的合作运行机制，以确保教师教育质量的持续提高。"U-G-S"教师教育模式基于融合协同的理念指导与价值追求，综合了高校、政府和中小学校等多元主体，共同致力于教师的职前培养和职后进修。在这一模式实施过程中，高校与中小学校的合作是教师教育持续开展和维持的基础，而地方政府的介入则为教师教育进行提供了有效的政策保证。然而，教师的职后进修提升，说到底离不开教师个人主动寻求发展的意识和动机，忽视了参训教师主体这一继续教育开展的内在动力，"U-G-S"实施效果将大打折扣。因此，作为一种开放、动态、创新的教师教育模式，还需要思考如何将教师个体作为一个新的元素不断融入进来，进而构建一种更加全面科学的教师教育模式。

（二）乡村教师继续教育内容缺乏针对性

自2012年《幼儿园教师专业标准（试行）》《小学教师专业标准（试行）》《中学教师专业标准（试行）》几个文件颁布以来，其就一直成为我国开展基础教育教师培训的重要政策依据。我国目前关于乡村教师培训的内容基本都集中在专业理念与师德师风、专业知识、专业技能三个方面。

1. 专业理念和师德师风是教师培训的首要内容

国无德不兴，人无德不立。教师的重要性就体现在其担负着学生灵魂塑造的重要使命。在教师的各项专业素养中,专业理念和师德师风向来都是支撑教学的精神源泉,教师高尚的道德情操和人格魅力在教育学生、感染学生中起着潜移默化、春风化雨的作用,因此,在我国各类教师专业标准中,"师德"被列在首位,也成为各类培训最为重视的内容。2014年第30个教师节前夕,习近平总书记在北京师范大学发表重要讲话,勉励广大教师做有理想信念、有道德情操、有扎实学识、有仁爱之心的"四有"好老师。[1] 培养"四有"好老师成为新时代教师发展和教师培养的目标。之后,《关于加强新时代教师队伍建设的意见》中明确提出要"全面加强师德师风建设"。党的十八大、十九大、二十大都将"加强师德师风建设"作为加强教师队伍建设的重要举措,因此,近些年来的乡村教师继续教育实践无一例外地将提高教师的师德修养和思想政治素质作为首要目标,并围绕这一内容积极组织开展教师培训活动。[2] 在具体实施过程中,这部分内容通常由专家讲授前沿先进理念并结合具体案例展开,有助于开拓乡村参训教师的教育视野,但也多存在教学内容城市化倾向明显,缺乏乡村特色、脱离农村文化,与农村教师教育教学工作实际结合不紧密,很少考虑到农村教师的乡土文化认同情感以及乡土文化传承、弘扬能力的培养等问题,导致参训教师对培训缺少热情,培训效果不甚理想。

2. 专业知识和专业技能是教师培训的基本内容

教师培训内容直接关系到教师继续教育的质量和效果,对于农村教师队伍建设意义重大。扎实丰厚的专业知识和熟练高超的专业技能是教师开展教育教学工作的前提和保障。就专业知识而言,包括通识知识、学科专业知识和教育教学知识等;就专业技能而言,涉及教学设计、教学实施、班级管理与教育活动、教育教学评价、沟通与合作、教育反思与发展等方面的多项能力,这些理应成为培训内容的重中之重。然而现实中,农村教师继续教育的内容在专业知识方面多围绕"学科专业知识"和"教育教学知识"两方面,对"科研方法"和"一般科学文化知识"等方面的培训内容涉及较少;在专业技能方面,则主要侧重"教学设计和教学实施能力",对"班级组织与管理能力""教育教学评价能力""沟通与合作能力""教育反思与发展能力"等方面鲜有涉及。整体看来,虽然大部分乡村教师继续教育内容随时代需求重新修订课程目标、调整课

---

[1] 习近平. 做党和人民满意的好老师——同北京师范大学师生代表座谈时的讲话[J]. 人民教育,2014(19):6-10.
[2] 黄四林,周增为,王文静,等. 中小学师德修养培训课程指导标准的研制[J]. 北京师范大学学报(社会科学版),2019(1):34-39.

程结构、设计课程实施过程，使课程内容也逐渐具备了丰富多元化的特点①，但乡村教师继续教育内容仍然存在着过于宽泛、指向性和针对性不明确、难以落实到具体的教学实践中等问题。研究发现，大多数乡村教师对培训内容不再聚焦于一般意义的普适问题，而是需要直接对接其教育教学实践中产生的问题和困惑，在不断迭代的培训内容中促进乡村教师有效解决策略的自然生成。② 现实中，参训教师认为培训专家提出的问题缺乏启发性，为了互动而互动，而不是为了解决教师的真实问题而互动，反映了近些年来着力实施的培训内容依然未能跳出传统的窠臼，不能充分按照社会新变化和教师内在需求全方位展开，存在重理论传授轻实践操作的倾向，学用脱节现象较为严重，距教育部"以问题为中心，以案例为载体，充分结合理论和实践……总结教育教学实际经验，帮助老师解决在实践教学过程中所遇到的问题"这一要求尚有距离。

（三）乡村教师继续教育方式缺乏靶向性

教师继续教育方式不仅体现在时代赋予教师的新要求上，也体现在教师需求的新变化上。当前教师继续教育主要集中在远程网络教学、集体教研和专家现场讲座等方式。

随着信息技术的飞速发展，远程网络继续教育方式由于其不受时空的局限、信息资源丰富等优势迅速被人们所接纳，并大有取代传统培训方式之趋势。各乡村学校为了有效缓解教师参训所带来的工学矛盾，降低教师参训的时间成本和财力成本，特别是近几年，远程网络研修逐渐成为乡村教师最为热衷的一种继续教育方式。网络研修是一种以网络学习平台为技术支撑而开展的有组织、有引领的教师自主研修活动的新方式，它不仅改变了传统"面对面"的集中培训，更是对传统的教师培训的发展与延伸。③ 但随着远程网络教育的逐渐普及，其弊端也日益显示出来，如远程教育平台提供的教育资源与农村中小学教学现实脱节，培训内容针对性不强；评价、监控和考核体系对参训教师约束力不强，有很多缺乏主动培训意识的教师未完成相应的网络课程学习，存在着刷课时、复制、粘贴作业等现象，难以有效保证培训效果。

此外，聘请专家举办讲座，由于其高效易行也是培训中采用较多的一种方式。然而研究发现，专家现场讲座多以理论灌输式讲授为主，整个讲授内容完

---

① 梁成艾，陈恩伦. 教师职后教育现状的调查研究——以重庆市 2010 年"国培"项目的课程设置与研修方式为例 [J]. 国家教育行政学院学报，2011（8）：77-82.
② 戴礼章. 县域乡村教师有效培训研究 [M]. 上海：华东师范大学出版社，2022：103.
③ 马立，郁晓华，祝智庭. 教师继续教育新模式：网络研修 [J]. 教育研究，2011，32（11）：21-28.

全由专家教师控制，知识单向传递，过程缺乏交流互动和及时反馈，极容易导致参训教师在学习中失去学习主动性，随之会出现抵触情绪或通过看手机、聊天等方式应付了事，使培训流于形式。很多老师表示：尽管培训专家讲授时旁征博引、理论深刻、鞭辟入里，但往往忽视参训学员的主体性和成人学习的特点，没有充分考虑农村教师的生活环境、文化背景和已有的教育经验，缺乏让教师自主建构知识的过程，高大上的理论并不能与教师遇到的现实问题相联系，很难有效地引导教师的自我反思和自我成长。调查发现，教师现实中最需要的是能够增强教师教学的体验感和参与积极性，拓展眼界的"教学现场考察、教学观摩""同行经验介绍、交流讨论""专家引领下的课例研讨"等多样性、灵活性和实践性较强的形式，面对现实中多样化的乡村参训教师的教育需求，制定的培训内容和使用的培训形式却整齐划一，难以兼顾个体差异，对乡村教师自我发展关注不够。由此可见，当前乡村教师继续教育方式并未真正落实参与式和探究式教学，难以匹配教师的真实诉求，导致教师逐渐失去对培训的兴趣和热情，教学满意度较低。

（四）乡村教师继续教育考核评价缺乏科学性

考核评价工作是对培训的有效监督和激励总结，是乡村教师继续教育实施过程中最后至关重要的一环。目前，乡村教师继续教育评价应该涉及对培训项目的评价、对参训教师的评价和对培训专家的评价三个方面。

首先，对于培训项目的评价，通常处于缺失状态。由于我国乡村教师继续教育大多由政府牵头，指派相应培训机构或高校负责具体组织实施，那么，当一个培训项目结束之后，谁来对培训项目进行评估？评价体系谁来设计？评估之后的结果如何运用？这些问题都没有一个正式的部门来负责。现实中往往是由项目负责人拿出一个形式化的培训评价表让参训教师草草一填了事，无法起到任何评价约束和监督改进的作用。

其次，对于参训教师的评价，也多选择终结性评价方式，例如提交学习心得感悟、完成作业、统计学分获得，结业汇报、收发调查问卷、学习后考试等最普遍的形式。虽然一定程度上可以反馈出本次培训的效果，但这些评价都是基于乡村参训教师主观上的评价，缺乏具体的量化标准。更何况这些提交的心得、作业、试卷等最终结果往往并不能直接反馈到参训教师手中，只要提交就算完成任务，失去了评价的初衷和意义。再加上着眼于参训教师长远发展、持续改进的考核评价体系不够完善，使评价不注重持续性和连贯性，对教师在结束培训回到实际工作中之后的跟踪教育实践，持续关注教育效果相当缺乏。由此反映出我国乡村教师培训普遍存在着"重形式、轻过程"的倾向。教师继续教育成效之所以没有受到足够的重视，其主要原因在于评价和监督制度不健全、不规范，在实施过程中流于形式，无法真正起到监督和激励作用，更难以使教师专业素养在实际培训中得到整体有效提升。同时，由于缺乏精准及时的教育反馈，也会使后续组织乡村教师继续教育活动时，缺乏有价值的参考依据。

最后，对于培训专家的选择缺乏固定的资质标准和约束机制。培训结束后对其评价，一般是有培训项目组织方让乡村参训教师对培训专家象征性地填写一个满意度调查问卷，并不能准确评价培训专家的专业水平，即使是这样的培训评价结果也并不真实反馈给培训专家，无法对培训专家日后的工作起到任何启示和指导作用。

（五）乡村教师继续教育观念缺乏主动性

虽然从国家到省市教育行政部门多次组织乡村教师培训，但对于乡村而言，很多乡村学校的领导和教师对于继续教育的目的性和重要性仍然认识不够，学习意识淡薄，表现为：一是学校领导不重视。学校领导仍然把成绩作为衡量学校办学水平的主要标准，要求教师把主要时间和精力都放在教学上，放在提高学生的学业成绩上，而组织教师参加培训是花费时间和金钱的事情，再加上多数农村学校经费短缺，导致了乡村教师的培训机会非常有限，教师之间竞争压力较大。二是乡村教师普遍工作量较大，工学矛盾突出。据统计，我国乡村教师平均每天工作超过 10 小时，很多教师周末也要给学生补课。乡村教师们身心疲惫，对于教学工作疲于应付，自我发展意识不强，普遍存在职业倦怠现象。同时，乡村教师培训为了不耽误学校的教学工作，往往会挤占教师休息时间，因此，乡村教师参加继续教育活动的积极性不高，甚至怨声载道，即使参加培训的教师，大部分也都是迫于行政命令无奈地为了任务而学，为了学分而学，为了培训而培训，只重视学分和证书，不注重过程和方法。特别是对于已经完成学历达标和职称评定的老师更是将培训视作一种额外负担，由此导致乡村教师在线下培训时玩手机、睡觉，线上培训狂刷课时的情况时有发生，直接影响了乡村教师继续教育的效果。

（六）乡村教师继续教育经费投入缺乏差别性

财政保障是直接影响教师继续教育活动的效果与质量的重要因素。伴随有关加强乡村教师队伍建设的一系列政策出台，国家也随之加大了对乡村教育发展的资金投入。但由于我国乡村面积广大，不同的乡村地区经济发展并不均衡，这就导致了一些经济发达地区的乡村教师教育经费较为充足，而一些相对落后的农村，特别是边远山区用于教师继续教育的经费十分紧张且存在到位不足的现象，使投入到教师继续教育中的费用更是少之又少，很多情况下学校与政府发放的经费补贴无法满足学员的培训需求，还需要教师个人承担参与培训活动的费用①，进而影响了该地区的教师参加培训的积极性，教师继续教育无法常态化开展②。

综上所述，尽管我国乡村教师继续教育发展总体态势积极向好，较过去有了显著改善，但在实施与发展的过程中仍存在诸多现实问题，导致乡村教师继续教育整体效果较弱、质量偏低，亟待调整改善。

四、未来乡村教师继续教育的历史使命

2017年10月18日，中国共产党第十九次全国代表大会在北京开幕。十九大报告提出了经过长期努力，中国特色社会主义进入了新时代，也标志着我国教育事业由过去规模发展开始进入追求内涵式发展的崭新阶段。在我国教育事业发展中，乡村教育是不可或缺的组成部分，更是实现乡村振兴战略的重要依托。而乡村教师队伍建设，作为乡村教育事业赖以发展的决定因素和保障乡村学生教育权益、推进城乡优质教育资源均衡发展的关键因素，理应被放在优先发展的战略位置。

在新的历史时期，为积极贯彻落实党中央关于加强教师队伍建设的一系列重大决策部署，全国各省、自治区、直辖市等地方政府根据《国务院办公厅关于印发乡村教师支持计划（2015—2020年）的通知》，结合本地区当前在乡村教师建设中存在的诸如"乡村教师职业吸引力不强、补充渠道不畅、优质资源配置不足、结构不尽合理、整体素质不高"等突出问题，先后制定出台了符合地方实际情况的各类乡村教师支持计划实施办法。希望通过办法的具体实施，能够实现"到2020年，努力打造一支师德高尚、数量充足、素质优良、结构合理的乡村教师队伍，为教育现代化提供坚强有力的师资保障"这一新时期教师教育的发展目标。

河北省作为人口大省、教育大省，一直都把加强乡村教师继续教育看作教师专业成长和教师队伍建设的关键而倍加重视。为了积极响应党中央乡村振兴重大战略，实现乡村教育质量的腾飞，2018年9月，河北省委、省政府出台《关于全面深化新时代教师队伍建设改革的实施意见》，进一步提出了"建设高

---

① 吕珩．浅谈我国教师在职培训存在的问题与对策［J］．成人教育，2010，30（5）：46-47．
② 郭孟月，徐丽萍．兵团中学地理教师继续教育问题探究［J］．中学地理教学参考，2017（12）：60-63．

素质专业化中小学教师队伍"的具体要求。① 在省政府、省教育行政部门的大力支持下，河北省各级教师教育机构主动调整培训思路，重新定位培训目标，大力改善培训管理，积极探索教师培训的新模式、新路径，先后组织了大规模、多层次的乡村教师培训。经过努力，河北省乡村教师继续教育较以前有了较大改观，乡村教师教育体系不断完善，教师教育改革持续推进，教师专业素养水平不断提升。

进入新时代，河北省乡村教师队伍建设迎来了新的发展机遇，也面临着新的困难挑战。我们应该按照新时代要求，抓住机遇、直面挑战，紧紧围绕提升乡村教师专业素养和质量这一主题，把乡村教师继续教育视作乡村教师队伍建设和实现乡村教育现代化的主要抓手，努力构建更加合理化、科学化、人性化的乡村教师教育模式，创新乡村教师继续教育管理体系，持续提升乡村教师专业素养，勇敢地肩负起新时代赋予乡村教育的新的历史使命。

然而，对于部分乡村特别是贫困落后地区的基础师资来说，工作条件简陋、资金紧缺、信息闭塞等客观因素，导致了他们的专业化水平较低，极大地影响了河北省整体教师队伍素质的提高。同时，教师培训工作有很多地方还存在问题，如很多乡村教师培训设计的专业标准与城市趋同，忽视了城乡之间的文化冲突，没有做到培训的普遍性与乡村教师专业发展的特殊性相结合，不适应乡村文化境遇的复杂性；教育机制死板封闭，忽略了乡村幼儿园和中小学的"乡村"特色；培训内容知识本位现象较为突出，教育教学理论与现实乡村教育教学实践存在不同程度的割裂；培训形式一刀切，对不同区域、不同年龄、不同专业发展阶段的教师个性差异关注不够，难以满足乡村教师的真实诉求，更难以触及教师的内心世界，使培训效果欠佳，与国家打造现代化高素质的乡村教师队伍和提高21世纪教师核心素养的要求相距甚远。此外，河北省很多乡村教师缺乏自我发展、自主学习的内在动机，也是造成乡村教师培训质量偏低、教育质量难以提升的重要因素。

为改变这一现状，本课题选取河北省乡村教师为研究对象，在河北省11个地市展开"河北省乡村基础教育教师专业素养现状"和"河北省乡村基础教育教师继续教育现状"的调查研究。在了解当前我省乡村基础教育教师现有专业素养的状况和继续教育存在的问题与不足的基础上，借鉴国际、国内经验，根据国家关于全面深化新时代教师队伍建设改革的有关意见并结合我省乡村教育

---

① 河北省委省政府出台《关于全面深化新时代教师队伍建设改革的实施意见》[EB/OL]. 中华人民共和国中央人民政府网. 2018-09-10.

与教师自身核心素养现状以及乡村教育师资培养的薄弱环节，以实际需求和解决问题为导向，积极借力京津地区的优质教育资源，分别从多方主体、灵活形式、订制内容和全程评价等几个方面有针对性地构建以教师自主发展为导向的政府、高校、乡村学校平等互动、跨界合作的"I-U-G-S"乡村教师继续教育新模式。这一全方位、多渠道、高水平、有特色的新型乡村教师继续教育模式，在原有教师培训中嵌入教师主体的自我发展和自我生成，改变过去仅仅将"U-G-S"三方结合、忽视参训教师自身主动性的传统范式，充分发挥乡村教师个体在专业发展中的主动性和积极性，在很大程度上契合了我国乡村教师培训的未来发展趋势的期望，为今后进一步有效开展乡村教师继续教育工作、提高乡村教师队伍整体素质提供一定的依据和参考。

第二章

乡村教师继续教育模式的文献综述

一、概念界定

（一）模式的概念和内涵

关于"模式"的含义，《汉语大辞典》解释为事物的标准样式。[①] 英文中，model 或 pattern 译为"模型，典范，样式，模式"等。在《新学科辞海》中，"模式"被认为是系统学的重要概念，指系统的整体运动形式和方法。《国际教育百科全书》将模式描述为"对任何一个领域的探究都有一个过程。在鉴别出影响特定结果的变量，或提出与特定问题有关的定义、解释和预示的假设之后，当变量或假设之间的内在联系得到系统的阐述时，就需要把变量或假设之间的内在联系合并为一个假设的模式"[②]。由此可以将模式理解为经过探究后，对结果和影响结果的变量之间内在联系的建构。无论是作为标准样式，还是内在联系的建构，模式最本质的特征是对事物或者活动本质、规律的认识和反映。

查有梁教授在《教育建模》一书中分析了各种"模式"定义后，认为："模式是一种重要的科学操作与科学思维的方法。它是为解决特定的问题，在一定的抽象、简化、假设的条件下，再现原型客体的某种本质特性；它是作为中介，从而更好地认识和改造原型客体、建构新型客体的一种科学方法。"[③] 作为一种科学的操作和思维方法，模式是一种认识论意义上的确定思维方式，是人们在生产生活实践当中通过积累而得到的经验的抽象和升华。

美国建筑师亚历山大（Alexander）认为，每个模式都描述了一个在我们的环境中不断出现的问题，然后描述了该问题的解决方案的核心。通过这种方式，你可以无数次地使用那些已有的解决方案，无须再重复相同的工作。模式是一种参照性指导方略，是在特定环境中解决问题的一种方案。在模式指导下，有

---

① 汉语大词典编辑委员会，汉语大词典编纂处. 汉语大词典（第四卷）[M]. 上海：汉语大词典出版社，1989：1208.
② 托斯顿·胡森，T. 内维尔·波斯尔思韦特. 国际教育百科全书（第六卷）[M]. 贵阳：贵州教育出版社，1991：236-242.
③ 查有梁. 教育建模[M]. 南宁：广西教育出版社，1998：5.

助于高效完成任务，有助于按照既定思路快速做出一个优良的设计方案，达到事半功倍的效果，而且会得到解决问题的最佳办法。

综上所述，模式从理论上体现为对事物或活动本质和规律的反映；在实践上体现为一种科学的思维和认识方式；从形式上表现为一套系统解决问题的方案。模式作为系统学上的概念和方法，是处于理论与实践之间的中介，既不同于理论，也不同于实践，但与理论和实践均有密切的联系，是沟通理论与实践的桥梁，起着由上而下和由下而上的作用。从模式的形成和发展来看，模式可以从理论中派生，又与实践密切相关；模式是理论的具体化，又是具体方法的高度概括，是各种要素之间相互作用所凝练出的结构与框架。简言之，模式就是基于一定理念下对某一事物运行的较为稳定的行为操作程序和思维操作程序与基本结构的认识和把握。

（二）教师教育模式

教育模式是对教育活动的系统认识和整体设计，是在一定教育思想或教育理论指导下建立起来的较为稳定的教育活动的结构框架和教育活动的组织程序。作为一种系统的思维方式，教育模式是对教育活动各要素及其关系的系统把握和整体设计，在一定程度上反映教育活动运行的基本规律和本质特征。作为沟通教育理论与教育实践的中介，教育模式为教育活动的运行提供了基本组织程序和操作框架，是教育实践的一种参照性指导方略。

教师教育模式是以教师教育学、教师发展心理学等相关理论作指导，对教师教育活动实施流程和有效教学行为、策略进行系统设计和有机组合，从而使教师教育活动科学、有效、便捷的一种科学的思维和方法。教师教育模式是教师教育理念的具体化，是实施教师教育活动的各种方式、方法、手段、途径、策略等具体要素及其关系的有机整合和系统建构。

首先，教师教育模式是特定的教师教育理论或教育思想的具体体现。教师教育理念或价值追求处于教育模式的核心地位，并制约着教育模式的其他因素，比如教育方式方法、教育策略、教育活动的组织程序、实施条件等。不同的教师教育理念和价值追求，就会形成不同的教师教育模式，比如：以弥补教师知识和学历不足而形成的补偿性教师教育模式，以获取教师任职资格的教师教育模式，还有以促进教师不断提升自身专业素养的教师专业发展模式等。任何教师教育模式都为了完成一定的教育目标或追求一定的教育价值。

其次，教师教育模式表现为对教师教育活动的整体设计和系统组织。教育模式不同于教育活动的具体的方式方法或者实施策略，而是在一定的教育理念或价值取向下，对教育活动的整体设计和系统组织，从而为教育活动的实施提供特定的逻辑步骤和操作程序。不同的模式中，教育活动的方式方法和策略可能相同，但是，教育活动实施的逻辑步骤和操作程序不同。模式的价值在于将各种具体的方式、方法、策略等教育活动的因素进行系统的设计和有机整合，从而实现特定的教育目的和价值。同时，教育模式通过对教育活动各要素的系统设计和有机整合，可以为教育活动的实施提供一种相对稳定的思维方式和操作范式，从而大大提高教育活动的效率。

（三）教师继续教育模式

教师教育从实施对象和时间节点上，分为职前教育和职后教育。传统意义上的教师职前教育和教师职后教育是两种不同的教育模式。职前教育主要是指在高等教育机构，通过系统的教育理论知识学习和教育教学技能训练，使学生获得从事中小学教育教学活动的基本素质和技能，并获得教师的任职资格的专门的系统的教育。而职后教育则主要是指教师入职以后进行的阶段性、有针对性的专业教育和培训，是在入职学校、教育行政部门和高等教师教育机构共同参与和组织下实施的专门教育。"教师进修""教师在职培训""教师继续教育"等基本概念都属于教师职后教育的范围。随着教师专业发展理念的提出，现代的"教师教育"则涵盖了教师的职前教育和职后发展，贯穿于教师专业发展的整个过程，强调教师职前教育和职后发展的有机衔接和一体化。

本研究中的核心概念"乡村教师继续教育模式"，侧重的是对教师职后教育模式的研究。结合当代教师专业发展理念，解决克服传统"教师培训"理念和实践中局限于教师职后一时发展、教师教育活动的实施间断性等问题，在突出强调乡村教师职后发展特点和需要的基础上，力求实现教师职后教育的连续性、发展性和可持续性，建构一种系统的、连贯的、有利于不断推动乡村教师专业发展的继续教育模式。

（四）国内外教师继续教育模式的发展与演变

随着社会的发展，当代教育教学实践不断变革，为了满足当代社会发展和教育变革对教师专业发展的新要求，国内外教师继续教育模式在实践中不断探索和发展。

1. 我国教师继续教育模式的发展与演变

我国教育发展的核心和关键问题是教师队伍建设，因此，教师继续教育受到高度重视。我国的教师继续教育经历了一个不断探索和逐步发展的过程。改革开放初期，为了解决教师学科知识不足以及学历水平低等问题，实现教师教材教法"过关"和学历补偿，我国形成了以国家行政政策为指导，由省、市、县、社区和学校等各级教育主管部门共同参与组织实施的教师继续教育模式。

这一时期的教师继续教育面向教师集体，采用函授、广播、电视大学、巡回辅导、专题讲座、培训班、"以老带新""学校自培"等多种继续教育方式，对教师进行长期或短期的教育培训。随着教师全员培训的逐步开展和学历达标任务的逐渐完成，广大在职教师的素质明显提高，教师的学历达标程度大幅度上升。

随着改革开放的深入发展，我国的教育事业进入一个新的历史时期，相应地，教师继续工作也逐渐进入积极健康的发展轨道。20世纪末21世纪初，我国颁布了《关于加强小学骨干教师培训工作的意见》《面向21世纪教育振兴行动计划》《关于做好中小学骨干教师国家级培训的通知》等一系列教师继续教育政策文件，教师继续教育开始转为大力推动骨干教师的培训。骨干教师的数量和质量体现了教师队伍的总体水平，骨干教师培训的目的在于充分发挥示范、带动、辐射和引领作用，构筑基础教育发展的"核心力量"，培训采用理论学习、实践考察、课题研究等多种继续教育形式有机结合。培训不仅使骨干教师在转变教育教学观念、更新专业知识、拓宽专业视野以及提高科研意识和能力、掌握现代教育技术和方法等方面取得显著成效，而且还探索了适应教师继续教育的新模式，建设了一批具有继续教育特色的培训课程，也为实现教师职前培养与职后培训一体化改革提供了新的契机。

随着新一轮基础教育课程改革的开展，我国逐步确定了与新课改相适应的全员常态化的教师继续教育制度，教师继续教育模式不断创新和发展。[1] 1999年我国颁布《中小学教师继续教育规定》进一步明确了参加继续教育是中小学教师的义务和权利，特别提出了"中小学教师继续教育原则上每五年为一个培训周期"。2012年的《关于加强教师队伍建设的意见》等文件都明确提出要实行五年一周期不少于360学时的教师全员培训制度。2007—2009年，教育部组织实施"中小学教师国家级培训项目"，以支持全国尤其是中西部省份的近百万名中小学教师参加培训。2010年教育部、财政部联合颁布《关于实施"中小学教师国家级培训计划"的通知》，正式实施"国培计划"。2010—2014年，"国培计划"基本实现了对中西部农村义务教育学校教师和幼儿园教师培训的全覆盖。"国培计划"包含了从国家到地方、从政策到实践、从理念到行动、从项目到管理、从设计到实施、从内容到方式、从过程到绩效等在内的多类型多层级多因素所构成的教师继续教育体系[2]，以创新的培训模式和方法，示范和引领全

---

[1] 李瑾瑜，杨帆．教师培训：40年的实践历程及其发展趋势［J］．教师发展研究，2018（4）：17-26．

[2] 徐今雅．论新时期中国教师培训政策体系的构建［J］．教育探索，2005（5）：113-114．

国范围内各种类型的教师继续教育，促进了教师继续模式的改革创新。

截至目前，我国已经形成了丰富多元的教师继续教育模式。根据模式的层次性、职能、教育者及教育功能不同，分别形成了宏观和微观模式，教学模式和管理模式，院校模式、教师中心模式、校本模式和社区模式，补偿模式、成长模式、变革模式和问题解决模式等。[1] 院校模式由高等院校实施，侧重于理论知识学习和科研；教师中心模式由专门的教师培训基地开展，旨在提高教师教育教学技能，包括专业知识的学习，有针对性地对教育教学实际问题进行研究讨论、归纳、提升，实现实践问题向理论的转化，形成普遍教育教学规则，便于学习者仿效与创新；校本模式由教师所在学校实施，侧重于实践研讨，在职教师以学校为基地，面对教学中遇到的实际问题，利用学校资源，教师集体互相讨论交流问题的解决方法；社区模式是以社区教育为依托，充分利用社区资源，旨在拓展和丰富教师的社会阅历、提高社会参与能力和水平，这种模式可以使教师更好地接触社会，了解社会需要，丰富其社会阅历，充分利用社区资源实现教师综合素养的提升和发展；补偿模式是针对教师学历不足等情况进行的学历课程学习模式；成长模式是基于教育教学实践反思和研究而进行的自我发展模式；变革模式是为了适应社会的发展以及教育教学改革而进行的适应改革要求的教师继续教育；问题解决模式则是以解决学校教育教学实践中出现的问题为主导的研修模式。根据教师培训的组织实施手段、方式方法不同，教师继续教育又可以分为示范—模仿、参与—分享、情境体验、现场诊断、案例教学、合作交流、任务驱动、问题探究、主题组合、自主学习等不同的模式。在教师教育的组织上，分为校本培训、培研一体、协调组合、巡回流动培训、远程培训等不同形式。随着现代信息技术的发展，在具体的实施方式上教师继续教育又可以分为线下模式、线上模式、线上线下混合模式。我国的教师继续教育是基于中小学教育教学实际和改革需要，在长期的教师教育实践中不断总结经验形成的。这些模式在很大程度上满足了我国中小学教育教学发展的特定需要，不断地推动教师队伍的整体发展水平和中小学教育教学质量的提升。

2. 国外教师继续教育模式特点

国外教师教育模式基于不同国家教师教育观念和文化的差异以及本国教育实践的客观需要，形成了不同的教师继续教育模式。如以美国中小学教师教育为典型的教师专业发展模式，其核心内涵是以教师专业化发展为立足点，形成

---

[1] 余洁. 中小学师资培训模式研究述评［J］. 现代教育科学（小学教师），2015（3）：54-55.

独具特色的"教师专业发展学校"（PDS）。基于不同的教师教育内容、目标、手段和管理，形成了多元化的具体教师教育模式，其中以"学校本位"教师教育模式最为经典。这种模式以中小学为基地开展教师教育，在具体的实践过程中，又体现为各种不同的具体形式、内容和方法。日本的教师教育体现了"课程本位""研修一体"的模式特点。为确保教师在整个职业生涯中具备相应的资质能力，日本设立专门的研究生院制度，以充实教师的在职教育。在职教师在研究生院补充和丰富教师专业知识和教学技能，实现教育理论与教育教学实践相融合，并评价和归正教师的教育活动。研究生院的全部课程和教学计划、制度设计等，根据当地的教育官员、专家、中小学的现实状况确定。研究生院设计"教职硕士"（专门职业）学位，系统开设5个领域的教育课程，在各地设置教育研修中心，为中小学教师提供研讨、教学、交流的物质设施。英国的教师教育模式体现了"教师本位"的价值取向，通过设立教师培训中心、民间非营利性教师委员会、协会以及各种教师专业团体等各种教师教育组织和机构，开展短期的教师进修课程以及教师自主进修活动，从事本地区各科教师的进修工作。德国采用"网络本位"培训模式，逐级向下推动，极大提高了教师培训的效率。加拿大也注重充分利用网络技术，包括计算机教学、网络教学、卫星通信教学等，采用远距离教师培训。

国外教师专业化理论的发展，为师资培养模式带来更为清晰的发展目标，师资培训得到国家的政策支撑，依托专业的教育机构执行。国外教师教育模式强调教师职前与职后教育的统一和系统衔接，如美国的教师专业发展学校、英国的教师专业发展模式以及芬兰的研究本位教师教育模式等，使教师继续教育更有针对性和实效性。在教师教育实施过程中，以各种类型的教师专业发展标准作为课程设置和教育组织的基本依据和评价标准。实施过程中强调政府、专业组织以及就业学校等多种资源的有机整合、教育理论与教育实践的结合等。

二、有代表性的乡村教师继续教育模式介绍及实施现状

目前，教师继续教育模式众多，如："美国PDS模式""STEAM模式""TMS共同体研修模式""抛锚式教学模式""共享教师培训模式""三维五步模式"，本土创新的"TDS（教师发展学校）模式""U-G-S协同创新模式"，等等。这些模式丰富和发展了当前我国教师教育理论和实践经验，对于构建乡村教师继续教育模式具有重要的启发和借鉴意义。这里介绍五种对当前我国教师继续教育有重要影响的教师教育模式。

(一) 美国教师教育的 PDS 模式

20世纪80年代，美国兴起了以教师专业发展为核心的教师专业化运动，教师专业发展学校（professional development schools，简称 PDS）成了一种新型的中小学教师教育模式。在 PDS 中，大学教师与中小学教师组成合作小组，一起负责对师范生的培养，让师范生全方位参与到中小学的教育教学实践中，要求师范生在已有教育教学理论的基础上结合具体的教育情境对教育教学中的问题进行更积极的理解。[①]

1. PDS 模式强调大学教师与中小学教师的合作，共同参与教师教育，改变了大学与中小学脱节的传统教师教育模式。在与中小学教师合作培养教师的过程中，大学教师教育者积极参与中小学的教育教学活动，把中小学教育教学实践中碰到的各种问题反馈回大学，把鲜活的中小学教学经验带进大学课堂，丰富、活化教师教育课程资源；中小学教师在与大学教师教育者合作交流的过程中不断获得新的教育理念，促使他们不断进行教育教学实践反思，进行自我批判，以研究者的眼光来审视教育教学活动，从而成为反思型实践者，在研究与反思中不断获得专业发展，提升专业发展水平。PDS 模式使教师职前教育、入职适应和在职教育连成了一体，使"教师成为研究者"成为一种现实，给教师一种新的角色定位。[②]

2. PDS 模式是建立在大学与中小学双方平等互助、优势互补的基础上的。在合作的过程中，大学教师教育者与中小学教师形成平等的合作伙伴关系，共享双方学校所拥有的资源，充分发挥各自的优势，共同承担起教师教育的职责。双方共同签订合作协议，在共同参与、互相合作的过程中制定出 PDS 的建设方案、活动计划、实施步骤、具体内容等。通过大学教师教育者与中小学教师的合作与共赢，PDS 模式实现了教师教育改革与提升基础教育质量，形成良性循环，为大学教师教育者研究真实的教育教学实践、在职中小学教师的实践知识向理论知识的转化、师范生教学技能的成熟，以及为参与者多方的合作交流提供了一个良好的平台。

3. PDS 模式的建立真正确立了教师教育一体化的理念，促进了教师教育的专业化和教师的专业化发展。PDS 教师教育模式不仅增加了教师职前教育在中小学实习实践的时间和经验，而且规定了大学、中小学、大学教师教育者、中

---

① 魏玲. PDS 模式背景下美国中小学教师在职专业发展 [D]. 石家庄：河北师范大学，2012.
② 雷蕾，钟文芳. 浅谈美国教师专业发展学校（PDS）：美国教师专业发展的新型模式 [J]. 现代教育科学·普教研究，2010（3）：124-126.

小学指导教师、师范生等多方主体的责任和义务，在确保师范生在教师专业发展学校中学到所需的知识与技能的同时，也为在职中小学教师的进修学习提供了良好的条件和保障，成功实现了职前教育与职后培训一体化，教师专业发展成为一个持续的系统的发展过程。

（二）STEAM 教师研修模式

这是一种从教师的真实需求出发，确定研修目标，基于"逆向设计"模式设计研修形式和内容，使研修成效可视，促进研修"真发生"的教师研修模式。①

1. 研修项目的顶层设计理念遵循威金斯和麦克泰格的"逆向设计"模式。威金斯指出最好的设计应该"以终为始"。基于"逆向设计"模式，主要包含三个阶段：第一阶段是确定培训目标，第二阶段是确定支持培训目标的评估证据，第三阶段是确定具体的培训形式和内容。②

2. 该项目采用的是劳克斯·霍尔西提出的基于有效实践的教师专业发展实施框架，即基于发展愿景和目标—分析教师需求数据—制订培训目标—设计培训内容和形式—实施—评价。③ 研修项目在实施的过程中关注教师的研修需求制订研修目标，采用多元评估方式评估研修成效，并动态调整后续的研修目标，以保障研修目标的达成。

3. 该模式的实施步骤。调研需求，精准制订研修目标，基于目标设计与实施研修活动。以研修对象为中心进行研修内容和形式的设计，并关注理论和实践共同发展，使研修结果具有可迁移性，同时强调研修形式包含互动和协作学习元素，使得研修过程具有参与性。

4. 研修项目的形式主要分为三大类：一是讲座式的理论学习，二是工作坊式的项目体验，三是结构式研讨。整个研修内容和形式都基于研修目标进行设计，体现教师参与体验、团队协作以及反思迁移的特点。

5. 运用评估，可视化研修成效。主要采用反思表、基于移动互联网的应答系统、表现性任务等多元的评价方式，贯穿研修前、研修中、研修后，通过教

---

① 鲍雯雯. 基于逆向设计模式的区域教师 STEAM 教育研修实践［J］. 教学月刊·中学版（教学管理），2021（12）：10-13.

② 威金斯，麦克泰格. 追求理解的教学设计［M］. 2 版. 闫寒冰，宋雪莲，赖平，译. 上海：华东师范大学出版社，2017：72-75.

③ LOUCKS-HORSLEY S, LOVE N, STILES K, et al. Designing professional development for teachers of science and mathematics［M］. 2nd ed. Thousand Oaks, CA：Corwin Press, 2003.

师自评以及他评等不同的评价方式采集评估证据，不仅帮助了解预期研修目标的达成情况，也服务于后期的研修目标的动态调整。

（三）"TMS共同体"教师培训课程研修模式

本模式是基于落实教师教育政策目的和满足教师教育的实际需求，克服现有教师教育课程研修模式的不足，聚焦于教师的"教育情怀、文化生活经验、学科综合能力、课程领导能力、创新实践能力"五大核心素养，有针对性地设计培训课程的研修形式，以实现课程研修的创新。① TMS是Tutor-Members-Servant的简写，意指基于教师专业发展的视角，以与培训课程实施质量直接相关的学员、导师、服务人员三个群体为主体，形成学员中心、导师引领、服务人员支持的研修共同体，围绕预设的研修目标，经历预设任务实战的全过程，在实战的过程中共同研修，最终形成能够在实践中较好运用的研修团队集体成果和参训教师个体成果，共同完成教师培训课程研修任务。

1. "TMS共同体"教师培训课程研修模式以学员、导师、服务人员协同联动为"内核"，以研修任务、研修实践、研修成果、教育实践为"外框"，强调教师的"主体参与"和培训的"专业性技术服务"，通过（基于"教育教学问题解决"的个性化研修任务、"研、导、辅"循环联动的研修支持机制、集体成果和个人成果相结合的研修成果、教学实践中运用并检验研修成果）四个研修要素的联合运行，推动教师的专业发展。

2. 该研修模式在形式上强调研修小组的建立。这种模式有四个元素：一是组织元素，即研修共同体（研修小组），一般由12位人员组成，并以自主选择和协议约定的方式确定职责、任务。其中，同学科的参训教师10人，培训机构导师1人，服务联络人员1人。二是成果元素，即参训教师完成研修任务的成果表现形式。成果导向是"TMS共同体"研修的基本思路，强调研修成果具有理论与实践、共性与个性、群体与个体结合的特点，并有利于融会贯通的运用与推广，成果呈现形式依据组织分工和集体研讨确定。三是平台元素，即研修小组的成果获得需要借助于学习平台、交流平台、技术平台支持。四是活动方式元素，即具体的研修活动，依据预设商定的研修任务，确定团队成员围绕问题开展的具体活动方式方法，如文献阅读、专题辅导、实战训练、点评引领等合作性研修活动和实践性研究活动。

3. 研修模式的基本架构。根据基础教育课程改革的需要和中小学教师的专

---

① 张坤香. "TMS共同体"教师培训课程研修模式的建构与实践[J]. 中小学教师培训，2019（7）：5-10.

业发展需求，培训机构立足教学实践提炼生成培训课程的主题，并依据主题设计合作研修任务。以小组任务为驱动，参训教师在相关情境中进行研修，不断认同和深化理解小组研修任务，并基于问题协同研修，在经历"问题—理论—方法—实践"的深入反思过程中，整合资源并形成解决问题的研修成果。研修成果被每个参训教师基于自我积淀在教学实践中创造性地变通运用，又将产生新的问题，新问题将不断催生关于教育教学问题解决的各种培训主题以及新的研修任务和新的研修成果。在"问题—成果"不断往复循环的过程中，学员中心、导师引领、服务人员支持的研修共同体，相互促进与支撑；在问题遴选、主题凝练、任务选择、研修实战、成果展示、评价反馈、规律总结的有序流程中，达到优化解决教育教学问题的效果，研修小组、参训教师在团体内的辐射作用得以充分发挥，所有个人价值得以认同的目标。

"TMS共同体"教师培训课程研修模式的核心要素是基于"教育教学问题解决"的个性化研修任务、"研、导、辅"循环联动的研修支持机制、集体成果和个人成果相结合的研修成果、教学实践中运用并检验研修成果。

综合以上教师教育模式，可以看出这些模式反映了当前教师教育的新理念，又综合了教师教育实践的丰富经验，从内容、方式方法和实施策略上进行多样探索和有机融合，实现了教师教育模式的创新和发展。虽然各模式的着眼点不同，运用的方式方法和实施策略不尽相同，但是从整体发展趋势上，表现出一些共同的特点和价值取向，为构建I-U-G-S模式提供了非常有益的启发与借鉴，主要有以下四方面内容。

一是注重资源互补的教师教育共同体的建构。诸多国家的教师教育成功实施的核心机制性经验是"责任共同承担、资源共同分享、各方均衡获益"。比如美国的教师专业发展学校与我国的"三位一体"协同创新培训模式，强调重视高师院校、地方教育行政部门与学员任职校密切结合：高师院校提供理论引领，地方教育行政部门提供行政支持，学员任职校提供学员发展的实践场域——实践所学，强化培训效能，提供机会和反馈，助推理论向实践转化。

二是关注教师的专业发展需要，注重调动教师参与继续教育的积极性和主动性。教师参与继续教育的积极性和主动性是影响教师继续教育效果的关键因素，也是推动教师继续教育不断发展的重要力量。现代教师继续教育模式越来越注重关注教师的实际需要，着眼于教师的实际需要开展有针对性的教师继续教育。继续教育模式的建构强调结合实际诊断学员需求，然后确定目标、组织内容、实施教学、评价效果，并将反馈修订环节贯穿课程设计始终。

三是注重理论与实践的结合，强调教师继续教育对教师教育教学实践的改进和提升教师的专业发展能力。传统教师继续教育强调理论知识的学习，这样的学习难以真正提高教师的实践能力。现代教师继续教育模式更多关注教师教育教学实践中面临的实际问题，改变单一的理论教学模式，强调理论学习与实践研修的有机结合和统一，通过问题解决的任务驱动式教学以及利用和创设职场型实践环境、置换脱产研修项目等方式，将理论学习与实践研修有机结合起来，使继续教育能够真正帮助教师提高实践水平。

四是借助互联网资源及技术，实现多种继续教育方法的有机整合，满足教师个性化发展。成人学习具有自我导向性特点。网络研修平台以其资源丰富性、远程交互性方便学员突破时空限制进行选择性、个性化学习，从而使网络化研修成为工学矛盾突出的学员所倚重的一种研修模式。在疫情防控期间，网络培训的作用和地位愈加彰显。通过网络进行继续教育有多种实践形式：小规模在线课程，为学员提供了线上优质资源、强化了培训体验过程、关照了学员个性化需求，能激发其学习兴趣。"翻转课堂"教育模式，学员可以在信息技术环境下先自主学习相关教育内容，再与教育者及其他教师交流，这样既便于教师精确表达学后困惑、讲师按需施训，又便于教师通过交流取长补短。网络化学习融入线下实践环节模式，实现混合式培训。模式的组织实施涉及网络平台建立、集中教育课堂、校本实践等多种教育教学环境和学习方式，需要建立网络学习社群，线上学习、集中培训和线下校本实践有机结合，这既保证了继续教育的质量，同时又实现了教师教育教学和组织管理的系统化、科学化、信息化，提高了教师教育的实效性和时效性。同时，网络技术和资源对教师教育资源的整合和共享也满足了教师专业发展的个性化需求。

（四）"U-G-S"教师教育协同创新模式

2007年以来，东北师范大学教师发展研究中心设计并实施了以大学教师教育机构为主导、地方政府协调、中小学参与的院府校协同合作的教师教育新模式（University-Government-School，"U-G-S"模式）。"U-G-S"模式是在借鉴欧美发达国家教师教育经验、融合现代教师教育新理念下形成的"师范大学主导、地方政府协调、中小学积极参与"的优秀师资人才的一种新兴培养模式。[①] "U-G-S"教师教育模式在2014年8月第一次提出并运用于卓越教师教育，到目前为止，该模式在教师职前培养、农村中小学教师培训、基础教育研究等方面探索教师教育多维协同创新机制，取得了良好的教育效果和效益。

---

① 刘益春，李广，高夯. "U-G-S"教师教育模式实践探索——以"教师教育创新东北实验区"建设为例[J]. 教育研究，2014（8）：107-112.

1. "U-G-S"教师教育协同创新模式的特点在于高校（University）、政府（Government）以及中小学（School）三个主要教育主体协同一致，共同参与教师教育。在遵循相关教育规章制度和政策背景下，本模式将教育行政部门或者相关政府机构的政策、制度、资金优势，高校的教师教育师资和学术资源优势以及中小学场所和教育教学实践优势有机结合起来，最大程度上实现优势互补，为教师教育的组织和实施提供充分的条件保证和有效的运行机制。

2. "U-G-S"模式体现了职前教育到职后培训的一体化。"U-G-S"模式强调教师职前培养、入职教育和职后研修等阶段相贯通，通过创办实验区达到师范生教育见习与实习、在职教师进修培训的相互融合、互利互惠、有机结合的目的。

3. "U-G-S"模式是基于"合作共享"的价值理念，教师教育合作共同体的各方面参与者被视为一个生命共同体，既有各自的利益又互利共赢，各个主体间在不断地协商中逐渐形成了探寻教育生存与发展道路的共享性思维。这种方式有助于"共同成长"的制度环境的建设和形成，也有助于化解各参与者的文化差异和利益冲突。大学重在教师教育知识与理论的提供、支持和引领，教育行政部门或政府相关机构则提供政策保障、过程监督以及效果评定和督导，中小学则是教师教育的实践与反馈的重要基地，三者在互动过程中形成了相互依托、相互制约、相互促进的共同体，来促进教师教育实践与理论融合、优化和提升。

4. 从效果上来看，该模式对提升中小学办学特色、创新教师教育形式、深化教师教育体制改革、转变教师教育观念甚至引领中小学教育教学改革、丰富和发展教师教育文化均起到积极促进和变革的作用。"U-G-S"教师教育协同创新模式突破了传统教师教育、教师专业发展的文化内涵，顾及了每个参与者在这个体系中的主体地位和作用，在合作的基础上建立一种新型的文化模式，这种开放、合作和共赢的文化模式切合了当代教师教育价值理念，符合教师教育和教师专业发展的基本规律，在促进教师教育实践、提升教师教育的效果上是有效的。

（五）"互联网+教育"环境下教师教育模式

"互联网+"概念被引入教育领域，为教育研究提供了新的理念和思维方式，此背景下的教师教育具有更强的包容性、针对性。"互联网+"对于教师教育而言，是充分利用教师线上成长渠道和资源促进教师专业发展的重组和再造。"互联网+"时代，教师教育资源量不断增长，学习环境从封闭、单一走向开放、多元。网络研修的便捷性也催生了教师教育模式的多样化、灵活性、适宜性，教师教育从教育教学和组织管理的实际需要出发，结合网络信息技术特点及其运行规律，从网络平台建设、网络资源共享以及网络技术服务等多个维度，进行"互联网+"环境下教师教育模式创新。

1. 基于教师教育平台构建和教师教育资源建构的模式

此模式注重通过创建各种网络平台，充分利用丰富的网络资源和网络技术，为教师专业发展提供有针对性的学习平台和资源支持，满足教师个性化发展需求。比如张屹等提出了基于Sakai平台的村镇中小学教师远程培训模式，通过平台的建设，为教师提供课前、课中、课后的个性化服务，支持资源共享、协作讨论、训后反思与评价等教师学习和发展活动。① 汪茹提出了基于云服务正反馈的教师培训模式，构建了培训信息发布、课程管理、课程观察和研讨等云服务研修环境，弥补了传统教师教育模式中教育资源分配不均衡、教师发展个体差异难以顾及的短板。②

资源是教师远程培训特别是网络研修不可或缺的要素。有研究者构建了基于微课资源的网络研修模式，让参训教师在预设性资源启发下，创造生成性资源。③ 另有研究者提出了将城市学校优质教学资源应用于乡村学校，既支持乡村学生学习，又用于乡村教师培训，创建了"双师教学"的乡村教师教育模式。④

2. 基于培训服务构建的模式

远程教育为教师提供的是数字化的学习环境，缺少面对面的临场感。因此，提供有效的支持服务、构建虚拟学习共同体有利于弥补其不足。有研究者提出了基于学习支持服务的远程教育模式，构建了由教学专家、辅导教师、教学助理和教学监督人员组成的多层次学习支持服务体系，分别提供学术性和非学术性支持。⑤ 另有研究者提出基于网络学习共同体的教师教育模式，通过资源管理、学习监督、培训反馈为学员提供支持服务，学员通过参与交流、协作、反

---

① 张屹，许哲，张帆，等. 基于Sakai平台的村镇中小学教师远程培训应用模式初探[J]. 中国电化教育，2010（5）：51-55.
② 汪茹. 基于云服务正反馈的区域教师培训策略研究[J]. 电化教育研究，2018（12）：123-128.
③ 曹建玲. 基于微课的中小学教师培训现状及策略研究[J]. 中小学教师培训，2017（2）：26-29.
④ 张巧文. 基于"互联网+"的"双师教学"模式在乡村教师培训中的运用[J]. 中小学教师培训，2017（5）：20-24.
⑤ 冷静，朱伶俐，沈旭东. 基于学习支持服务的远程培训模式探索——以北京大学"国培计划"为例[J]. 中国远程教育，2015（11）：67-71.

思等活动维持学习积极性，实现群体共同发展。① 还有研究者提出了涵盖网络学习社区、网络研修社区、网络生活社区的区域教师专业发展网络社区培训模式等。②

3. 基于培训理念构建的模式

有学者从培训理念创新的角度提出了新的远程教师教育模式，如以促进教师个体及群体专业发展为目标，整合促进教师专业发展的三大行为：教学、教研、培训，提出了"研修用"一体化的教师远程教育模式，并强调发挥三者互为前提、互为手段、互为促进的整体性和互补性价值。③ 有研究者创建了引领式在线教师教育模式，倡导学员在培训者引领下，自主学习数字化资源，完成研修任务。④

4. 线上线下混合培训模式

混合培训表现为线下培训和线上培训的有机整合，其内涵包括不同教学模式、教学方法、教学资源等的混合，充分发挥各种方式方法的特点和功能。具体形式包括：

（1）基于"翻转"理念的混合模式。该模式由相互关联的四个阶段：准备、理解、应用、反馈组成。线上重"理解"，线下重"应用""反馈"。有研究提出任务导向的慕课（MOOC）研修模式，既提高了优质资源利用率，又使研修过程更富弹性。⑤ 还有基于小规模限制性在线课程（SPOC）的教师教育模式，让授课教师对已有的 MOOC 资源进行"二次开发"，使培训更切合本地、本校实际。⑥

（2）强调工具与支持的混合模式。有研究者提出了自组织与"UMU"（互

---

① 周效章. 中小学教师教育技术能力培训：基于网络学习共同体的实践 [J]. 现代教育技术，2010（6）：144-148.
② 吴强，李文斐，徐文谦. 区域教师专业发展网络社区的实践研究——广州市中小学教师远程培训模式的转变 [J]. 中国远程教育，2013（4）：16-22.
③ 武丽志，曾素娥. "研修用"一体的教师远程培训内涵及实践观照 [J]. 现代远程教育研究，2015（4）：66-72，87.
④ 张丽，伍正翔. 引领式在线教师培训模式理论创新与实践机制——以全国中小学教师网络培训平台为例 [J]. 中国电化教育，2011（1）：61-65.
⑤ 邵晓霞. 基于翻转课堂的"国培计划"培训模式探究——以天水师院"国培计划"中西部农村英语骨干教师培训项目为例 [J]. 中小学教师培训，2015（1）：20-24.
⑥ 田爱丽，于天贞. 任务导向的慕课研修模式分析 [J]. 教师教育研究，2017（5）：31-37.

动学习平台）互动融合的教师研修模式。① 在 UMU 的支持下，基于共同研修问题形成网络教研社群，有效营造了浓厚的学习氛围，推动各学员积极融入培训，并完整记录学习数据，包括提问、分享的观点等，持续产生生成性资源。有研究者提出线上线下学习指导、学习帮助、学习资源等多元学习支持服务的模式。② 李运福、杨晓宏提出包含信息层、知识层、策略层和行为层的基于大数据分析的在线离线（O2O）教师培训模式③，探索了训前精准收集需求、个性化提供培训方案、推荐施训机构实施混合培训等内容。

（3）强调整合的混合模式。如基于教学现场的教师研修模式，强调通过线下集体学习和网上研修夯实理论基础，通过理论反思和实践，实现教师"实践性反思"④；基于网络的分级分层式培训模式⑤，通过设置分级组织与分层内容，整合预设性和生成性学习资源，将线上和线下学习活动交替进行，互为补充；还有针对信息技术学科特点以及信息技术学科教师的专业发展需求，提出整合信息技术课程教学能力、学校信息化建设能力、信息技术教师专业发展要求的"整合型"培训模式等⑥。各种整合模式将各种教育资源和教育活动方式、技术和手段有机结合起来，实现优势互补。

（4）校本研修与网络研修整合的混合模式。这是教育部"国培计划"的示范性项目，本项目是对传统校本培训的升级和发展。梁琪等基于混合学习理论构建了融合立体化资源支持、网络课程平台支持的校本培训、网络平台支持的自主学习、专家巡回指导等形式的教师信息化教学能力培养模式。⑦ 张思等提出了网络研修以"专家—学员互助"为主，校本研修以学科教研组长和普通教师

---

① 容梅．基于个性化学习需求的中小学教师研修模式的构建与实施［J］．中国电化教育，2017（10）：89-95．

② 金彦红，徐斯佳，李华，等．网络环境支持的中小学教师培训模式研究［J］．中国电化教育，2012（8）：62-67．

③ 李运福，杨晓宏．基于大数据分析的 O2O 教师培训模式研究——对"互联网+"教师培训的初步思考［J］．中国电化教育，2016（12）：113-120．

④ 陈欣，许桂芬．探索培养"反思性实践者"的教师研修模式［J］．中小学教师培训，2015（9）：18-22．

⑤ 金彦红，郭绍青．基于网络的分级分层混合式中小学教师培训模式研究［J］．中国远程教育，2010（11）：65-68．

⑥ 郑燕林，李卢一．"整合型"中小学信息技术教师培训模式构建与实践［J］．中国电化教育，2011（11）：58-61．

⑦ 梁琪，滕涛，刘刚，等．基于混合式学习理论的中小学教师信息化教学能力培养模式研究［J］．电化教育研究，2012（12）：115-120．

"同伴互助"为主的"同侪互助"混合式校本培训模式。[①]

网络研修最大的优势在于可以通过信息技术和网络平台实现智慧和资源的共享,互联网的高度共享机制可以突破线下学习时间与地点的限制,使得教师的研修能够随时随地共享更大范围的智慧和资源,从而使每个人能够迅速获得丰富的资源支持,高效地实现自身专业发展。在网络研修的环境中,教师可以根据自己的需要学习自己想学的技能,这样就克服了传统教师教育中针对性不强、自主性不高的缺点。研修过程中,教师随时随地可以调用网上的各种音频、视频、图像、动画、文本等研修信息和学习资源,使研修活动更加丰富多彩,更加人性化,更具有选择性和主动性。

三、当前乡村教师继续教育模式应用存在的问题及原因分析

目前教师继续教育模式呈现多样化和不断发展的趋势,一定程度上对于提高我国乡村教师队伍的整体水平起到了积极促进作用。但从上述教师教育模式的实践来看,当前乡村教师继续教育模式在实际应用中也存在着一定的问题,这些问题的产生与教师继续教育模式本身存在的问题和教师不断发展变化的专业发展需求有关。具体表现如下。

(一)传统的教师教育理念落后于教师专业发展需要

教师教育理念是指导教师教育实践的思想基础,影响教师教育实践的具体实施过程和实施效果。传统的教师教育理念将教师定位为被教育者,教师处于被教育、被指导、被发展的被动地位,没有体现教师在教育活动中的主体性。这样的身份定位一方面不利于调动教师参与教师教育的积极性、主动性,另一方面也使得教师教育的整体设计是基于外在的要求与灌输,不能真实反映教师的实际需要。比如PDS教师教育模式在实施过程中需要大学与中小学的平等合作,然而,由于大学与中小学双方所处的社会地位、文化环境等因素影响了双方的合作地位。大学教师往往被视为"专家"和"指导者",中小学教师往往被看作低一层级的"被指导者",这种固有的传统观念决定了双方的地位难以真正平等。这种不平等的合作关系,会使中小学教师采取被动接受和消极应对的做法,不能充分发挥主观性和创造性。

传统的教师教育理念在实践中忽视教师的实际需求,强调外在的规范和要求,忽视教师对教育内容的内化和吸收。从以上模式的实践来看,当前教师教

---

① 张思,刘清堂,熊久明,等.教师混合式培训中的同侪互助模式与支持策略研究[J].电化教育研究,2015(6):107-113.

育的目标更多的是基于国家的教育发展政策或者教师专业发展的基本内涵而提出一般的教师专业发展要求,在很大程度上没有考虑到教师的实际发展需要和教师的可持续专业发展。特别是在关注城乡差异方面,缺乏必要的设计和调整,忽视乡村教师教学环境的特殊性;而针对乡村教师的专门培训也存有大一统现象,忽视乡村教师个体需求之间的差异和不同发展阶段的教师对培养目标的期待方面存在的显著差异。[1] 教师继续教育流于形式,对乡村教师的发展产生不了应有的效果,反而导致乡村教师对继续教育产生阻抗情绪。

教师的专业发展具有主体性,教师专业发展的目标在于教师个体专业自我的形成,因此,只有尊重教师个体在教师教育中的主体性,才能真正使教师教育有利于教师的专业发展。尤其是在当前社会背景下,社会对教师的专业发展要求越来越高,随着教师教育的不断推进以及教师受教育水平的不断提升,教师在自身的专业发展中的主体性越来越明显。教师要不断实现自身的专业化发展,越来越需要将外在的发展要求转化为教师个体内在的发展需要,只有充分调动教师专业发展的主动性与积极性,才能实现教师自身不断的可持续的发展。以上无论哪一种教师教育模式的有效实施都需要教师主动参与、教师作为自身发展的主体才能实现。

(二)教育模式单一、僵化,难以适应教师发展的群体差异性和阶段性需要

乡村教师继续教育模式是多样的,但是每种模式一旦确定,就按照自身的框架和程序进行,很难照顾到教师专业发展的群体差异和教师专业发展在不同阶段的需求。教师专业发展的需要是具有群体差异的,而且在不同的发展阶段,教师的专业发展的特点和需求也是变化的、发展的,这就要求教师继续教育模式要具有灵活性和发展性,能够更好地满足教师专业发展的群体差异,并满足教师专业发展在不同阶段的需求。从以上教师教育模式的具体实践运用来看,各种教育模式多从某种既定教育理念出发,提出一种统一的固定的教师教育模式,或者基于已有的教师教育经验系统总结而成,模式的实施多为对教师专业发展的应然追求或者追求模式本身的合理性,而忽视乡村教师专业发展的实际需要,忽视了教师专业发展的动态过程,缺乏灵活性和变通性,不能激发教师的主动参与和有效学习。虽然各类教师教育模式往往看上去美丽,但是实施起来实效性和时效性较低,培训效果难以落实。

---

[1] 张嫚嫚,魏春梅.乡村教师培训存在的问题分析及对策思考[J].教师教育研究,2016(5):74-99.

(三) 教师教育活动的组织过程缺乏有效的实践运行机制，各主体的积极性主动性难以调动起来

教师的专业发展是他律和自律共同作用的结果。教师继续教育的有效实施需要外在的激励和教师个体内在的积极主动参与，但是在实践过程中，由于外在激励机制不完善以及教师内在主动性缺失，往往导致各种模式实施的效果大打折扣。在 PDS 模式和 U-G-S 教育协同模式中，由于参与者的时间和精力投入问题以及模式运转所需资金无法保障等，大学与中小学的合作缺乏持续的动力和有力的保障。PDS 模式的参与者所承担的这些工作影响了参与者之前日常的教学工作，并且由于缺乏足够的资金支持，这些额外付出大量时间和精力的参与者（大学教师和中小学教师）很难获得相应的酬劳，使得参与者缺乏持续的动力。并且对于中小学教师而言，他们认为与职前教师一起工作不是他们的职责范围内的事。

教师教育的实施，尤其教师教育共同体的建构需要建立系统的有效的运行机制和职责规范，国家关于教师专业发展的政策要求、支持和保障是激发教师参与继续教育的外在动力，政府等相关部门关于参与教师教育相关机构和人员的职责规范以及条件保障也是鼓励教师教育机构或者教师教育者积极参与教师教育的保证和动力。教育行政部门是对教师专业发展进行考核和评价的机构，行政部门缺乏关于教师继续教育政策的方案制定、实施以及关于教师参与继续教育的考核和评价是影响教师继续教育实施效果的重要因素。另外，教师继续教育需要资源的有机整合，由于缺乏各种参与教师继续教育的主体之间持续不断的合作、交流、互助和共赢的有效机制，因此，无论是教师教育者还是参训教师都难以具有持续不断地进行教师继续教育的动机。

(四) 教师继续教育评价和反馈机制本身不完善，导致教育效果难以衡量和评定

乡村教师继续教育模式在运用过程中多关注于方式、方法、手段和形式的新颖与现代化，忽视模式本身的价值引领以及系统性、完整性，使得模式的实施存在一定的随意性，缺乏系统连贯性，模式的各要素缺乏必要的联系，教育活动缺乏统筹设计，教育过程缺乏制度规范以及监督检查，教育效果缺乏评定和反馈等，这在很大程度上影响模式本身的实践效果。特别是对继续教育过程和实施效果缺乏有效的评价和反馈机制。以上教师教育模式中对教师教育效果的考核和评价一般采用考勤、作业及活动展示等方式进行，这样的评价方式虽然对教师能够达到的一定的训练目的，但是难以对教师教育的效果进行系统专门的评估；以上教师教育模式中的评价多是对教师个体的认识、感受和经验的

主观认识和评价,难以全面真实地反映教师教育的效果,难以对参训教师起到真正有效的督促和激励作用;另外,教师教育评价缺乏明确的标准,仅仅通过描述性的文本资料的分析和主观臆断,缺乏客观科学的教育评价手段,难以获得教师教育的有价值的反馈信息。还有,教师教育评价缺乏持续性、跟进性和连贯性,往往一个阶段的培训结束就意味着此阶段教师教育的终结,至于教育的实际效果如何无人问津。评价方式的形式化以及评价本身价值性和专业性的缺失,严重影响和制约着乡村教师参与教师继续教育的态度。

第三章

乡村教师继续教育模式构建研究设计

本研究从关注"乡村教师"这一特殊群体的生存和发展状态出发,结合当代教师教育理念的发展和教师专业化的发展新需求,在借鉴国内外丰富的教师教育经验的基础上,探索适应新时代乡村教育振兴的乡村教师继续教育模式。

一、研究方法与思路

(一)研究方法

1. 教育文献法

本研究通过印刷性文献以及网络搜索引擎,以"模式""教师教育""教师专业发展""乡村教师""教师继续教育"为关键词,对国内外大量相关文献进行了搜集和梳理,在厘定概念内涵和理解相关理论的基础上,清晰地把握和界定教师继续教育模式的内涵、功能价值、构建理论依据、主要表现形式及践行现状;全面掌握当前国内外关于教师教育的研究和实施现状;了解和借鉴已有研究为本研究提供的理论、思路和方法;在系统分析当前教师继续教育模式研究和运用中已经取得的成果、经验及存在的不足的基础上,确立本课题研究的理论基础、分析框架、经验借鉴和问题指向,明确本课题的立足点。

2. 教育调查法

根据研究需要,本研究采用问卷调查、访谈等方法,主要用于了解乡村教师专业发展现状、乡村教师继续教育实施现状及其需求情况、乡村教师继续教育的实施效果。

调查问卷为自编问卷。课题组成员在参考相关问卷的基础上,根据教育现代化对教师专业发展的要求、中小学幼儿园教师专业标准(试行)、乡村教师自身意愿和乡村教师教育实际,通过项目分析、信效度分析编制而成,包括前期的《乡村中小学幼儿园教师专业素养现状调查问卷》《乡村中小学幼儿园教师继续教育现状与发展需求调查问卷》,作为新模式构建的现实依据。效果评价问卷是在乡村教师继续教育 I-U-G-S 模式实验的基础上,为了更好地了解新模式的实施效果而进行的,主要包括《乡村中小学幼儿园教师继续教育满意度调查问卷》《乡村中小学幼儿园教师继续教育需求度和认可度调查问卷》。为了保证全面深入地把握乡村教师专业发展及其继续教育实施的真实情况，题目的设计分别采用了量表题、多选题、排序题、单选题。其中量表题采用李克特五点计分，问卷回收后，采用社会科学统计软件包（SPSS）对调研数据进行统计分析。

本研究在对乡村教师发展现状及其继续教育实施情况广泛调查和了解的基础上，为了进一步深入了解乡村教师专业发展需求，设计了《乡村教师继续教育现状与发展需求访谈提纲》，访谈提纲围绕着问卷调查结果有针对性地进行设计。

3. 教育实验法

为了验证本研究所建构的乡村教师继续教育 I-U-G-S 模式的有效性，本研究采用自然教育实验法，以乡村中小学幼儿园作为教育实验基地，分别选取了106名初中教师、88名小学教师和52名幼儿园教师作为教育实验对象，结合实验学校的实际需要确定教育实验项目，在乡村中小学幼儿园真实的教育教学情境中进行。在实验前对参训对象的继续教育需求度和专业素养现状进行测评，然后将乡村教师继续教育 I-U-G-S 模式具体运用到对实验样本的培训实践中。实验结束后，对实验对象的培训认可度、专业素养进行测评，以确定该继续教育模式的切合度、影响力，为其今后不断完善提供丰富的真实有效的实践经验与依据。

4. 教育观察法

本研究将观察法作为一种辅助性研究方法，主要采用自然观察法，用于了解教育实验中乡村教师在实际的教育教学实践活动中的具体表现，从而为教育实验提供丰富的经验性材料。

（二）乡村教师继续教育模式研究的总体思路与框架

1. 研究思路

研究从我国乡村教师专业发展现状和继续教育实施现状及其需求出发，发现问题，作为模式构建的现实基础和依据；整理和分析国内外乡村教师教育模式的实践运用情况，发现和了解其在运用中存在的实际问题，为本研究提供理论参考和实践经验的借鉴；以当代广泛认同的教师教育理论，如成人教育理论、教师专业发展理论、终身教育理论等作为本研究的理论基础，对我国乡村教师继续教育模式进行理论建构；为了验证模式的科学性、合理性和有效性，选择乡村中小学幼儿园作为实验样本，进行新模式的实验，积累关于乡村教师继续教育模式的实践经验，并在总结反思实践经验的基础上对新模式的内涵和结构进行修订、完善，进一步扩大和提升新模式的实践应用范围和应用水平。

如图 3-1 所示，本研究从当前我国乡村教师专业发展的实际需求和我国关于乡村振兴与乡村教育发展的政策背景出发，确定研究目标、内容、思路和方法，设计研究方案。研究的重点是对乡村教师继续教育模式进行理论的探究和建构，并结合具体的实践进行验证。研究的成果是形成关于乡村教师继续教育模式的系统建构，并将成果以学术论文、交流研讨、政策建议和课程资源等方式进行交流、分享、应用和不断发展完善。

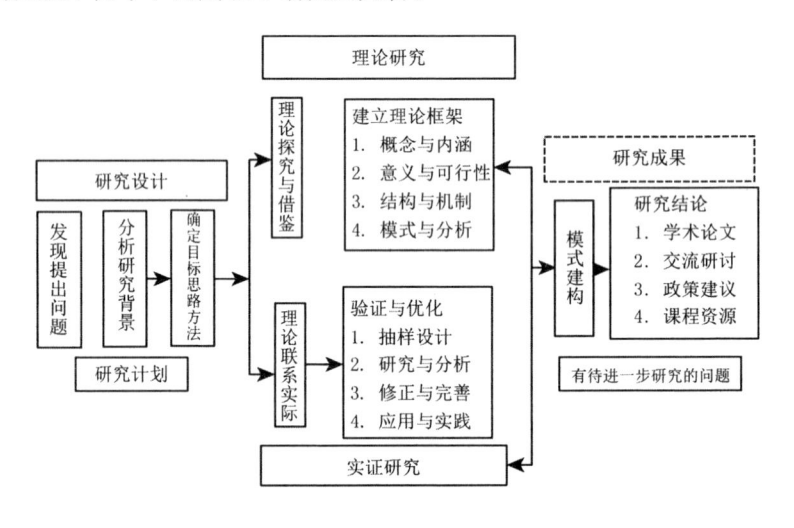

图 3-1 研究思路

2. 研究框架

一是立足于乡村教师专业发展的现实需要和乡村教育实际。随着教师教育的不断推进，教师专业发展水平整体得到了提升，教师继续教育模式多样。在当前背景下如何真正实现乡村教育振兴，使教师继续教育能够更好地满足新时代乡村教师专业发展的需求？本研究将模式的构建定位于乡村教师专业发展现状和需求的调查，以此作为模式构建的实践基础。

二是理论建构。本研究以教师为发展主体，教师的学习是专业学习，教师是成人，教师的专业发展具有可持续性，因此，本研究关于教师继续教育模式的构建强调尊重教师作为成人和专业人员的专业学习的特点和规律性，通过理论探究，研究发现教师专业发展的科学理论基础，从而为模式的建构提供科学有效的理论依据。

三是模式建构。在实践分析和理论探究的基础上，结合当前国内外教师继续教育实践经验，对适宜新时代乡村教师专业发展的继续教育模式进行理论建构。

四是实践应用。在模式的指导下，选择样本学校和教师进行教育实验。在具体实践的基础上，对实施效果进行分析和评价，进一步总结经验、分析问题，不断完善和修正模式，并不断对模式进行拓展性应用。

如图3-2所示，本研究借助各种研究方法和研究工具，对研究背景、国内外相关研究、乡村教师发展现状及需求、研究的整体设计、乡村教师继续教育模式构建、乡村教师继续教育模式的实践与评价等内容进行逐层深入研究，最终形成关于乡村教师发展现状及其继续教育需求的全面认知，在理论上系统构建乡村教师继续教育模式，并对模式进行实践验证。

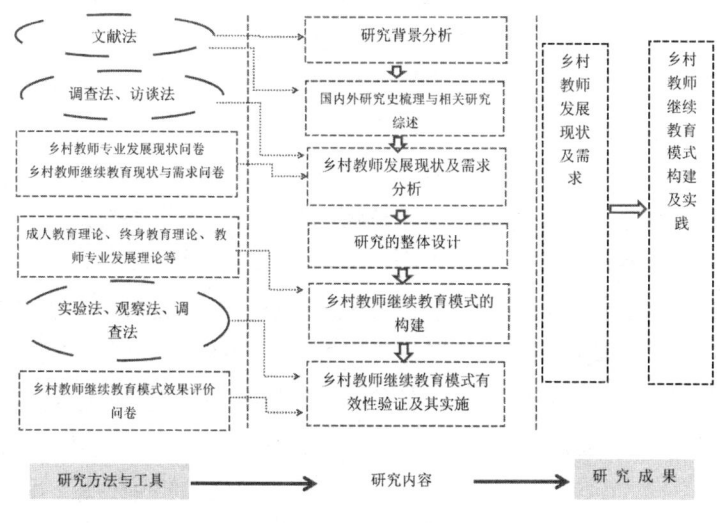

图 3-2 研究框架

二、研究目标

本研究在借鉴国内外教师教育、教师继续教育研究成果和有代表性的教师教育模式的实践经验的基础上，结合当代教师教育和教师专业发展理论，从我国乡村振兴战略的时代背景和一系列乡村教育发展方针政策出发，结合当前我国乡村教育的现状及乡村教师专业发展的情况和需求，积极探索有助于乡村教师专业发展的继续教育新模式，改善乡村教师继续教育质量，促进乡村教育发展，助力乡村振兴。

三、研究内容

（一）结合当前国家乡村教育发展的政策背景，调查了解乡村教师的专业素养现状和发展需求，形成乡村教师继续教育模式构建的现实依据

乡村振兴战略是我国乡村教育和乡村教师专业发展的政策背景，自党的十九大提出"乡村振兴战略"以来，习近平总书记在二十大报告中，又进一步指出"全面推进乡村振兴，坚持农业农村优先发展""扎实推动乡村产业、人才、文化、生态、组织振兴"。乡村教育振兴是实现乡村振兴的重中之重。自2015年以来，国务院、教育部逐步推出了一系列发展乡村教育的政策方针，《乡村教师支持计划（2015—2020年）》《乡村教师培训指南》对进一步提升乡村教师队伍建设、提高乡村教师培训的针对性和有效性给予专业指导与规范。2020年8月，《关于加强新时代乡村教师队伍建设的意见》中提出加强新时代乡村教师队伍建设的总体要求，并提出"创新教师教育模式，培育符合新时代要求的高质量乡村教师"的举措。

要创新传统的乡村教师教育模式，需要对当前乡村教师的专业素养现状和发展需求有清晰的认识和了解，因此，开展教育调研十分必要。特别是由于各地经济发展不平衡、教育资源分配不均衡等而导致乡村教育发展水平参差不齐，想要在此基础上提供针对性、个性化的教育模式，必须建立在对乡村教师教育需求正确科学地认识的基础上。因此，要从培训内容、培训形式、评价方法等方面，对乡村教师展开大规模调研，以此为依据，确立合作主体，选择培训内容，设计培训形式，探索评价方式，以形成新时代以提升教师素养为目的的有特色的乡村教师教育模式。

（二）梳理有代表性的教师继续教育模式，形成乡村教师继续教育模式构建的理论基础

当前国内外关于教师教育模式、乡村教师继续教育模式的研究和实践经验，为本研究提供了启发和借鉴。本研究系统整理和分析了国内外的教师教育、乡村教师继续教育等相关文献，在梳理和分析的基础上，选择有代表性的教师教育模式进行系统深入的分析和研究，并着重于研究各种模式在具体运用过程中的实际经验和存在的问题。如以我国"U-G-S"教师教育协同一体化、美国教师发展学校（PDS）模式以及研究性教师教育模式为例，通过研究发现，这些模式分别强调了在教师教育过程中建构教师教育合作共同体、课程和教育内容要切合教师专业发展的实际需要、调动教师参与的主动性积极性、灵活多样化的教师教育形式和有效的教师教育评价的重要性。但这些模式在实际运用过程

中也存在着一定的问题，影响了实际的效果，如合作、激励和保障机制的缺失，导致教师教育共同体难以实现持续、深入、有效的合作和共赢；工学矛盾以及教师专业发展激励机制的缺乏，导致教师参与继续教育的积极性和主动性不高；教师继续教育课程设计和教学活动的组织实施缺乏针对性和实践性，影响了教师继续教育的实际效果等，这些都为本研究中乡村教师继续教育模式的构建提供参考。

（三）以现代教师教育理论为基础，对乡村教师继续教育模式进行理论的建构

建构主义学习理论、成人学习理论、教师专业发展理论和终身教育理论等现代学习和教师教育理论为本研究中乡村教师继续教育模式的建构提供了科学的理论依据和思维方式。建构主义学习理论强调学习者的学习是建立在个体的经验基础上的自我建构；成人学习理论强调学习的自我导向，强调教育要适应学习者个体的不断发展的专业需要，并且适用于学习者工作、学习或者专业实践的具体场景的需要；教师专业发展理论强调教师的专业发展是贯穿于教师整个职业生涯的不断的、持续的过程，并且，教师专业发展的实现在很大程度上取决于教师个体在专业发展中的积极主动性；终身教育理论将学习作为一种内在的需求，强调学习的内在动机和学习过程的不断推进与可持续发展。尤其是在当代学习途径和学习方式多元化的背景下，终身学习强调通过多样化的学习方式、课程模式和教学活动的组织形式以及现代化的教育教学手段，满足个体学习的多样化的需求。以上述理论为基础，本研究确立了新时代乡村教师继续教育模式的基本理念，即强调乡村教师在继续教育中的主体性、主动性，教师教育要立足于乡村教师的现实需要，继续教育课程设计和教学活动要真正有利于乡村教师的专业发展；建立乡村教师继续教育共同体，重视建立构建参训教师（I）、高校（U）引领、地方主管部门（G）组织、乡村学校（S）配合的四位一体协同教育新模式。充分发挥各主体的资源和专业优势，保证乡村教师继续教育得以有效实施；以教师专业发展标准为依据，着眼于乡村教师的实际需要，构建主题明确且内容实用的乡村教师继续教育课程及其内容体系；结合乡村教师所处的发展环境和现实需求，设计灵活多样的教师继续教育活动形式，更好地满足乡村教师专业发展需求；注重实效，结合教师专业发展的特点和规律，注重对乡村教师继续教育过程和结果的全程的贯通的教育评价的构建，探索多元的发展性评价方式和标准，以评促教，保证乡村教师继续教育模式的实践效果。

（四）乡村教师继续教育模式在乡村中小学幼儿园的实践应用与实施效果

为了进一步验证乡村教师继续教育 I-U-G-S 模式的实际效果和科学性，丰富 I-U-G-S 模式的实践经验，本研究采用教育实验法，选择乡村中小学幼儿园作为实验基地，在调研的基础上，明确乡村中小学幼儿园的实际需求，开展具体的教师教育实践活动。本研究在乡村中小学幼儿园真实的教育教学情境中，通过乡村教师真实的教育教学实践活动进行实验，实验组织涉及模式中的部分课程内容，具体包括教研互助、听评课以及专门针对乡村教师专业短板的专题讲座、教师的教育教学反思等。活动过程按照具体的教师教育项目分类进行，每个实验活动项目由专门的教师教育者共同体与乡村教师合作学习共同体结成跨界共同体，各主体共同参与项目的设计、实施和效果的评估。由于项目内容不同，项目的组织实施方式不同，形式灵活多样，可以满足乡村教师专业发展的需求；活动过程尊重乡村教师的现实需要，注重实效，强调教师教育合作共同体各主体的优势互补、合作共赢。通过一系列的实验活动，在总结经验和效果的基础上，进一步丰富和发展了本研究关于乡村教师继续教育模式的建构，也为模式的进一步发展、完善和实践应用提供了丰富的经验基础。

四、研究重点

本研究的重点是乡村教师继续教育模式的理论建构，具体包括：

（一）乡村教师合作学习共同体构建

为打破封闭僵化的教师教育体系，寻求开放灵活、融合协同的新模式，本研究积极借鉴东北师范大学"U-G-S"教师教育协同一体化和美国教师发展学校（PDS）模式，强调"责任多方承担、资源共同分享、各方均衡获益"的教育理念，形成包括教师个人和合作学习共同体、高校、地方政府、乡村中小学幼儿园在内的四方责任主体。其中，以乡村教师专业发展需求为出发点，以乡村教师合作学习共同体活动为中心；高校教师教育机构为乡村教师教育的主要策划者和实施者，负责整体教育模式的前期设计，并为其他合作机构提供指导，加强智力支持和人力资源保障；地方政府为乡村教师教育提供政策制度保障和经费上的支持；乡村中小学幼儿园提供组织支持和实践基地。为实现资源共享、互惠互利的共同目标，最重要的是加强乡村教师教育顶层设计，整合内部不同主体的协作，深入推动教师教育资源优化整合和体制机制创新。在创新主体内部充分释放彼此间"人才、资本、信息、技术"等创新要素活力，促进该模式顺利有效实施。

（二）乡村教师教育多维形式探寻

本课题从新时代教育现代化对教师队伍建设的整体要求和乡村教师的实际教育需求出发，在借鉴参考当前各种教师教育组织形式的基础上，结合乡村教育条件、现有的资源以及教师的学习特点，积极借助"互联网+"的优势资源，利用云服务、大数据等信息技术，创设乡村教师网络学习社区的新平台；将线下多元化培训形式与常态化、智能化、信息化和个性化的线上培训相结合，打造线下和线上结合并行的乡村教师教育新形式。这种混合式协作学习形式，将现实时空与网络虚拟时空的活动整合，在群体交互、操作交互以及自我反思交互中进行协同认知，有利于培养教师的协作技能与互助情感，以促进教育绩效最优化。

（三）基于提高乡村教师素养的课程体系设计

关于教师教育课程体系的设计，无论是线上的网络学习社区构建，还是线下的实地培训和专家送课下乡，都要以乡村教师的专业素养内容和需求为依据，设计有特色的乡村教师教育课程体系，具体包括五大模块：①提高师德和涵养教育情怀的课程；②提高知识素养的课程；③提高能力素养的课程；④提高创新素养的课程；⑤个性化自主学习课程。在设计课程体系时，不仅以提升乡村教师的素养为目的，更要瞄准乡村教师的需要和乡村教育发展的需要，注重提供有针对性和有实际价值的课程。如选择乡村教育教学案例分析研讨、农村留守儿童的心理发展以及乡村社会与教育改革形势等有利于教师乡村情感陶冶、乡村情怀养成的内容，形成乡村教师本土化教育课程体系，凸显乡村教师教育的内容特色。

（四）乡村教师教育全程动态评价指标体系的建立

本课题以教师主体性原则和可操作性原则为依据，结合教师专业素养的构成内容，采用定量和定性相结合的方式，注重培训前的需求与培训目标的吻合度，将培训中的师资、保障、管理、内容和手段，培训后的有效性评估有机地贯穿起来。将乡村教师的素养、学习表现、研修成果、专业影响和作用发挥等五个方面作为一级指标，然后在此基础上进一步分解细化为多项二级指标，进而建立一整套能够即时、有效、动态、全程监测乡村教师学习效果的教师教育指标评价体系。

五、研究意义与创新

本研究以当前我国"乡村振兴战略""乡村教育振兴计划"等国家发展战略和一系列关于乡村教师队伍建设的具体方针政策为依据，结合当前我国乡村教师发展的实际，深入研究乡村教师继续教育新模式，具有重要的学术价值和应用价值。

（一）学术价值

1. 本研究对于明确教育是实施乡村振兴战略的"新动能"这一思想具有重要意义。

本研究从决定乡村教育成败的关键因素——教师素质入手，探索适合乡村教育实际的教师继续教育模式，对明确乡村教师素质提升是振兴乡村教育的关键这一思想的深入推进具有重要意义。

2. 本研究在借鉴国内外教师教育模式及其实践经验的基础上，将结合乡村教育和乡村教师专业发展的实际进行深入研究，有利于教师教育模式的创新。

研究力图借鉴国内外关于教师教育模式的理论，在此基础上，结合乡村教师继续教育实际，克服以往研究视野狭窄、针对性不强等缺陷，构建乡村教师教育的新模式。增强这一领域理论研究的针对性和完整性，为相关研究探索构建乡村教师教育新模式提供有力的理论借鉴。

3. 结合当代学习和教师专业发展理论，以新的教师教育理念和思维逻辑丰富和发展对教师专业发展规律的认识，创新教师教育模式。

本研究借鉴了建构主义学习理论、成人教育理论、教师专业发展理论以及终身学习理论，在分析各理论的核心理念的基础上，深化了对乡村教师专业发展规律的特殊性的认识。在此基础上，综合各理论所倡导的价值理念和实践要求，对乡村教师继续教育模式进行系统的理论建构和论证。

（二）应用价值

1. 研究乡村教师继续教育创新模式有利于提高乡村教师教育质量

当前，国内外各种教师教育模式不断涌现并运用到我国基础教育师资培训过程中，尽管每种模式都有其优势，但在长期教师教育过程中，制度不清、责任不明、适应性和针对性不强、培训内容和方法陈旧、培训实效低下等也是不争的事实，特别是缺乏针对乡村教育和乡村教师实际的教育模式。本研究力图打破僵化的教师教育体系，构建针对乡村特色的教师教育 I-U-G-S 模式，克服以往教师教育模式的种种不足，必将提升乡村教师教育质量。

2. 研究乡村教师继续教育创新模式有利于提升乡村基础教育质量

振兴乡村教育，关键在于抓乡村教师队伍建设，提高乡村教师专业水平。I-U-G-S 模式以教师个体和合作学习共同体、高校、地方政府和乡村基础教育学校为多元合作主体，以教育现代化对教师素质的要求为顶层设计，以多维立体培训形式导入实践运行，以针对不同学段共性及不同教师个性的订单培训课程和内容为核心，以贯穿教师教育全程的质量评价监控体系为保障，势必提升乡村教师教育质量，进而促进乡村基础教育发展。

3. 研究乡村教师继续教育创新模式有利于提高教师教育者素质

教师教育的灵魂是教师教育者。长期以来，人们注重基础教育师资队伍建设，对教师教育者队伍建设的关注反而弱化，表现为对其评价重视理论研究成果，忽视其基础教育教学实践经验，造成教师教育者脱离基础教育教学实际，尤其缺乏对乡村教育的深入了解。在培训中无论是课程内容设计还是形式选择停留在"想当然"层面，缺乏针对性和说服力，甚至与基础教育实际相背离。构建乡村教师教育新模式，实现教师教育者与基础教育师资融合，通过广泛的形式使教师教育者深入乡村学校、课堂和教师队伍中，有助于他们深入认识乡村基础教育教学实践样态，发现真问题，提高科学研究的针对性，进而提升自身专业素养，提升高校教育质量。

第四章

乡村教师继续教育模式构建的现实诉求

一、乡村教师专业素养现状

2018年1月,中共中央、国务院颁布的《关于全面深化新时代教师队伍建设改革的意见》明确提出:"为全面提高中小学教师质量,建设一支高素质专业化的教师队伍,要积极开展中小学教师全员培训,促进教师终身学习和专业发展。"[①] 为积极贯彻落实党中央关于加强教师队伍建设的一系列重大决策部署,2018年9月,河北省委、省政府出台《关于全面深化新时代教师队伍建设改革的实施意见》,进一步提出了"建设高素质专业化中小学教师队伍"的具体要求。[②] 教师队伍建设的主要内容之一是提高教师专业化水平,而教师专业发展的核心是提升教师专业素养,因此,深入了解教师专业素养水平是进行教师培训、提升教师专业化水准的前提和基础。

在河北省基础教育师资队伍中,乡村教师作为主力军,肩负着全省大部分地区青少年儿童的教育任务,是河北省乡村教育的重要支撑力量。但对于部分偏远农村师资来说,经济水平落后、工作条件简陋、资金紧缺、信息闭塞等客观因素,导致了他们的专业化水平较低,极大地影响了河北省整体教师队伍素质的提高。基于此,课题组在河北省十一个地市展开"乡村教师专业素养现状调查",目的在于了解当前乡村中小学、幼儿园教师现有的专业素养情况,以期为今后能够构建新型的乡村教师继续教育模式、开展有针对性的教师培训以提高乡村教师队伍整体素质提供一定的依据和参考。

---

① 中共中央 国务院关于全面深化新时代教师队伍建设改革的意见 [EB/OL]. 新华网,2018-01-31.

② 河北省委省政府关于全面深化新时代教师队伍建设改革的实施意见 [EB/OL]. 中华人民共和国中央人民政府网. 2018-09-10.

(一) 乡村初中教师专业素养现状

1. 调查对象和工具

（1）研究对象

本次调查从河北省石家庄、唐山、承德、张家口、廊坊、衡水、邯郸、保定、邢台、沧州、秦皇岛等不同地区随机抽样 800 名初中教师，所教学科涉及语文、数学、英语、历史、地理、思想品德、物理、化学、生物等初中各个学科。回收有效问卷 638 份，有效回收率为 79.75%。具体从样本总体情况来看：在性别上，女性教师占绝大多数，占总人数的 66.8%；在年龄上，30 岁以下的教师占 20.53%，30—50 岁的中青年教师占 66.61%，50 岁以上的占 12.85%；教龄处于 5 年以下的教师占 22.73%，拥有 21 年以上专业成熟期的教师占 45%。在职称上，高级职称教师占 18.7%，无职称教师占 15.52%，中级职称教师占多数。关于编制，河北省乡村中学还存在 20.1% 的无编制代课教师。详见表 4-2。

（2）调查工具

①问卷编制及构成

基于相关文献研究和前期访谈，并根据《中学教师专业标准（试行）》编制《初中教师专业素养现状调查问卷》。问卷初步拟定后，邀请了教育学领域的专家进行审查，在此基础上进行修订完善，并进行了小范围预调查。根据预调查结果，对问卷进行了项目分析和信效度分析，依据分析结果再次对问卷进行修订，形成了最终问卷。具体包括调查对象基本信息、教师专业素养（专业理念与师德、专业知识和专业能力）两部分共计 34 个题目。问卷每个题项均采用李克特（Likert）5 点计分，得分越高，表示乡村初中教师专业素养越高。（问卷见附录1）

②信效度分析

运用 SPSS 23.0 统计软件对问卷进行信效度检测。经信度检测，教师专业素养三个维度信度在 0.854—0.938，整体 Cronbach's α = 0.962。效度方面，KMO 指数为 0.973，Bartlett χ^2 为 15310.523，$p = 0.000$，适合进行因素分析。因素分析结果萃取出 3 个因素，累计解释变异量为 58.086%，说明量表具有良好的结构效度。

2. 调查结果

（1）乡村初中教师专业素养现状

对乡村初中教师的整体专业素养以及各维度专业素养进行了统计分析，见表4-1。

调查结果发现：乡村初中教师专业素养平均得分为 4.10，说明乡村初中教师专业素养整体水平处于中等偏上。就具体维度而言：

首先，"专业理念与师德"维度（$M=4.21$）在三个维度中得分最高，说明乡村教师在专业理念和师德方面的素养较高，尤其是"对待学生的态度和行为"（$M=4.29$）这个二级指标得分较高，而"个人修养"（$M=4.12$）可提升空间较大。

其次是"专业知识"（$M=4.05$），具体到二级指标，"通识知识"得分最低（$M=3.84$）；依据具体题目选择结果分析发现，乡村初中教师的人文科学素养符合标准的占80.56%，而在艺术素养领域符合标准的教师只占52.5%，由此看来，教师的艺术素养得分拉低了整个通识知识这一维度总体得分。因此，在今后的教师进修培训中，应该对教师的艺术素养给予高度重视。

最后是"专业能力"（$M=4.09$），就二级指标而言，乡村初中教师的"班级管理"（$M=3.91$）和"教育反思"（$M=3.94$）均低于平均分。在具体题目分析中发现，乡村初中教师不能针对班级突发事件做出及时有效处理的占28.79%，可见教师对于班级突发事件处理能力亟待提高。同时，教师日常教育教学工作中反思探索和深入研究能力欠缺，许多教师以按照教学大纲和要求完成教学任务为标准，缺乏自我反思，结合实践工作需要进行研究探索的主动性、积极性。反思能力是新时代教师的必备重要能力之一，而理想的教师专业提升路径是内设的，因此，教师在教育工作实践中自觉追求专业成长的意识至关重要，培养教师反思的主动性与能动性是教师培训工作必须考虑的内容之一。

表4-1 乡村初中教师专业素养现状

研究变量	一级指标	二级指标	N	M	SD
乡村初中教师专业素养	专业理念与师德	职业理解与认识	638	4.22	0.79
		对待学生的态度和行为	638	4.29	0.67
		个人修养	638	4.12	0.69
		总体	638	4.21	0.62
	专业知识	教育知识	638	4.01	0.72
		学科知识	638	4.24	0.63
		教学知识	638	4.09	0.64
		通识知识	638	3.84	0.66
		总体	638	4.05	0.57

续表

研究变量	一级指标	二级指标	N	M	SD
乡村初中教师专业素养	专业能力	学科教学	638	4.09	0.55
		教育活动	638	4.23	0.57
		班级管理	638	3.91	0.66
		沟通合作	638	4.17	0.58
		教育反思	638	3.94	0.55
		总体	638	4.09	0.49
整体专业素养			638	4.10	0.49

（2）乡村初中教师专业素养在人口变量上的差异性分析

为了探讨乡村初中教师专业素养在不同人口学变量（性别、年龄、教龄、职称、学历、在编情况）上的差异性情况，进行了群体差异性检验，结果见表4-2。

由表中数据可知，河北省乡村初中教师在性别（$t=-0.189$，$p>0.05$）和在编情况（$t=1.314$，$p>0.05$）方面的群体差异不显著，说明性别和是否在编并不是影响乡村教师专业素养的重要因素。而在年龄（$F=2.814$，$p<0.05$）、教龄（$F=2.502$，$p<0.05$）、职称（$F=2.532$，$p<0.05$）和学历（$F=2.635$，$p<0.05$）方面乡村教师专业素养存在着显著性差异。

表4-2 乡村初中教师专业素养在人口变量上的差异性

项目	类别	N	M	SD	t/F	LSD
性别	男	212	4.09	0.49	-0.189	
	女	426	4.10	0.49		
年龄	30岁及以下[a]	131	4.02	0.47	2.814*	$c>a$ $d>b$
	31—40岁[b]	172	4.07	0.51		
	41—50岁[c]	253	4.12	0.49		
	50岁以上[d]	82	4.20	0.49		

续表

项目	类别	N	M	SD	t/F	LSD
教龄	5年及以下[a]	145	4.02	0.49	2.502*	d, e>a e>c
	6—10年[b]	60	4.11	0.50		
	11—20年[c]	146	4.06	0.57		
	21—30年[d]	222	4.14	0.46		
	31年及以上[e]	65	4.22	0.49		
职称	三级[a]	2	3.69	1.44	2.532*	c>b, f
	二级[b]	136	4.01	0.46		
	一级[c]	270	4.16	0.47		
	高级[d]	119	4.13	0.56		
	其他职称[e]	12	4.11	0.47		
	无职称[f]	99	4.02	0.48		
学历	高中及以下[a]	4	4.01	0.94	2.635*	b>c
	大专[b]	113	4.21	0.47		
	本科[c]	496	4.08	0.50		
	硕士及以上[d]	25	4.02	0.26		
在编情况	有编	510	4.11	0.50	1.314	
	无编	128	4.05	0.48		

注：* 表示 $p<0.05$；

通过事后检验发现：表格中30岁至31岁归属于30岁，以下都以此类推。具体在年龄方面，41—50岁教师群体的专业素养高于30岁以下的教师群体；50岁以上教师群体的专业素养高于31—40岁的教师群体。由此可见，年龄较大的教师专业素养要高于年轻教师；在教龄方面，21—30年教龄和31年及以上教龄的教师群体专业素养高于教龄在5年及以下的教师群体，同时，教龄在31年以上的教师群体专业素养高于11—20年的教师，即教龄长的乡村教师专业素养相对较高；在职称方面，中教一级教师专业素养高于二级教师和没有职称的教师；在学历方面，大专学历的教师专业素养高于本科教师的专业素养。

3. 结论

（1）河北省乡村初中教师专业素养整体水平处于中等偏上。具体而言，在专业素养三个维度中，"专业理念与师德"得分最高，然后依次是"专业能力"和"专业知识"。其中，"专业知识"中"通识知识"最为薄弱；"专业能力"

中"班级管理"和"教育反思"素养较低。

（2）河北省乡村初中教师专业素养在年龄、教龄、职称和学历方面差异显著。通过对专业素养三个不同维度的统计分析发现，学历是影响教师专业理念和师德的重要因素。其中，大专学历的教师专业理念素养最高；年龄、教龄和职称是影响乡村教师专业知识和专业能力素养的重要因素。一般而言，年龄大、教龄长、职称相对高的教师专业知识、专业能力素养明显高于年轻、教龄短和职称低的教师。

（二）乡村小学教师专业素养现状

1. 调查对象和工具

（1）调查对象

本研究采取随机取样的方式，以河北省各地区乡镇、村的小学教师为调查对象，所教学科涉及语文、数学、思想政治教育、计算机信息技术、英语、音乐、美术以及体育等十多个学科领域。采用问卷星发放有效问卷774份。从样本总体情况来看：在性别上，乡村小学教师以女教师为主，男教师仅占22.22%。在年龄上，30岁及以下的年轻教师比例达到了35.66%以上，31岁—40岁教师比例是25.45%，40—50岁的教师比例是27.13%，50岁以上的老师比例为11.76%，乡村小学教师在年龄结构上呈现年轻化趋势。在教龄上，5年及以下为37.73%，6—10年为8.27%，11—20年为18.99%，21—30年为23.64%，30年以上的为11.37%。可以看出，教龄在5年以下的乡村小学教师所占比例最高，有近40%的教师是新教师，处于职业发展适应期。从学历上看，乡村小学教师达到大专学历的占27.65%，本科占35.01%，还有少数教师达到了硕士及以上学历。教师的学历层次基本上达到了国家教师任职资格关于教师学历标准的规定。但仍有将近40%的教师的学历在高中（中专）及以下，没有达到教师任职资格要求；在职称上，乡村小学教师已经形成了四级职称结构，其中，小教三级占1.55%，小教二级占17.96%，小教一级占32.30%，小教高级23.9%，有24.29%的老师无职称，还有23.9%的是其他职称。另外，调查发现还有近30%的乡村小学教师处于非在编状态。见表4-4。

（2）调查工具

①问卷编制及构成

调查问卷基于教师专业发展理论、乡村教师特征和文献分析编制而成。由调查对象的基本信息和问卷主体两个部分构成。基本信息包括乡村教师的性别、年龄、教龄、学历、职称、在编情况。问卷主体包括专业知识、专业能力、专业自我三个基本维度，共计35题。问卷采用李克特5点计分，得分越高，表示

专业素养越高。问卷回收后,采用 SPSS 17.0 统计软件对数据进行统计分析。(问卷见附录2)

②信度和效度

本研究通过 Cronbach's Alpha 系数进行信度分析,检验问卷的内部一致性、可靠性和稳定性。通过检验,整个问卷的内部一致性系数为 0.846,各维度的信度系数均在 0.785—0.960。由此可见,本问卷的内部一致性良好。同时,该问卷通过理论分析、专家审查和实证预测,在一定程度上保证了问卷能够较为全面地反映当前乡村小学教师专业发展的现实样态和发展特点,具有较好的内容效度。

2. 调查结果

(1) 乡村小学教师专业素养现状

从专业知识、专业能力、专业自我三个维度对河北省乡村小学教师专业素养现状进行分析,调查结果见表4-3。

从表4-3可以看出,河北省乡村小学教师整体专业素养处于中等水平(M=3.67),可提升空间较大。

具体在专业知识方面,乡村小学教师的学科结构、教育理论知识得分较高,均在 4.20 以上,而通识知识(M=3.90)均值较低,尤其是学科前沿知识(M=1.55)发展水平最低,大大低于均值 3.76,说明乡村小学教师学科知识结构陈旧,知识更新不及时。

在专业能力方面,乡村小学教师专业能力各维度的均值在 4.03—4.38,总体水平在中等以上,说明大部分乡村小学教师具备了进行教育教学活动的各项技能,能够有效地完成教育教学任务。各项能力中,教育管理能力得分最高,然后依次是教学实施能力、教学评价能力、教学设计能力和教育研究能力。教育研究能力得分最低,说明乡村小学教师教育研究能力相对薄弱。

在专业自我方面,乡村小学教师各个维度的平均分在 1.21—4.26,得分差异性较大,而且整体偏低,说明乡村小学教师在专业自我方面的发展水平整体较低。具体而言,专业风格得分最高,其次是自我调节水平,专业规划和专业态度两个维度的水平较低,说明乡村小学教师缺乏明确的自我规划,专业发展的态度不够积极。

表 4-3　乡村小学教师专业素养现状

研究变量	一级指标	二级指标	N	M	SD
乡村小学教师专业素养	专业知识	学科前沿知识	744	1.55	0.68
		学科结构	744	4.21	0.99
		学科知识整合	744	4.18	0.83
		课程与教改信息	744	4.19	0.83
		教育理论知识	744	4.24	0.82
		心理学知识	744	4.08	0.87
		通识知识	744	3.90	0.95
		总体	744	3.76	0.85
	专业能力	教学设计	744	4.21	0.74
		教学实施	744	4.25	0.70
		教育管理	744	4.38	0.72
		教学评价	744	4.23	0.77
		教育研究	744	4.03	0.87
		总体	744	4.22	0.76
	专业自我	专业规划	744	1.41	0.66
		专业风格	744	4.26	0.75
		专业态度	744	1.21	0.47
		自我调节	744	3.96	0.94
		总体	744	2.71	0.70
	整体专业素养		744	3.67	0.82

(2) 乡村小学教师专业素养在人口变量上的差异性分析

为了探讨乡村小学教师专业素养在不同人口学变量上的差异性，进行了群体差异性检验，结果见表 4-4。

由表 4-4 可知，不同乡村小学教师群体的专业素养在性别（$t=0.241$，$p>0.05$）和在编情况（$t=0.231$，$p>0.05$）上无显著差异。在年龄（$F=4.399$，$p<0.05$）、教龄（$F=3.539$，$p<0.01$）、职称（$F=3.030$，$p<0.01$）和学历（$F=4.312$，$p<0.01$）上存在显著性差异。

表4-4 乡村小学教师专业素养在人口变量上的差异性

项目	类别	N	M	SD	t/F	LSD
性别	男	172	3.62	0.80	0.241	
	女	602	3.65	0.78		
年龄	30岁及以下[a]	276	3.57	0.78	4.399*	a,d<b,c
	31—40岁[b]	197	3.65	0.78		
	41—50岁[c]	210	3.73	0.75		
	50岁以上[d]	91	3.65	0.83		
教龄	5年及以下[a]	292	3.57	0.80	3.539**	e<a,b,c,d
	6—10年[b]	64	3.67	0.70		a<b,c
	11—20年[c]	147	3.69	0.76		
	21—30年[d]	183	3.70	0.77		
	31年及以上[e]	88	3.67	0.82		
职称	三级[a]	12	3.36	0.95	3.030**	a,b,c<d
	二级[b]	139	3.56	0.80		
	一级[c]	250	3.68	0.77		
	高级[d]	185	3.61	0.81		
	无职称[e]	188	3.71	0.74		
学历	高中及以下[a]	287	3.70	0.76	4.312**	a,c,d<b
	大专[b]	214	3.65	0.78		
	本科[c]	271	3.59	0.80		
	硕士及以上[d]	2	3.38	0.40		
在编情况	有编	560	3.54	0.72	0.231	
	无编	214	3.52	0.80		

注：* 表示 $p<0.05$；** 表示 $p<0.01$；

具体而言，在年龄方面，"专业知识"和"专业能力"维度差异性显著，"专业自我"维度没有差异。事后检验发现：乡村小学教师专业素养水平均呈现两头低、中间高特点，即30岁以下的年轻教师和50岁以上的老教师专业素养水平较低，从31岁到50岁，随着年龄增长，教师专业素养水平逐渐提升。在教龄方面，乡村小学教师的，"专业能力"维度具有显著性差异。事后检验结果显示，教龄在31年以上的小学教师专业素养得分较低说明对于老教师来说，其专业素养水平提升面临着高原现象，甚至会出现一定程度的倒退。教龄在 5 年以下的新教师正处于职业适应期，专业素养能力较为薄弱；教龄在 6—10 年和 11—20 年的小学教师分别处于专业形成和发展期，其专业能力有所提升；教龄在 21—30 年的教师在专业素养继续提升的同时，也会出现专业发展积极性、主动性下降情况。在职称方面，乡村小学教师的"专业能力"和"专业自我"维度均有差异性，而"专业知识"不存在差异；事后检验结果显示：具有高级职称的教师整体专业素养水平较高，随着职称提升，乡村小学教师专业素养也出现递增的发展趋势。在学历方面，乡村小学教师在专业素养三个维度均呈现出显著性差异。事后检验结果显示：大专学历的小学教师专业素养均分最高，这说明具有大专学历的教师无论是"专业知识""专业能力"还是其"专业自我"发展规划的专业素养水平均较高；其他学历，尤其是本科学历的小学教师在学科结构、学科知识整合以及教育学和心理学知识等方面，尤其是教育教学实践能力和专业风格形成方面都有待于强化和提升。

3. 结论

（1）乡村小学教师专业素养整体水平处于中等。具体而言，在专业素养三个维度中，"专业能力"得分最高，然后依次是"专业知识"和"专业自我"。其中，在"专业知识"方面，"教育理论知识"和"学科结构"知识素养水平较高，"通识知识"，特别是"学科前沿知识"较为薄弱；在"专业能力"方面，"教学管理"能力较高，但"教育研究"能力相对薄弱；在"专业自我"方面，缺乏清晰明确的专业发展规划，专业发展态度消极。

（2）乡村小学教师不同群体的专业素养在性别和编制上无显著性差异，在年龄、教龄、职称和学历上存在显著性差异。其中，年龄方面，30 岁以下的教师和 50 岁以上的老教师专业素养水平较低，在学科知识、教育教学能力以及专业规划等方面都需要突破创新。在教龄方面，教龄在 31 年以上的小学教师专业素养得分低于其他群体，5 年以下的新教师专业素养低于教龄在 6—10 年和 11—20 年的小学教师。在职称方面，具有高级职称的教师整体发展水平较高，具有初级职称的教师专业素养较低，尤其是教育教学实践能力、教育研究能力、专业规划能力亟需提升。具有中级职称的教师在专业素养的各个方面基本处于中等水平，需要进一步提升。在学历方面，专科学历的教师专业素养较高。高中以下和本科学历的教师在学科结构、学科知识整合以及教育教学实践能力、专业风格形成等方面有待于强化。

(三) 乡村幼儿教师专业素养现状

1. 调查对象与工具

（1）调查对象

本研究采取随机取样的方式，以河北省各地区乡镇、村的幼儿园教师为调查对象，采用问卷星发放问卷642份，回收有效问卷642份，有效回收率为100%。从具体样本来看，乡村幼儿教师在性别上，女教师占绝大部分，男教师仅占5.1%。在年龄上，31岁以下的年轻教师占26.8%，31岁及以上的教师比例高达73.2%，可见乡村幼儿教师在年龄结构上呈现年轻教师少的现象。在教龄上，从教6年以下的教师比例是42.4%，7年及以上的是57.6%。可见教龄在6年以下的乡村幼儿教师占比较低，即超过40%的教师是正处于职业发展适应期的新教师。在学历上，乡村幼儿教师初始学历中，高中（中专）及以下高达64.3%，其次是大专学历（29.9%），本科及以上学历只占5.8%；但最高学历中，高中（中专）及以下学历降至27.6%，大专学历增加至43.0%，而本科及以上学历增至29.4%，充分说明当前乡村幼儿教师的学历层次有大幅度提高，但仍有近三成教师没有达到幼儿教师资格要求。在职称上，高级职称占7.5%，一级、二级和三级职称所占比例分别为24.9%、17.4%和2.5%，无职称教师比例达45.2%，且有2.5%的教师处于其他职称状态。同时，调查发现有高于60%的乡村幼儿教师处于非在编状态。见表4-6。

（2）调查工具

①问卷编制及构成

本研究所采用的调查问卷由调查对象基本信息和问卷主体两部分构成。基本信息包括乡村教师的性别、年龄、教龄、职称、学历、在编情况等方面。问卷主体包括专业理念与师德、专业知识和专业能力三个维度，共计39题。问卷主体部分采用李克特5点计分，得分越高，表示幼儿教师专业素养水平越高。（问卷见附录3）

②信效度分析

通过Cronbach's Alpha系数检验法得知，该问卷总体内部一致性信度为0.934，三个维度内部一致性信度分别为0.769、0.868、0.949，符合研究要求。通过KMO和Bartlett's球形检验得出，KMO = 0.965，p = 0.000，具有良好的效度。

2. 调查结果

（1）乡村幼儿教师专业素养现状

河北省乡村幼儿教师整体专业素养和各维度的专业素养得分结果见表4-5。

表 4-5　乡村幼儿教师专业素养现状

研究变量	一级指标	二级指标	N	M	SD
乡村幼儿教师专业素养	专业理念与师德	职业理解与认识	642	4.40	0.61
		对幼儿的态度和行为	642	4.72	0.51
		幼儿保育与教育行为态度	642	4.49	0.65
		个人修养与行为	642	4.44	0.70
		总体	642	4.50	0.47
	专业知识	幼儿发展知识	642	4.23	0.68
		幼儿保育和教育知识	642	4.30	0.57
		通识知识	642	3.83	0.73
		总体	642	4.17	0.57
	专业能力	环境的创设与利用	642	4.24	0.68
		一日生活的组织与保育	642	4.37	0.68
		游戏活动的支持与引导	642	4.13	0.75
		教育活动的计划与实施	642	4.38	0.61
		激励与评价	642	4.29	0.64
		沟通与合作	642	4.48	0.60
		反思与发展	642	4.13	0.72
		总体	642	4.30	0.56
	整体专业素养		642	4.32	0.53

从调查结果发现：河北省乡村幼儿教师专业素养平均得分为 4.32，说明乡村幼儿教师专业素养整体水平中等偏上，专业素养良好。其中，"专业理念与师德"得分最高（$M=4.50$），其次是"专业能力"（$M=4.30$），最低为"专业知识"（$M=4.17$），

具体到各维度：在"专业理念与师德"方面，"对幼儿的态度和行为"（$M=4.72$）得分最高，"职业理解与认识"（$M=4.40$）得分较低，可能是有些非

学前教育专业的教师不能很好地理解幼儿保教工作的意义，不能充分地认同幼儿园教师的专业性和独特性。乡村幼儿教师关于教师职业的理解与认识还有待于进一步提升。

在"专业知识"方面，乡村幼儿教师的"幼儿发展知识"和"幼儿保育和教育知识"得分较高，均在4分以上，但"通识知识"得分明显低于其他两类知识，仅有3.83分，从一定程度上说明河北省乡村幼儿教师在自然科学和人文社会科学知识、我国教育基本情况、艺术欣赏与表现知识及现代信息技术知识等方面的掌握上表现不足。

在"专业能力"方面，乡村幼儿教师专业能力各维度的均值在4.13—4.48，总体表现较好，说明大部分乡村幼儿教师具备了进行各项教育活动的基本技能，能够有效地完成教育任务。在各项能力中，"沟通与合作"得分最高，其次是"教育活动的计划与实施"，再次是"一日生活的组织与保育"，体现了河北省乡村幼儿教师与幼儿、同事、家长等各方沟通合作能力较强，同时也能较好地完成教育活动的计划与实施，并能合理安排幼儿一日生活、进行随机教育等。"游戏活动的支持与引导"和"反思与发展"两个方面得分最低，反映了河北省乡村幼儿教师的游戏设计与组织能力、反思和规划自身发展能力相对薄弱，需要有所提升。

（2）乡村幼儿教师专业素养在人口统计变量上的差异性分析

为了探讨乡村幼儿教师专业素养在不同人口学变量（年龄、教龄、职称、学历、在编情况）上的差异性情况，进行了群体差异性检验，结果见表4-6。

由表4-6可知，乡村幼儿教师专业素养在职称（$F=0.516$，$p>0.05$）和在编情况（$t=0.444$，$p>0.05$）方面的群体差异不显著，说明职称和是否在编并不是影响乡村幼儿教师专业素养的重要变量。而在年龄（$F=5.946$，$p<0.01$）、教龄（$F=3.756$，$p<0.01$）和学历（$F=3.027$，$p<0.05$）方面，乡村幼儿教师专业素养存在显著性差异。

表4-6 乡村幼儿教师专业素养在人口统计变量上的差异性

项目	类别	N	M	SD	t/F	LSD
年龄	20岁以下[a]	15	4.23	0.53	5.946**	b<c, d, e
	21—25岁[b]	58	4.06	0.49		
	26—30岁[c]	99	4.29	0.44		
	31—40岁[d]	278	4.38	0.46		
	41岁以上[e]	192	4.35	0.47		

续表

项目	类别	N	M	SD	t/F	LSD
教龄	不足1年[a]	43	4.08	0.57	3.756**	a<b, c, d, e, f b<c
	1—3年[b]	136	4.28	0.48		
	4—6年[c]	93	4.40	0.41		
	7—10年[d]	72	4.38	0.47		
	11—20年[e]	139	4.31	0.46		
	21年及以上[f]	159	4.38	0.46		
职称	高级[a]	48	4.45	0.44	0.516	
	一级[b]	160	4.31	0.47		
	二级[c]	112	4.33	0.47		
	三级[d]	16	4.23	0.58		
	无职称[e]	290	4.32	0.47		
	其他[f]	16	4.28	0.39		
学历	高中（中专）及以下[a]	177	4.36	0.48	3.027*	c<a, b
	大专[b]	276	4.36	0.44		
	本科[c]	187	4.24	0.50		
	硕士及以上[d]	2	4.24	0.65		
在编情况	有编	252	4.34	0.46	0.444	
	无编	390	4.32	0.48		

注：* 表示 $p<0.05$；** 表示 $p<0.01$；

事后检验发现：在年龄方面，21—25岁教师群体的专业素养低于26—30岁、31—40岁以及41岁以上的教师群体，由此可见，年龄较大的教师专业素养要高于年轻教师，说明了对于处在专业发展初期阶段的幼儿教师进行培训是非常必要的。在教龄方面，不足1年教龄的幼儿教师专业素养低于其他各教龄组教师群体，说明教龄在专业素养表现上的重要性，入职初期的幼儿教师专业素养亟待提升。在学历方面，高中和大专学历的教师专业素养高于本科教师的专业素养，可能是高中（中专）及以下学历及大专学历的教师比本科教师从事学前教育工作早，大专更重视学前教育技能的训练，所以这一群体对幼儿工作的理解更加深刻，在专业素养上表现更好。

3. 结论

（1）河北省乡村幼儿教师总体专业素养良好，其中，"专业理念与师德"

得分最高,其次是"专业能力",最低为"专业知识"。

(2) 乡村幼儿教师专业素养在年龄、教龄和学历方面差异显著,在职称和在编情况方面没有显著性差异。通过对专业素养三个不同维度的统计分析发现,年龄和教龄是影响教师"专业理念与师德"、"专业知识"和"专业能力"三个维度的重要因素,年龄大、教龄长的幼儿教师各方面专业素养明显高于年轻、教龄短的幼儿教师。学历则是影响乡村幼儿教师"专业理念与师德"、"专业知识"的重要因素。

二、乡村教师专业发展需求现状

(一) 乡村中小学教师专业发展需求

1. 研究目的

本研究在河北省开展"乡村中小学教师继续教育现状和发展需求调查",了解事实,发现存在的问题,并以此为现实依据,探索乡村教师继续教育模式,以期进一步提升乡村中小学教师继续教育质量,推动教师教育的发展。

2. 研究方法

本研究主要采用问卷调查法和访谈调查法。

调查问卷内容涉及两方面,一是"个人基本情况",包括所属地域、性别、年龄、教龄、职称、初始学历和最终学历、职前所学专业、当前任教学科、是否正式在编教师。设计此部分内容的目的在于精准把握样本分布情况,同时对其专业需求有大体了解和判断。二是"乡村中小学教师继续教育现状与发展需求",包括培训时间、培训动机、培训内容、培训的形式与途径、培训者、培训的组织与管理、培训考核、培训评价八个方面,每个方面又从现实情况和教师需求两方面设计问题。设计此部分内容的目的在于对当前乡村中小学教师继续教育现状有全面了解,同时了解其专业发展需求、二者之间有无差距及差距何在,为下一步构建继续教育模式获得一手材料。(问卷见附录4)调查分两个阶段进行,前期预测后根据统计结果对问卷内容做相应调整,使问题更加针对乡村教师实际并符合本研究需求,之后进行正式施测。

另外,通过参与性与非参与性观察、座谈、访谈等研究方法,进一步了解现状背后深层次的原因,以期得到更加真实、全面的调查结果。(访谈提纲见附录5)

访谈包括:

访谈1——对乡村初中和小学各10名教师的访谈。

访谈2——对10名县域教师进修学校校长或教师的访谈。

访谈3——对10名乡村中小学校长或其他学校领导的访谈。

3. 调查对象

为确保样本分布的广泛性，本调查研究拟定三个层面的连续抽样：根据行政区划，按照各地教育规模取样；根据任教不同学科，将教师分为语、数、外、文综、理综及艺体和计算机等六个学科；根据教师专业发展水平，分为职初期教师（教龄5年以下）、发展期教师（教龄6—15年）、成熟期教师（教龄15年以上）。问卷回收后，根据研究需要剔除不符合条件的问卷，最后回收有效问卷1455份，其中小学教师问卷711份，中学教师问卷744份，符合最初研究计划要求。

从样本总体情况来看，在性别上，女性教师占绝大多数，占到被调查人数的66.40%；在年龄和教龄上，40岁以下青年教师占到被调查总数的58.37%，职初期和发展期教师合计占到67.12%，成熟期教师占到32.88%，说明乡村中小学教师在专业发展需求上还存在迫切性。

职称上，初级和中级职称合计占比65.65%，另有19.16%的被调查教师无职称。将被调查教师的初始学历和最终学历对比发现，当前教师最高学历本科占比是82.50%，大专占比17.04%，高中或中专学历及以下学历教师占比仅有0.46%，说明样本地乡村中小学教师学历教育已取得突出成就。但初始学历高中（中专）及以下占比44.34%，大专学历占比40.57%，两项合计达84.91%，本科及以上学历占比仅15.09%。如果从当前我国报考中学教师资格证的学历要求是本科及以上学历、报考小学教师资格证的学历要求是大专及以上学历来看，被调查教师的初始学历普遍较低。职称较低或无职称教师占比大、初始学历较低，同样表明教师在专业发展上有更大需求。

从被调查教师是否在编来看，正式在编教师占到被调查总数的79.94%，合同制或代课教师占比20.06%，说明样本地乡村教师还有五分之一左右无编制。合同制教师或代课教师稳定性较差，质量难以保证，既然短时期内不能解决这部分教师编制，那么，加强这部分教师的继续教育工作显得尤为重要。

4. 乡村中小学教师继续教育现状与专业发展需求分析

（1）继续教育频次、时长、级别

表4-7显示，37.46%的被调查教师最近5年平均每年参加1—2次培训，占比最高。值得注意的是还有169位教师（中学106位，小学63位）最近5年竟然没有参加过任何培训，占比11.62%。根据《河北省乡村教师支持计划（2015—2020年）实施办法》（以下简称《实施办法》）规定"确保中小学教师五年一周期360学时的全员免费培训"，这里的"全员培训"应理解成所有在

岗教师都必须参与的培训，没有人可以是例外，就是说，11.62%的比例是不应该出现的。《实施办法》也规定"全面实施中小学教师资格定期注册制度，将教师参加培训情况作为重要内容"，虽然文件规定了乡村中小学教师应该参加继续教育，可并未规定对不参训给予何种处罚，但这绝不能成为某些教师不参加继续教育的借口，因此还需要更完善的培训机制和模式给予保障。

关于继续教育时长，《乡村教师支持计划（2015—2020年）》中规定"到2020年前，对全体乡村教师、校长进行360学时的培训"；《实施办法》也规定"确保中小学教师五年一周期360学时的全员免费培训"。参照此标准，相当于每个乡村教师每年需要完成72学时的培训任务，按照每天8个学时细化，那么，每个乡村教师每年至少参加为期9天的培训。调查发现，中小学教师每年参加1—2天的短期教育占比最高，每年参与培训"10天以上"的人数占比仅为7.01%。如果按照每年平均参训时长至少9天的话，那么，有九成的乡村教师达不到最低培训时长标准（网络远程培训的时间不固定，因此未计入数据中）。

从继续教育的级别来看，调查显示近5年教师参与的培训中，县级培训频次最高，占比47.84%；国家级的教育培训最少，仅占10.52%。整体来看，乡村教师参与培训的级别较低，难以获得参加高级别培训的机会，这对于培训效果和培训质量有直接影响是不言而喻的。访谈学校领导得知，原因是顶级的国家级教育培训资源有限，而乡镇及校本级的教育培训条件不足，所以，以省、市、县为主导的继续教育成为乡村中小学教师培训主体。

表4-7 中小学教师近5年平均每年参加继续教育的频次、时长、级别

维度	选项	人数/人	百分比/%
平均每年参加培训频次	1—2次	545	37.46
	3—4次	454	31.20
	5次及以上	287	19.72
	没有参加过	169	11.62
平均每年参加培训时长	1—2天	839	57.66
	3—5天	241	16.56
	1周左右	104	7.15
	10天以上	102	7.01
	没有参加过	169	11.62

续表

维度	选项	人数/人	百分比/%
级别（多选）	国家级	153	10.52
	省级	355	24.40
	地市级	380	26.12
	县级	696	47.84
	乡镇及校本培训	386	26.53
	没参加过	169	11.62
本题有效填写人数		1455	——

（2）参训意愿与动机

培训意愿与动机是教师参训的内在驱动力，直接影响着教师参训的积极性及投入的精力和努力的程度。

根据表4-8，对调查对象参训意愿和动机的数据进行分析可知，"一般""不太愿意"和"不愿意"参与的教师占比是20.68%，表明大多数乡村中小学教师还是愿意参与继续教育的。培训动机的调查结果表明乡村中小学教师参加培训的动机具有多样性，83.28%的教师的动机是"自我提高"，表明近几年随着教师学历教育基本结束，绝大多数乡村教师希望通过相关培训提升自己的专业素养；排在第二位的是"政策规定不得不参加"，表明还有近三分之一的培训存在强制性；除此之外，"职称评聘"等也是激励中小学教师进修的重要因素。通过访谈了解到，有些地方教育主管部门评聘职称时将教师参与不同级别的培训作为加分项，或将是否具有继续教育证书作为评聘的硬性条件之一，吸引教师为此混个培训证，这说明部分教师参与培训的动机还存在一定功利性。

表4-8 乡村中小学教师近5年参加培训的意愿与主要动因

意愿选项	小计/人	比例/%	主要动因选项（多选）	小计/人	比例/%
非常愿意	535	36.77	政策规定不得不参加	411	31.96
愿意	619	42.55	学历达标	141	10.96
一般	242	16.63	职称评聘	341	26.52
不太愿意	46	3.16	职位升迁	48	3.73
不愿意	13	0.89	自我提高	1071	83.28

续表

意愿选项	小计/人	比例/%	主要动因选项（多选）	小计/人	比例/%
			选择更好的工作环境	103	8.01
	——		跟形势随大流	118	9.18
			其他	87	6.77
本题有效填写人数	1455	100	本题有效填写人数	1286	——

（3）继续教育内容

本研究按照 2012 年教育部颁发的《中学教师专业标准（试行）》《小学教师专业标准（试行）》相关内容设计乡村中小学教师培训内容题目。

从表 4-9 可知，近 5 年乡村教师培训的主要内容排在前三位的是"学科专业知识""教育教学能力"和"教育心理学及教法知识"，说明这是目前乡村教师继续教育更多关注的内容；而"教师职业发展规划""科研方法知识""通识性知识"甚至是"班主任工作"方面的培训内容涉及较少，没有受到重视。对于这样的培训内容，七成以上的被调查教师表示满意，认为符合他们的需要。但是从当前被调查"教师亟需内容小计"可以看到，排在前三位的依次是："教育心理及教法知识""学科专业知识""教育教学能力"。近 5 年乡村中小学教师培训内容主要是"学科专业知识""教育科学知识"和"教育教学能力"，而被调查教师还是认为自己这些方面最欠缺，这样的调查结果不由让人产生疑问：这些年大力度实施的培训内容为何还是不能让教师对自己的相关素养感到自信和满意？不得不让人对培训内容实施的实效性产生怀疑。

表 4-9 乡村中小学教师近 5 年参加培训的主要内容及教师亟需的培训内容

选项（多选）	培训内容小计/人	比例/%	教师亟需内容小计/人	比例/%
通识性知识	229	17.81	270	18.56
教育心理及教法知识	494	38.41	877	60.27
学科专业知识	804	62.52	846	58.14
教育教学能力	768	59.72	739	50.79
科研方法知识	104	8.09	326	22.41
班主任工作	271	21.07	495	34.02
专业理念与师德	364	28.30	315	21.65
教师职业发展规划	58	4.51	318	21.86

续表

选项（多选）	培训内容小计/人	比例/%	教师亟需内容小计/人	比例/%
其他	30	2.33	20	1.37
本题有效填写人数	1286	——	1455	——

（4）继续教育形式

调查结果显示，当前乡村教师培训形式呈现多样化。被调查教师参加最多的是"专家授课、讲座""网络远程培训"和"校本教研"。专家授课、讲座便于系统地向教师传递丰富的理论知识、先进经验或典型案例；"网络远程培训"利用现代信息技术可以实现迅速大面积的信息传递，但这两种方式对于丰富教师实践性知识和提升教学技能的作用是有限的；然后依次是"同行经验介绍、交流讨论""教学现场考察、教学观摩"等。调查中参与"与课题相结合的教育研究""案例教学""导师指导下自学"和"教师对学员个别指导"这几种培训形式的比例相对较低，其中"教师对学员个别指导"最低，可见，当前培训很难照顾到教师个体间的差异性。那么，乡村中小学教师认为有效的培训形式有哪些呢？

从表4-10可以看出，被调查教师认为最有效的培训形式排在前三位的是"教学现场考察、教学观摩""同行经验介绍、交流讨论"和"专家授课、讲座"；排在第四、五、六位的培训形式是"案例教学""校本教研"和"与课题相结合的教育研究"；乡村教师认为培训效果最差的三种形式是"教师对学员个别指导""导师指导下的自学"和"网络远程培训"。

表4-10 乡村中小学教师近5年培训的主要形式和教师认为最有效的培训形式

选项（多选）	主要培训/人	比例/%	最有效培训/人	比例/%
专家授课、讲座	983	76.44	595	46.27
导师指导下自学	65	5.05	209	16.25
校本教研	491	38.18	311	24.18
与课题相结合的教育研究	115	8.94	269	20.92
同行经验介绍、交流讨论	422	32.81	646	50.23
网络远程培训	716	55.68	223	17.34
教学现场考察、教学观摩	340	26.44	677	52.64
案例教学	97	7.54	380	29.55
教师对学员个别指导	3	0.23	41	3.19

续表

选项（多选）	主要培训/人	比例/%	最有效培训/人	比例/%
其他	9	0.70	3	0.23
本题有效填写人数	1286	——	1286	——

对比发现，目前最普遍实施的培训形式中的"网络远程培训"和"校本教研"并不被教师认可。那么，他们最欢迎的培训形式是哪些呢？通过访谈了解到，最受教师欢迎的培训形式是"教学现场考察、教学观摩""同行经验介绍、交流讨论"和"教师对学员个别指导"。可见"教师对学员个别指导"虽然效果差但却是教师最欢迎的培训形式。乡村教师非常希望相关专业的专家、学者或者同行中的权威教师能长期亲临他们的教育教学现场做跟踪指导或回访，帮助他们解决实际问题，将所学理论转化为实践能力，这样的培训更具针对性。虽然目前有些培训采用了教师对学员个别指导的形式，但这种指导时间短、走过场，不能满足教师需求。

访谈得知，最不受教师欢迎的培训形式是"与课题相结合的教育研究""网络远程培训"和"校本教研"。信息化时代背景下，"网络远程培训"是当前教师在职培训的最主要形式之一，却并不受欢迎，并且他们认为这种培训形式的效果不佳。访谈中，很多乡村教师反映在现实层面上远程培训存在流于形式的弊端，出于时间和网络条件考虑，很多乡村教师只是被动地、按部就班地完成任务，要么挂机刷课时，要么让别人替代登录或点击赚学分，网络作业直接在网上复制粘贴，使得这种培训形式不仅低效，反而给教师增加负担。"校本教研"虽然在理论上有方便易行、经济、有针对性等优点，但目前乡村学校的校本教研活动缺乏严谨性和规范性，流于听课、评课等按部就班的表面形式，没有相应的监督和激励措施，教师参与积极性不高，甚至认为是浪费时间，对教师专业素养提升作用不明显。

(5) 继续教育主体

教师继续教育的实施主体包括：一线教学名师、学科教学专家、本地进校教师或骨干教师、教育心理科学专家、教育行政领导等，各培训主体各有其特点和专业优势，能够为教师专业发展带来不同的经验。

调查结果显示，一线教学名师、学科教学专家是乡村中小学教师继续教育的实施主体，且本地进校教师或骨干教师也是非常重要的培训者，他们都具有优秀的、丰富的教育教学经验，与教育教学实践有着密切联系。通过访谈得知，对于不同类型的学习，乡村教师对培训者的期待有所不同。对于"理论学习"，他们更期待培训者是学科教学或教育心理学方面的专家；对于"教育教学能力"的学习，他们更期待的是一线教学名师或骨干教师。而能够把教育理论和实践教学技能结合在一起让参训者融会贯通的培训者，无疑是"一线教学名师"，因此，他们也最受欢迎。

表4-11　近5年乡村教师继续教育主体情况

选项（多选）	小计/人	比例/%
本地进校教师或骨干教师	608	47.28
一线教学名师	779	60.58
学科教学专家	764	59.41
教育心理科学专家	362	28.15
教育行政领导	202	15.71
其他	26	2.02
本题有效填写人数	1286	——

（6）继续教育考核

教师继续教育的考核方式包括出勤、实践操作（试讲、制作软件）、笔试、写论文、跟踪培训后教学检查等多种方式。

调查结果显示，"出勤"（53.81%）、"实践操作"（比如试讲、制作教学课件或软件，43.16%）、"笔试"（28.62%）以及"写论文"（26.28%）是乡村教师培训之后最经常出现的评价方式。其中"出勤"的评价方式使用最多，很多参训教师表示，培训只要点名时到场就行，所有考核都能过关。考勤作为一种常规考核评价方式，在一定程度上可以保障参训教师的到课率，但是无法衡量和保证教师接受继续教育的实际效果。其次是"实践操作"（比如试讲、制作教学课件或软件），通过实践考核方式督促学员将理论教学应用于实践，能够考察教师专业知识的运用和专业技能发展的实际情况，但是它不能全面地反映教师专业发展的其他方面，比如专业情况的发展。闭卷考试（笔试）和写论文也只是一次终结性考查，"笔试的话大家背一背或者抄一抄应付一下，写论文也是网上找相关资料复制、粘贴一下就完事了"（访谈教师语）。而"跟踪培训后教学检查"（21.85%）的考核方式和"没有考核"（3.97%）占了小部分比例。鉴于目前大部分培训活动仅停留在培训期间，缺乏后续跟踪指导和训后回访，乡村教师希望通过跟踪培训后教学检查来考核培训效果，使培训真正成为教师可持续发展的助力器。此外，"出勤""笔试"和"写论文"可作为培训考核的辅助形式，而不应该成为主要考核方式。

(7) 继续教育的组织与管理

调查了解到，被调查教师对国家、省、市、县教师继续教育政策和要求"非常了解"的仅占11.04%，"大部分了解"的占到56.78%，"了解较少"甚至"完全不了解"的占比32.18%。三分之一的乡村教师对各级培训政策不甚了解，这一方面说明教育主管部门或培训机构对此宣传力度不够，另一方面也直接影响着乡村教师参与培训的积极性和计划性。

关于"培训内容和形式的决定者是谁"，选择决定权主要掌握在"教育主管部门或领导"手中的占比61.46%；其次还有少量培训内容和形式是"国家教育政策规定"或"培训机构及主讲教师"决定的，合计占比25.04%；参训教师可以自己选择培训内容与培训形式的概率非常小，只占2.95%；还有10.55%的参训教师不知道谁决定培训内容与形式，只是接受上级安排。可见，乡村教师参与培训通常是遵从硬性要求和常态性的规定，缺乏参与的主动权。

进一步调查了解到，培训前，75.22%的参训教师认可培训机构或培训者向自己征询过有关培训方面的信息和建议，包括对培训内容的需求、对培训方式的意见、已有的知识技能、已参加过的培训、对培训者的建议等。但还有24.78%的参训教师在培训前没有收到过任何形式的咨询。在培训过程中，57.24%的参训者认可培训机构或培训者征询过他们对培训工作的意见，但只有42.76%的参训者认可培训机构或培训者因此做出了调整；大部分（54.42%）参训者在培训过程中只是按照既定程式参与培训，并没有人征询他们对培训工作的意见或建议，或者征询了却并没有什么调整。培训结束时，64.53%的参训者认可培训机构或培训者征询过他们对培训工作的意见或建议，主要通过做问卷、填写意见书或访谈的方式；35.47%的参训教师回答没有向自己征询过，培训结束就完事了。

被调查教师所在学校对教师参加在职培训"积极支持"和"比较支持"的合计占比79.81%；"态度一般""不太支持"甚至"不支持"的合计占比20.19%。说明绝大部分乡村中小学还是支持本校教师参与培训的。访谈中了解到，学校不愿意支持教师参加培训包括以下四种情况：一是占用教学时间。乡村中小学教师编制紧张，一个萝卜一个坑，如果教师在平时工作日进修，影响正常的教育教学活动，学校安排人手有困难，就会不太支持进修。二是花费较高。如果教师参与培训的级别高或者外出培训，除了学费或会务费，还要报销来回车票及食宿、补助等费用，学校就会以经费超标为由拒绝。三是教师自行参与的进修。除非是教育主管部门组织、教育行政命令必须参加的，学校一般不支持教师自行参加的培训。四是学校一般安排年轻教师参加各种培训，对45岁以上教师尽量不安排或少安排培训。

（8）继续教育效果

对近5年参训教师对培训实效性的评价统计显示：认为实效性"很高"的教师占比10.65%，认为"比较高"的占比31.10%，两项合计占比41.75%；而认为培训实效性"一般""比较低""很低"的占比分别是49.30%、5.83%和3.11%，合计占比58.24%。不难看出，乡村教师对于近几年培训的实效性认可度并不高。那么，他们认为当前乡村教师培训主要存在的问题有哪些呢？见表4-12。

表4-12　当前乡村中小学教师继续教育存在的问题

选项（多选）	小计/人	比例/%
费用太高	118	9.18
学习时间不足，工学矛盾突出	585	45.49
培训内容缺乏针对性	471	36.63
培训者素质不高	78	6.07
培训形式单一	454	35.30
培训机构基础薄弱、条件差	102	7.93
培训激励机制不完善	208	16.17
培训评价机制不健全	120	9.33
教师参与意识不强、积极性不高	272	21.15
培训后跟踪辅导不够	309	24.03
其他	35	2.72
本题有效填写人数	1286	——

从表4-12列出的所有可能存在的问题调查可以看出，45.49%的参训教师认为"学习时间不足，工学矛盾突出"是排在第一位的困难。访谈中很多教师反映培训与自己教育教学工作、照顾家庭的时间冲突。无论是网络远程培训，还是校本教研活动、课题研究，甚至一些送教下乡等主要是教师在课余时间完成的；外出的学习活动一般安排在周末或寒暑假，有时也在正常工作日，就需要教师协调课务，而这对于乡村中小学教师是非常困难的。首先是乡村中小学编制比较紧张，很难找到别人替代；其次，一些班主任或"主科"教师承担的工作任务繁重、压力大，即使有培训机会，往往也会因为"不放心""丢不下"而"走不开"。教师作为一个社会人，有自己的家庭生活，尤其是女性教师，在繁重的工作之余还要忙家务、照顾老人、孩子，培训如果占用他们过多的业余

时间，就会让教师感到工学矛盾严重，精力和时间透支，影响他们学习的积极性和学习效果。

当前培训中的困难排在第二位的是"培训内容缺乏针对性"。教师反映这种缺乏针对性主要表现在两方面：一是培训课程安排基本由教育主管部门或者培训机构说了算，很多课程并不是教师需要的；二是高校培训者大多没有乡村中小学教育经验，不了解乡村学校的异质性，课程内容和乡村教育教学实际脱离，让乡村教师们感觉"理论高大上，但就是与农村一线学校隔离，难以指导乡村教育实践"（访谈教师语）。

"培训形式单一"的教师认可占比35.30%。虽然近几年教师培训采用了多样化的方式，但乡村教师有机会参与的基本还是以"集中授课、讲座""网络远程培训"和"校本教研"几种为主。很多教师反映一些专家、学者的讲座就是念现成的PPT，和教师缺乏互动；"网络远程培训"形同虚设；"校本教研"往往是听课、评课，流于形式，对教师提升作用不明显；受乡村教师们欢迎的外出教学考察、教学现场观摩、学术会议等形式，基本很难获得机会。

5. 结论

（1）在继续教育时间上：一是11.62%的被调查教师近5年竟没有参与过任何形式的培训，这是不该出现的情况；二是参加过培训的教师有九成没有达到最低培训学时要求；三是乡村教师参与的培训级别较低，绝大多数是县级、乡镇或校本培训；四是当前培训时间大多安排在周末和寒暑假，挤占教师法定休息时间，因而绝大部分被调查教师希望将培训时间安排在工作日或在工作日抽出部分时间与节假日结合。

（2）在参训动机上：一是被调查教师在参与培训的动机上呈现多样性，大部分人是抱着提升自己专业素养的目的参与的，学习积极性相对较高，参与培训的意愿明显；二是仍有三分之一的教师是迫于外在压力参与培训，或是因为行政命令，或是因为评职晋级需要，具有被动性；三是即使出于自我提高的需要参与培训，这个自我提高更多是单纯教育教学技能的提高，并非出于提升自身的综合素质，说明乡村教师参与继续教育还存在很大的功利性。

（3）关于继续教育内容：一是最近几年培训内容主要围绕"学科专业知识"、教育心理及教法知识和"教育教学能力"几方面，基本符合教师需求，这一点相比十年前有很大改善。[①] 但根据2012年教育部颁布的中小学《教师专业

[①] 王颖. 农村中小学教师继续教育现状调查研究：以河北省L地区为例 [J]. 教育理论与实践，2009（8B）：48-50.

标准（试行）》提出的"师德为先，学生为本，能力为重，终身学习"的基本理念，"专业理念与师德"的培养、"通识性知识"的学习和人文素养的提升对于教师也非常重要，而这些在培训内容里呈现较少，且并没有引起乡村教师的重视。二是被调查教师反映的专业能力中的"现代教育技术能力""班级组织与管理能力""沟通与合作能力""教育反思与发展能力"在培训内容中偏少，尤其是现代教育技术能力和班级组织与管理能力，教师认为当前自己亟待提升。三是近五年着力实施的培训内容依然是乡村教师感觉自己最欠缺的素质，说明培训内容的实效性有待提高。

（4）关于继续教育的形式和途径：一是目前主要形式排在前三位的是"专家授课、讲座""网络远程培训"和"校本教研"，但除了"专家授课、讲座"外，其余两种也是最不受乡村教师欢迎的培训形式，主要原因在于时效性较低、形式化明显。二是最受乡村教师欢迎且他们认为对自己帮助较大的培训形式有"教学现场考察、教学观摩""同行经验介绍、交流讨论"等，显然这些形式将理论学习和实践演练结合，贴近教师教育教学实际，具有更强的针对性和实操性，与乡村教师需求的匹配度较高。三是乡村教师也欢迎"专家授课、讲座"，可见他们还是希望通过高水平的学习获得理论上的提升。四是尽管"教师对学员个别指导""网络远程培训"目前在实施上还很不尽如人意，但仍是乡村教师期望的培训形式。他们希望在培训中和培训后能够经常得到专家或同行有针对性的跟踪指导，切实帮助自己解决实际工作中的问题，将课上所学理论真正转变为实践能力，也希望通过网络和新媒体这些现代化的技术手段支持自己随时随地学习，这是可以理解的。因此，探索这些形式如何开展使之更具实效性就成为新的课题。五是乡村教师因为受到各方面条件的局限，参与培训的级别主要是县域以下，他们非常渴望有机会走出去参与较高级别的现场培训，拓宽眼界，这一点也应引起关注的。

（5）在培训主体上：一是当前承担乡村教师培训的培训者主要是"一线教学名师""学科教学专家""本地进校教师或骨干教师""教育心理学科专家"，还有少部分"教育行政领导"和"其他"方面的人员。对于培训者，乡村教师最注重的素质是教学能够理论联系实际。面对各种类型的培训者，乡村教师认为对自己帮助最大的是"一线教学名师"，究其原因，是这类培训者既有相关学科教学或教育科学理论，又对乡村当地文化和教师的现实问题有所了解，集理论与实践于一身。二是参训者认为本地或本校骨干教师对其帮助也比较大，原因也是他们对乡村教育实际和教师需求有更多了解。三是乡村教师多依托经验应对日常教育教学工作，缺乏在理论上的深化认识和有效运用，他们承认契合的理论对其教育教学的科学性、灵活性和实效性等方面具有重要促进作用，无奈现实中很难得到相关领域的专家更多理论指导。但培训者中的"学科教学专家"和"教育心理学科专家"大多来自高校或科研院所，培训中他们偏重理论教学，结合实际的研究不够深入，往往使参训教师产生"理论很好，怎么操作"的困惑。所以，从乡村当地文化环境出发，从乡村教育教学实际出发，从乡村教师需求出发，克服理论知识本位的培训者，才能成为受乡村教师欢迎的培训者。

（6）在继续教育的组织管理上呈现以下特点：一是一般以行政命令为主。绝大部分的培训内容和培训形式由教育主管部门决定，培训机构和培训者也会自行设置具体的培训课程和教学内容，参训教师能够自主选择的权利非常有限。二是培训需求调研和支持不充分。虽然大部分培训机构或培训者在培训之前、培训过程中和培训后也会以各种方式征询参训者的意见或建议，但真正按照乡村教师需求做出调整的不多，特别是有三分之一的培训结束时没有任何意见反馈，培训结束即完事大吉。三是部分乡村教师对各级培训政策知之甚少甚至一无所知，培训中乡村教师话语权缺失，基本处于"被培训"状态。

（7）关于继续教育考核，目前应用最多的是"出勤"情况、"实践操作"和"笔试"答卷，但受乡村教师欢迎的考核形式主要是培训结束时的实践操作和培训后的跟踪教学检查，反映了他们希望通过培训达到提升实践能力并督促他们在工作中有所改进、真正促进其专业可持续性发展的目的。

（8）关于继续教育评价，乡村教师对于近5年的继续教育实效性认可度并不高，"学习时间不足，工学矛盾突出""培训形式的单一""培训内容缺乏针对性"是当前乡村教师培训遇到的最大困难。

（二）乡村幼儿教师专业发展需求

1. 研究目的

乡村幼儿教师继续教育是实现乡村教育精准扶贫的内在要求，因此，本研究通过了解乡村幼儿教师继续教育现状及发展需求，以此作为构建乡村教师继续教育模式的现实依据，提高乡村幼儿教师继续教育的成效，促进乡村学前教育发展。

2. 研究方法与对象

本研究主要采用问卷调查法。问卷包括被调查对象的基本情况（性别、年龄、教龄、学历、专业、职称）和教师继续教育的总体情况（包括其参加继续教育的频次、内容、形式、考核方式、继续教育满意度及需求）。（问卷见附

录6）

本研究共发放问卷650份，回收有效问卷642份，有效率为98.77%。调查所得数据均采取统计软件SPSS 20.0进行统计处理。接受调查的乡村幼儿教师的基本情况如下：被调查教师年龄大都聚集在31—40岁这一阶段，占总调查人数的43.3%，41岁以上的教师有29.9%，而21—25岁的年轻教师仅占9%，可以看出乡村幼儿园的教师年龄偏大。从教师的教龄来看，10年以下教龄的教师占53.5%，11—20年教龄的教师占21.7%，21年以上教龄的教师占24.8%。从学历来看，虽然乡村幼儿教师学历水平基本能达到国家的要求，但大专及以下学历占比70.6%，学历普遍偏低。从所学专业来看，非学前教育类的教师占总数的53.3%。从职称情况来看，45.2%的被调查教师无职称。这些基本情况都会影响到乡村幼儿教师参加继续教育的动机和需求。

3. 研究结果与分析

（1）继续教育频率与时间

将乡村幼儿教师5年内参加继续教育的频次从高到低分为：3—5次、2次、1次、6次以上以及没有参加过。此外，目前乡村幼儿教师接受继续教育的时间包括平时工作日、周末、法定节假日、寒暑假和不固定五种。经统计，教师参加继续教育的时间多被安排在周末或不定时，占比分别为41.9%和37.86%，平时工作日参加培训的占比为10.28%。通过访谈得知，较多的乡村幼儿教师希望继续教育的培训时间能够安排在寒暑假，因为寒暑假时间较长，教师们能够有充分的时间进行学习和反思，更能够全身心地投入到学习中，效果事半功倍。

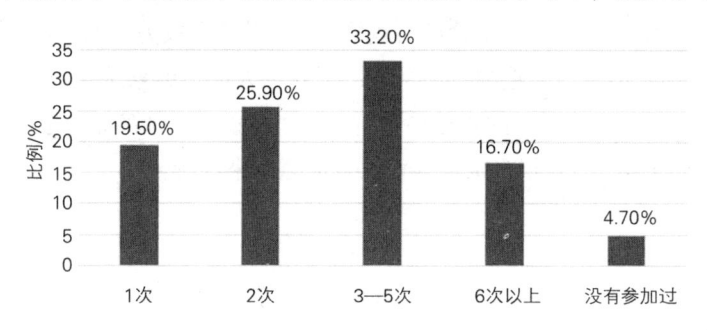

图 4-1　乡村幼儿教师继续教育频率统计

（2）继续教育内容

经问卷调查统计，乡村幼儿教师继续教育内容类别累选频数结果如图4-2。从图4-2可以看出，培训内容排在第一的类别是"专业理念与师德"，累选频数为413，由此可知，在培训内容中以理论培训为主；其次是"幼儿发展知识"

"幼儿保育"和"教育知识"的相关内容，累选频数分别为356人和319人。从累选频数可以看出，由于乡村幼儿教师大部分学历较低且非学前教育专业毕业，因此目前的培训内容比较注重教师对于师德的建设以及对幼儿的了解，而关于"农村学前教育动态""科研方法"和"通识性知识"较少涉及。

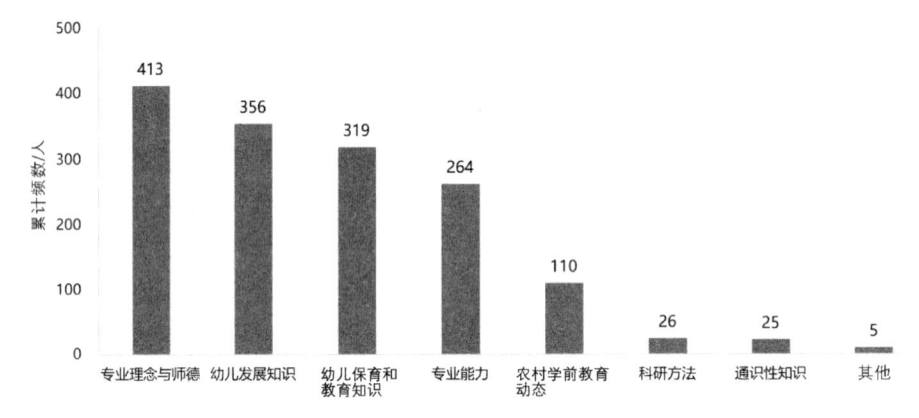

图 4-2　乡村幼儿教师继续教育内容类别

关于"乡村幼儿教师继续教育内容的主要决定者"，根据前期调查以及查找文献得知，包括"教育主管部门或领导""国家教育政策规定""管理人员""培训主讲教师""不清楚"及"受训教师自选"六项，将此六项编入问卷进行调查分析，结果如图 4-3。

从图 4-3 可以看出，培训内容多为教育主管部门或领导进行选择并安排。其中排在第一位的是"教育主管部门或领导"，累选频数为 256 人；"国家教育政策规定"排在第二，累选频数为 97 人；"管理人员"的累选频数为 82 人，排在第三；"培训主讲教师"的累选频数为 73 人；而"参训教师自选"的频数仅为 32 人，说明培训内容很少根据参训教师的意愿来选择。

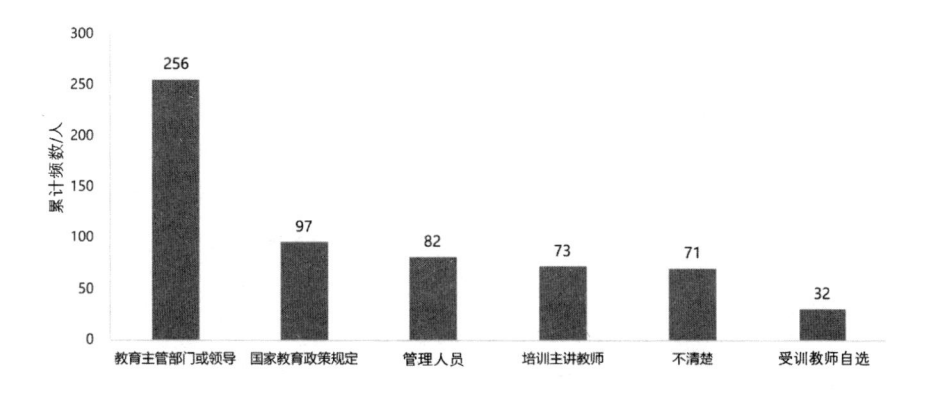

第四章 乡村教师继续教育模式构建的现实诉求

图4-3 乡村幼儿教师继续教育内容主要决定者

（3）继续教育的主要形式

经过问卷调查分析，目前乡村幼儿教师所参加的培训形式现状如图4-4。

经统计分析可知，目前培训形式仍以传统的"专家授课、讲座"为主，参训教师参与活动的积极性较低；排在第二位的是"网络远程培训"，仍然是以培训教师的讲授为主；排名第三和第四的是"园本教研"和"教学活动现场考察、观摩"，累选频数分别为212人和200人，这类培训使参训教师有了共同参与、讨论的机会；而以参训教师为主的"案例教学"、"师徒带教"、"教师对学员个别指导"则较少。在访谈中了解到教师们希望在继续教育中能够多参与、多互动，使自己有更多的体验感和获得感。

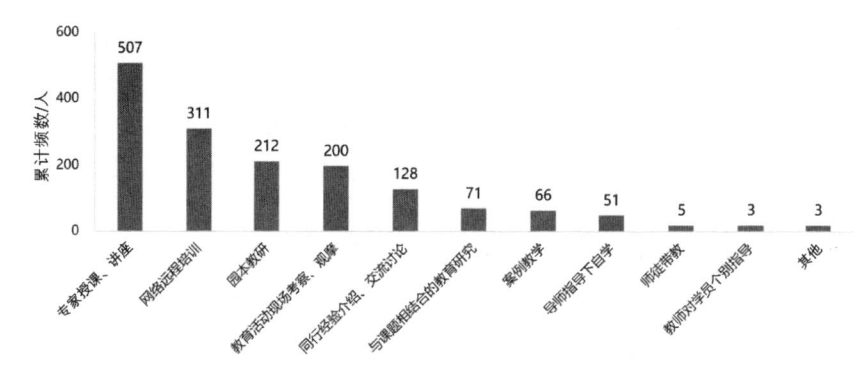

图4-4 乡村幼儿教师继续教育形式

（4）继续教育的考核方式

经查找文献以及实地考核发现，各类继续教育所采取的考核方式主要有

77

"实践操作""出勤情况""笔试""跟踪培训后教学""写论文"、"写培训心得"以及"没有考核"的情况。在问卷中对考核方式进行调查,现状如图4-5。

图4-5显示,继续教育多通过教师的"实践操作"和"出勤情况"进行考核。课程结束后通过分组"实践操作"和平日"出勤情况"的累选频数分别为334人和312人;其次以"笔试"和"跟踪培训后教学"的方式对参训教师学习掌握情况进行打分结业,频数为165人和164人;而较少使用的考核方式为"写论文","没有考核"的频数为45。说明大部分继续教育会通过多种多样的方式进行考核,只有少部分培训不考核直接结业。

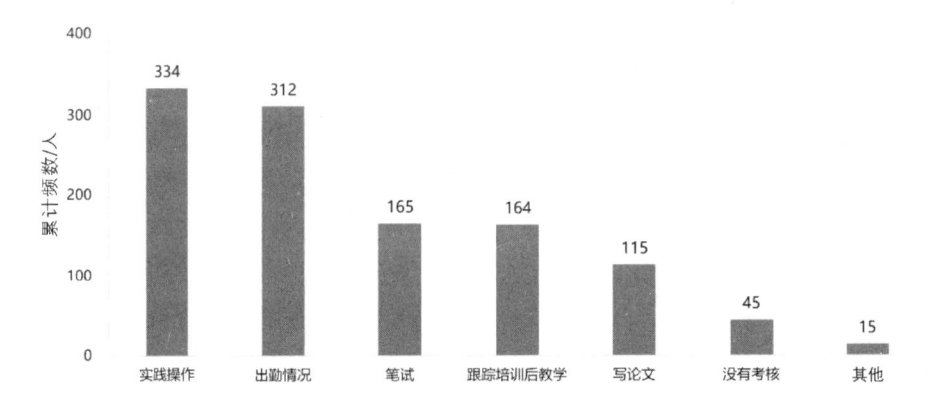

图4-5 乡村幼儿教师继续教育考核方式

(5) 乡村幼儿教师对继续教育的满意度

经调查统计,乡村幼儿教师对继续教育满意度中非常满意的占6.5%,满意占32.6%,满意度一般占60.3%,不满意和非常不满意的人数不足1%。此数据说明,对于大多数乡村幼儿教师而言,继续教育基本能够满足他们的需求。对于不满意的情况,研究者将对其展开访谈调查,希望能够进一步了解他们的培训需求,使得继续教育能够更加完善。

(6) 乡村幼儿教师继续教育需求

继续教育时间次数安排的需求:针对目前乡村幼儿教师参加培训机会少、参训频率低以及参训时间占用教师法定休息日的问题,研究组成员采访了河北省S市一所乡村幼儿园的园长和教师。

G园长:前几年我们园参加继续教育培训的机会特别少,随着近两年国家越来越重视学前教育,我们园组织教师参加培训的机会就越来越多,不过我们乡下的老师去参加培训在和城里的一些老师进行交流的过程中还是能够发现有很大的差距。至于时间安排，我们也没有固定的时间安排，只要有机会我们就派老师过去学习，让我们的老师跟上时代的步伐，为缩小城乡差距贡献自己的力量。

W教师：以往参加培训的时间和次数都比较少，甚至可以说没有机会参加。最近几年由于国家对幼儿教育重视程度提高，我们参加培训的机会也越来越多。作为主班老师，现在我每年都能够参加培训，上个学期是在市里参加的蒙氏教学的培训，关于这一类培训我特别乐意参加，不仅能够学习到关于学前教育方面的知识，而且还能够和不同地区的同行进行交流。希望这种培训能再多一些。在时间安排上我们希望能够在寒暑假的时候参加培训，这样没有了平时带班的压力可以更专心地进行学习。

通过访谈了解到，前几年乡村幼儿教师参加培训的机会几乎是少之又少，近几年参加培训的机会才逐渐多了起来。由于乡村教师资源匮乏，很多幼儿园教师都是一人一岗，甚至一人多岗，在平时工作中不能缺位，再加上幼儿园经费紧张，多数幼儿园每年会派一两名教师出去学习，学习后回到幼儿园，再对其他教师进行培训。至于继续教育的时间安排上，教师们希望可以在寒暑假参加培训，这样教师会抛开工作的压力，身心比较放松而且能够全身心地投入到学习当中，培训效果也会有所提高。

继续教育内容选取的需求：从上述问卷调查统计结果中可以看出，教师参与培训的内容主要由教育主管部门或领导以及培训机构管理人员决定。研究组成员随机选取了河北省Z市一所乡村幼儿园进行访谈，在访谈中得知：这一实际结果与乡村幼儿教师的需求差别较大。

L教师：我希望能够有我们学前专业的专家教授为我们选择培训内容，因为我觉得专业的教授不单单是有着丰富的理论知识并且还有大量的实践经验，这些都值得我们学习。相比其他部门领导，我更信任我们专业的专家。

S教师：我希望培训的内容能够多问问我们参训的教师需要什么。每次满怀希望地去参加培训，但听到的培训内容往往不尽如人意，要么是之前听过的，要么是大家不太需要的。如果组织培训的人员能够事先调查我们参训教师的需求和困难，从而对症下药，岂不是事半功倍？我认为目前培训最大的问题就是"不接地气"。

X教师：我也希望能够有我们专业的专家为我们挑选培训内容，因为有些培训不是专门针对我们幼儿教师的，去年我参加的培训主要讲的是教育学类的内容。并且我还觉得这些教授能够传授给我们最前沿的学前知识，尤其是像我们这种乡村教师，平日里很难接触到专家教授的培训，我希望专家能够为我们挑选有针对性的培训内容。

通过访谈得知，乡村幼儿教师较多青睐于选择培训内容的是学前教育专业的教授或是参训教师的自主权。他们在以往培训过程中遇到的讲师有些并非学前教育方面的专家，对学前教育方面知识的掌握并不全面和深入，然而乡村幼儿园的教师大部分也并不是学前教育出身，对于学前教育方面的知识比较欠缺，特别渴望在培训过程中能够有学前教育方面的专家进行讲授，而且也希望能够在学前教育的领域方面获得全面的培训。

继续教育形式的需求：通过调查发现，乡村幼儿园教师继续教育的形式主要是以专家开讲座为主。关于培训形式研究者选取了河北省X市一些乡村幼儿园教师进行了访谈，发现教师在这种只听讲座的过程中获得知识的效果并不好。

R教师：我比较喜欢那些理论加上实践的培训，我不是学前教育专业出身，也没有接受过专业知识的系统学习，因为喜欢小孩子就在村里做起了幼儿教师，我的理论知识掌握不扎实，对于一些纯理论的讲座往往会有好多专业名词和比较深奥的知识较难理解，所以我非常希望在培训时，能够以理论和实践相结合的形式进行。

J教师：我们园里轮派一到两名教师去参与培训，然后再回来给其他教师培训。我觉得每次纯理论的培训效果不是很好，因为出差去参加培训的教师听到专家讲授的一些深奥的东西，回来也很难解释清楚。而有一次进行的现场考察培训效果非常好，参训教师在观摩以后与其他幼儿教师和专家进行交流，有身临其境的感觉，回来给其他教师培训的效果也很好。希望以后可以多参加一些这样的培训。

通过访谈可以清楚地了解到教师对一些深奥的专业知识的讲授不是特别喜欢。而对基础和实战技能方面的培训非常认可，理解起来也比较轻松。基础理论学习和实践相结合，以及与培训教师和专家之间的交流，能够使乡村幼儿园教师在培训中受益匪浅。

从上述分析可知，目前乡村幼儿教师对于自己所参与的继续教育满意度有待提高。而目前乡村幼儿教师在专业发展的资源和途径上比较匮乏，整体师资水平难以得到提高，更加需要适合他们的继续教育模式提升其专业素养。

总之，由于地理位置、经济等原因，乡村幼儿教师队伍的发展处于瓶颈。对于诸多乡村幼儿教师而言，自身的专业发展如何，很大程度上取决于继续教育的成效。继续教育的实质是"所需"和"所取"的关系能否得以平衡，这就要求必须构建以乡村幼儿教师实践需求为导向的继续教育新模式。

第五章

乡村教师继续教育 I-U-G-S 模式的构建

一、乡村教师继续教育 I-U-G-S 模式的设计理念

（一）I-U-G-S 模式构建的理论基础

教师继续教育的理论基础非常广泛，每一种教师继续教育模式都是构建在一定的理论支撑之上的。乡村教师继续教育 I-U-G-S 模式构建的理论基础主要是建构主义学习理论、成人学习理论、教师专业发展理论和终身教育理论。在理论指导下，将理论内涵和指导思想融入模式设计，并在具体实践中加以运用与分析，从而对模式的有效性加以验证。

1. 建构主义学习理论

传统的教师教育属于知识传授型的教育，参训教师作为学习者在教育过程中处于被动地位，这种学习方式与现代教育理念以学习者为中心格格不入；同时，大量关于教师行为的研究也表明，教师的知识体系主要是他们在教育教学实践中，通过自身参与教育活动以及对教育实践的反思获得的。教师的学习应是积极主动地从自身的实践和经验出发去建构，只有当教师积极主动地思考和根据已有知识试行新观念时，学习才可能发生发展，而不是一味吸收教育专家灌输的知识。因此，从 20 世纪 80 年代后期开始，建构主义学习理论为人们重新审视教师教育提供了一个全新的视角，逐渐成为许多西方国家教师教育改革的重要理论基础。

建构主义的基本假设是：一切知识的获得都不是依靠教师的教授被动接受的结果，而是需要通过学习者个人的自主建构；学习者是一个积极的、有潜力的个体，他们的学习是在原有经验积淀的基础上和对新知识理解、分析、检验、批判的基础上实现知识的再创造；教育应该从学习者对周围世界的日常理解和建构开始。

基于建构主义学习理论，在构建教师继续教育模式时应遵循两点要求：一方面认可教师的发展是积极主动并通过自我实现才能达成的，强调学习过程应以参训教师为中心，教育活动应尊重参训教师的主体性，重视激发他们内在的学习动机，以他们已有的经验体系为基础促进其自我发展；另一方面应强调建

构真实的教学情境，在培训内容与应用之间建立有效联结，以参训教师在教育教学中面临的实际问题为导向，把培训设置到有实际意义、相对真实的问题情境中，通过问题解决式的学习方式，使培训内容高效率地发生迁移，实现通过教育互动使参训教师对原有实践经验进行改造，提高培训实效。

基于此，教师继续教育 I-U-G-S 模式强调发挥乡村教师发展的主观能动性，在教育活动实施主体上，强调教师个体和教师合作学习共同体的首要作用；在目标定位上，以帮助教师解决工作中的实际问题为主，从培训课程设置与教学内容选择上尽量贴近乡村教育实际。

2. 成人学习理论

成人学习理论是 20 世纪西方成人教育学界的重要理论成果。该理论认为成人学习和儿童学习有巨大差异，表现在成人的自我概念从依赖性转向独立性；成人在社会生活中积累的丰富经验是他们学习过程中的优质资源；成人为适应社会发展需要而学习；成人重视所学知识的具体应用。美国著名教育心理学家麦尔克姆·诺尔斯作为成人学习理论的集大成者，在其所著的《被忽略的群落：成人学习者》一书对这一理论进行了全面阐述。诺尔斯提出成人学习存在六大特征。[①]

学习需要：成人的学习需求来自主观需要，是出于自我需要和个人意愿而参加学习的。成人希望知道经过某种学习后会给自己带来哪些好处，不学会产生什么不良后果。在学习过程中能保持持续的推动力，具有较强的主观能动性。

自我概念：成人有独立的自我导向，不易受他人意志的影响。成人可以自主判断学习需要，选择适合自己的学习内容与学习方式；在学习过程中能够进行自我指导，根据自己的需要和特点进行主动的自我反思学习。

基于经验：成人在工作和生活过程中积累了丰富的经验，这些经验对他们的学习来说是宝贵的资源。成人的学习是基于已有经验的学习，是将新知识和已有经验结合。

问题中心：成人的学习以问题为中心，他们对可以立即应用的知识以及能够帮他们解决当下生活或工作上的问题的学习更感兴趣。

从做中学：成人的学习是在实际的职场情境中，通过个人的实践反思及同伴之间的互动交流等完成的，不能完全以教科书为载体进行学习，必须有充分的实践，在实践中提升胜任工作的水平。

学习动机：虽然外在的刺激如谋求更好的职位、增加薪酬和获得晋升机会

---

① 凌玲. 成人学习基本理论：诺尔斯的观点［J］. 成人教育，2017（8）：11-14.

等可以成为促进成人学习的动力，但成人的学习动机更主要来自内部心理的主动需要，如自我发展、提升工作满意度、实现自我价值、提高生活质量和提升幸福指数等。

总结来说，就是成人学习具有明确目标，具有自我激励和自我指导能力，会把过往经验带入学习中，对与己相关特别是针对解决问题的学习内容更有兴趣，学以致用充分实践的要求强烈，内在学习动机发挥重要作用。

教师教育无疑是成人教育，所以，教师继续教育I-U-G-S模式设计要把握成人学习的心理特点，遵循成人教育的规律与特征。成人学习特点表明具有自我导向的自我概念，因此I-U-G-S模式设计重视培训课程和方式的可选性与丰富性，既灵活多样，又针对性强，具有个性化特征，方便参训教师自主选学；虽然开阔学术视野、更新教育观念、掌握教学技能等都很重要，但教师明显更喜欢基于问题解决的、学后即用的、以案例或课例为支撑的、能够直接转化为有效课堂教学实践并提高教学质量的培训，因此I-U-G-S模式设计重视教育教学实践情境的创设，便于参训教师在"知—行—知"中演进发展；成人学习动机多来自个体内在力量，为了使参训教师有更高的学习积极性，必须借助需求调研做到按需施训，充分发挥教师作为学习主体的巨大价值；同时，成人学习方式注重同伴互助和专业引领，因此I-U-G-S模式注重教师个体和合作学习共同体的主体性，注重发挥区域骨干教师和学科带头人的引领作用，充分利用他们的宝贵经验；最后培训过程必须充分考虑教师面临的制约因素，比如工学矛盾、家庭负担等，在教育模式上更关注参观考察、跟岗研修、文化建设等环节设计，同时尽可能为教师安心参加继续教育创造良好的外围环境。因此，情境性的、工具性的、个性化的、体验式的、互动式的I-U-G-S模式更加切合教师继续教育需求。

3. 教师专业发展理论

教师作为一种专门职业，其职业生涯是一个由专业初始时不成熟的教育新手逐渐发展为成熟的专家型或教育家型教师的漫长过程，这个过程也是教师专业成长的过程。教师专业发展的研究始于20世纪60年代末的美国，兴盛于七八十年代的欧美。

研究教师专业发展，首先关注其内涵的发展变化。教师教育经历了"教师培训"到"教师专业发展"再到"教师学习与发展"的演变。"教师培训"强调的是通过外力提升教师素质；"教师专业发展"主要指"为教师设计出来的、旨在给教师提供新的观点、技能和能力的工作坊、课程、项目及相关活动等"[1]，不难看出，以上两个概念的解释都含有被动意味。美国学者芬韦克早在2004年就通过研究指出，"在过去十年以来，出现了两个对于教师发展的观念和态度产生重要影响的趋势：一是越来越试图以'教师终身学习'一词来代替'教师专业发展'；二是从注重教师个体学习转向通过实践共同体来促进教师学习"[2]。教师学习的兴起，在一定程度上是为了克服教师专业发展的弊端，意味着教师发展的主动性、日常性和内生性。

其次，关注其专业发展阶段。自20世纪60年代开始，有关教师专业发展阶段的研究成为欧美乃至世界各国教育界关注和研究的热点。目前关于教师专业发展阶段的理论异彩纷呈，非常丰富，有早期富勒（Fuller）的教师关注阶段理论（1969）、卡茨（Katz）的教师发展时期论（1972）、伯顿（Burden）的教师生涯循环发展论（1979），后来费斯勒（Fessler）的教师生涯循环论（1985）、休伯曼（Huberman）等人的教师职业生活周期论（1993）、我国台湾学者饶见维的教师专业发展阶段论（1996），林崇德、申继亮、叶澜、吴康宁等学者也提出自己的观点。总的来看，这些理论的共性是：以教龄为主要参数和常模把教师专业发展划分为不同阶段，强调教师职业特点随着时间而发展变化（但如果认为教师专业发展是随着时间推移的必然事件，这确实是错误的。因为我们确实看到有些教师一生都可能停留于某一个发展阶段踟蹰不前，也经常看到一些新入职的教师其专业水平未必低于教龄长的教师。但毋庸置疑的是，教师从一个新手型教师成长为一个成熟型教师是需要时间保障的）；同时，要承认教师专业发展过程中存在个体差异，即使处于同一发展阶段的教师在发展需求上也不尽相同，在此基础上提出对更多的个性化培训的需求是非常必要的；随着对教师发展研究的逐步完善，研究者能清晰地看到教师的完整发展历程，这一定是一个漫长的、螺旋上升的、反复前进的过程，绝不可能一蹴而就或一帆风顺。[3]

再次，研究教师专业发展要研究其内容。教师专业发展的内容与人们对理想教师的专业素质的认识密切相关。学者们关于教师专业素质结构的研究从"二分法"到"三分法""四分法""五分法"，再到"三维空间立体素质结

---

[1] Retallick, J. Teachers' Workplace Learning: Towards Legitimation and Accreditation [J]. Teachers and Teaching, 1999, 5 (1): 33-50.

[2] Fenwick, T. J. Teacher Learning and Professional Growth Plans: Implication of a Provincial Policy [J]. Journal of Curriculum and Supervision, 2004, 19 (3): 259-282.

[3] 孔晓东. 教师教育发展趋势与结构调整的比较研究 [J]. 江汉大学学报（社会科学版），2003 (1): 54-59.

构"，可谓硕果累累、众说纷纭。虽然研究成果种目繁多、层次有异，但总体来看，基本上围绕着"品性"（主要是师德与人格素养）、"知识""能力"三大素质内核进行。本研究借鉴以往学者的研究成果，同时按照2012年教育部颁发的中小学、幼儿园《教师专业标准（试行）》中的规定，对教师专业素养标准进行界定。其中《中学教师专业标准（试行）》将中学教师专业素养界定为由专业理念与师德、专业知识、专业能力3个一级指标构成，其中专业理念与师德又包括职业理解与认识、对学生的态度与行为、教育教学的态度与行为、个人修养与行为4个二级指标及19个三级指标；专业知识包括教育知识、学科知识、学科教学知识、通识性知识4个二级指标及18个三级指标；专业能力包括教学设计、教学实施、班级管理与教育活动、教育教学评价、沟通与合作、反思与发展6个二级指标及26个三级指标。《小学教师专业标准（试行）》将小学教师专业素养界定为由专业理念与师德、专业知识、专业能力3个一级指标构成，其中专业理念与师德又包括职业理解与认识、对小学生的态度与行为、教育教学的态度与行为、个人修养与行为4个二级指标及19个三级指标；专业知识包括小学生发展知识、学科知识、教育教学知识、通识性知识4个二级指标及17个三级指标；专业能力包括教育教学设计、组织与实施、激励与评价、沟通与合作、反思与发展5个二级指标及24个三级指标。《幼儿园教师专业标准（试行）》将幼儿教师专业素养界定为由专业理念与师德、专业知识、专业能力3个一级指标构成，其中专业理念与师德又包括职业理解与认识、对幼儿的态度与行为、幼儿保育和教育的态度与行为、个人修养与行为4个二级指标及20个三级指标；专业知识包括幼儿发展知识、幼儿保育和教育知识、通识性知识3个二级指标及15个三级指标；专业能力包括环境的创设与利用、一日生活的组织与保育、游戏活动的支持与引导、教育活动的计划与实施、激励与评价、沟通与合作、反思与发展7个二级指标及27个三级指标。

中小学、幼儿园《教师专业标准（试行）》（以下简称《专业标准》）是国家对基础教育合格教师专业素质的基本要求，是教师实施教育教学行为的基本规范，是引领教师专业发展的基本准则，是教师培养、准入、培训、考核等工作的重要依据。要求各地教育行政部门、开展教师教育的院校、中小学校和幼儿园要把贯彻落实《专业标准》作为加强教师队伍建设的重要任务和举措，认真制订工作方案，精心组织实施，务求取得实效。时至今日，中小学、幼儿园《教师专业标准（试行）》依然是研究中小学、幼儿园教师专业素养和开展教师继续教育工作的重要政策依据。在乡村教师继续教育I-U-G-S模式构建与实施研究中，我们把《专业标准》的三级指标作为制订对乡村中小学、幼儿园教师专业素养现状展开调查的研究工具的理论与政策的依据，同时，也将其作为I-U-G-S模式实施效果评价设计的重要标准。

最后，研究教师专业发展要研究其发展路径。当前比较一致的观点是，教师专业发展要经过职前教育和职后培训两个阶段，具体方式主要体现于学习、研究和实践。从20世纪90年代开始，无论是理论研究还是实践操作，都在致力于实现教师教育一体化，这也是众多教师教育模式侧重于职前教育到职后培训的一体化设计的原因，但若单纯搞教师继续教育，一体化设计则缺乏完全契合度，这也正是I-U-G-S模式构建需要克服的难题。另外，在具体方式上，在继续教育阶段，政府职能部门、高校与各级教师培训机构、基层学校、教师的心理动机及扎实的训练构成了促进教师专业发展演化的路径。其中，自我教育是教师专业发展最经常、最关键的途径。教师作为专业发展的主体，无论哪种发展方式要想取得实效，都离不开教师对专业发展的自我追求。如果缺失内部发展动机，则任何外界的干预终将无济于事。教师一旦激发了对专业发展浓厚的、持久的心理动机，将会对他们的专业发展产生根本性的推动作用。因此，本研究非常强调教师在专业发展过程中自我教育（Individual）的力量。

4. 终身教育理论

终身教育思想始于20世纪60年代。1965年联合国教科文组织主持召开的成人教育促进国际会议期间，由联合国教科文组织终身教育局局长、法国活动家保罗·朗格朗首次提出"终身教育"这一概念，并在1970年发表的《终身教育引论》中具体阐述了"终身教育"的理论基础，使"终身教育"这一概念开始被国际社会广泛接受，并逐渐成为国际教育舆论的焦点。终身教育，包括了教育的各个方面、各项内容，涵盖了一个人从出生那一刻起一直到生命终结之时所接受的所有教育的总和，强调教育的连续性、整体性和一体化。

终身教育作为当今国际上最有影响力的教育思潮，极大地促进了教师教育的理论研究，从而推动了教师培训的相关工作。教师教育：将教师的培养培训看作一个持续不断的教育过程，是教师在其整个职业生涯过程中能够获得的各种培养培训服务，从而实现终身教育的实质——从摇篮到坟墓的整个教育过程的统一。实现终身学习意味着教师必须能够主动自我发展，"被别人发展"是不够的，突出教师学习的日常性。时至今日来看，教师实现终身学习的根本动力来自教师自身，关键途径在于教师自我教育，而线上教育活动的开展则是实现教师终身学习常态化的主要形式。

综上所述，建构主义学习理论强调学习者获得的知识和能力不是依靠教师的教授，而是依靠个人的自我建构；成人学习理论强调自我导向和学习动机是最主要的特征；教师教育理论强调在教师继续教育过程中自我教育是最关键最常见的途径，尤其是当外围条件不甚理想的时候，这一途径对乡村教师尤为重要；终身教育理论倡导将学习作为一种内在需要，伴随教师的整个职业生涯甚至生命的始终。因此，我们在充分认定高校、政府职能部门、基层学校在教师继续教育中的重要性的同时，进一步强调乡村教师自身的作用与价值，据此构建教师继续教育"I-U-G-S"模式，构建参训教师（I）主动发展、高校（U）引领、地方教育主管部门（G）组织、乡村学校（S）配合的四位一体协同教育新模式。四方确立合作伙伴关系，共同设计培训内容、创新培训形式、探索评价方式。

（二）I-U-G-S 模式的设计原则

I-U-S-G 模式的设计原则是指模式在构建与实施过程中应遵循的基本准则与要求。教师继续教育模式设计需要理论自觉和实践创新，在构建过程中要以理论研究、政策要求、现实需要为依据，在一定的设计原则指导下进行，是科学理论实践化的结果。I-U-G-S 模式设计原则如下。

1. 彰显主体性

当前，教师教育模式众多，如"美国 PDS 模式""TMS 共同体研修模式""基于 SCIL 核心能力素养的教师教育模式""四方协同模式""基于全过程评估理念的 ST 螺旋形继续教育模式""校本培训模式""U-G-S 协同创新模式"等。综观这些模式，固然各有其适用性，也为各类教师教育模式构建提供了有益启示，但也存在各种各样的问题，如模式研究大多关注培训方法和形式的创新与现代化，忽视模式本身的价值引领及系统性、完整性，使得模式实施不系统、不连贯；模式的各要素间缺乏必要的联系，教育活动缺乏统筹设计，教育过程缺乏制度规范以及监督检查，教育效果缺乏评定和反馈；有的模式侧重于职前教育到职后培训的一体化设计，若单纯搞教师继续教育，则缺乏完全契合度；目前多数研究是基于对教师专业发展的应然追求或者是追求模式本身的合理性，而忽视乡村教育实际和乡村教师专业发展的实际需求，所以模式在各地实施过程中，一个共通的问题是一线教师相对被动，参与度较低，这成为制约模式效能达成的瓶颈。如"U-G-S"教师教育模式就存在这样的问题。"U-G-S"模式起源于 20 世纪 80 年代的美国，东北师范大学于 2007 年提出以"融合的教师教育"为指导理念，以"教师教育创新东北实验区"为实践载体，设计并实施的"大学主导、地方政府协调、中小学参与"的"师范大学（U）—地方政府（G）—中小学校（S）"合作开展"中小学教师的职前培养、入职教育和在职研修等系统性工作"的教师教育新模式。① 目前该模式在师范生培养、农村中小学教师培训、基础教育研究等方面探索多维协同创新机制，取得了良好的教育效果和实际效益。"U-G-S"教师教育模式是高校（University）、政府（Government）以及中小学（School）三个主要教育主体协同一致，在遵循相关规章制度的情况下结合政府的政策和资金优势、高校的师资和学术资源优势以及中小学场所和组织优势，最大程度上实现优势互补。考察这种教师教育模式，固然有其不可比拟的优势，但也存在不足：首先，U-G-S模式是针对从职前教育到职后培训的一体化设计，它强调教师职前培养、入职教育和职后研修等阶段相贯通，通过创办实验区达到师范生教育见习与实习、在职教师进修培训的相互融合、互利互惠。但是，在实际运行中，地方教育主管部门与高校管理制度不同，在办学理念和文化上也存在很大差异，特别是对于单纯的在职教师的继续教育，这种模式要如何运行还有待研究；其次，由于师范院校毕业班人数和师范院校建立实习基地范围的局限，能够参与到U-G-S模式中与高校建立教育见习和实习关系的乡村学校毕竟是少数，广大的乡村地区人数众多的乡村教师如何参与到协同发展中来，也是现实问题；最后，U-G-S模式在各地实施过程中依然存在一线教师参与度较低、行为较被动的问题。事实上，如果没有一线教师积极参与，任何培训模式的实效都会大打折扣。

  近些年本项目组成员在参与乡村教师继续教育工作以及调研中深深体会到大部分乡村教师参与培训的内在动机不强，基本处于被行政命令驱使或外在利益驱动的状态；或者教师虽然有内在追求专业发展的动机，但外在教育资源有限，比如因工学矛盾突出，相当一部分教师几年中也没有得到外出培训的机会，专业成长受到客观条件桎梏；各种形式的培训基本集中在某一时段，或者是平时工作日的某几天，或者是寒暑假，基本是培训结束就完事大吉，不能顾及教师专业成长是一个持续性的、日复一日的常态化过程。所以，正像乡村教师自己所言，各类培训往往看上去美丽，实际上却很难落到实处，培训效果并不理想。值得关注的是，以上无论是哪方面的问题，都离不开乡村教师自身面对处境的态度。离开了这一主观条件，任何培训的效果都不能保证。

  当前，乡村教师所处的外围条件不甚理想，他们在地域分布上较分散，生活条件和工作环境不佳，平时工作任务繁重，没有时间和精力接受外部提供的

---

① 刘益春，李广，高夯. U-G-S教师教育模式实践探索：以"教师教育创新东北实验区"建设为例[J]. 教育研究，2014（8）：107-112.

培训及教研支持,有明显的情绪枯竭问题,内在发展动力不足。① 教育生态在新时代发生了重要而深刻的变化,尤其在当前背景下,教师继续教育很难集中开展活动,为此,乡村教师继续教育理念和模式必须研究新形势、破解新问题、学习新理论、构建新模式,探寻教师继续教育的时代新方位。因此,我们在充分认定高校、政府职能部门、基层学校在教师继续教育中的重要性的同时,进一步强调乡村教师自身的作用与价值,据此构建教师继续教育"I-U-G-S"模式,其中I(Individual)就是指乡村教师自身及由乡村教师组建的互助组织——教师合作学习共同体。所以,这一模式突出主体性的设计原则即是从乡村教育的实际以及乡村教师的发展需要出发设计继续教育模式,想方设法激发教师追求自我发展的内在动机,从教师继续教育的目标、制度、内容、方法、途径以及评价等多方面突出乡村教师主体性,变被动为主动,最大限度发挥自我教育这一关键途径的力量。

2. 多方适应性

I-U-G-S模式多方适应性的设计原则基于以参训教师为中心,以深入了解他们的发展需求为出发点,多层面、多标准、多途径、因人、因地、因时、因客观条件施教,满足不同教师需要。为此,一方面对参训教师不能采取行政命令"一刀切",在同一时间要求所有人都要参与同一主题培训,而是按照不同标准对教师分类,如按学段、专业发展阶段、任教学科、培训主题等,区分层次、因材施教。另一方面,培训目标设定,培训时间安排,培训内容、方式、途径的选择以及培训效果评价等要针对参训教师需求,并将反馈修订环节贯穿培训设计始终,真正变以"教"为本为以"学"为本。因此,一是要结合培训目标和任务对参训教师进行训前需求调研,深入乡村学校一线,充分了解乡村基础教育现状和不同发展期乡村教师实际需要,结合当地经济发展及社会发展状况对乡村人才的需求,在此基础上做好培训方案预设,使培训更具有适应性,给予教师更多选择权;二是在培训过程中重视征求参训教师的意见,充分与参训教师交流培训效果,听取他们的建议和需求变化,及时调整培训内容和方式;三是在培训后做好追踪走访,了解参训教师学以致用的情况及后续需求,做长期的相机指导并积累经验。

3. 问题导向性

以问题为中心进行学习是成人学习的特征。I-U-G-S模式设计的问题导向

---

① 赵新亮. 我国乡村教师队伍建设的实践困境与对策研究——基于全国23个省优秀乡村教师的实证调查[J]. 现代教育管理, 2019(11): 81-87.

性原则就是培训内容指向教师教育教学实际问题的解决和行为改进，即教师基于教育实践经验，在理论指导下直面和解决工作中所遇到的难题，并通过对实践的反思和升华，实现理论与实践的相互转化与发展。乡村教师培训和城市教师培训最大的区别在于，教师参与的积极性不高，基本是在行政命令的驱使下不得不参训，处于"被教育"的状态。究其原因，固然与乡村教师对职业追求的内在动机有关，但更主要的是培训组织与实施者对乡村教师专业发展需求了解不全面、参训教师自主学习时空不充分、自身遇到的实际问题在培训中得不到有效解决。为扭转这一局面，I-U-G-S 模式设计要求教师参训前反思教育教学实践问题，在培训者指导下选择关键性问题作为研究课题，注重在培训中以学科教学或学生管理中的关键问题为主题，从问题出发，围绕问题进行，以解决问题为目的。为了完成这些任务，参训教师会积极主动投身于学习中。同时，借此过程教师可以实现探寻自身生命的意义，丰富情感体验，磨炼意志品格，强化自我价值感，可谓一举多得。

4. 实践指向性

所学知识只有被用于实践并取得明显成效，才能真正被学习者吸收内化。I-U-S-G 模式的实践指向性设计原则要求教师学习基于职场环境，在解决问题的实践中反思、检验、内化所学知识，达到学以致用、以用促学、知行合一。从前期调查来看，面对各种类型的培训者，乡村教师认为对自己帮助最大的是"一线教学名师"，他们集理论与实践于一身，既有相关学科教学或教育科学理论知识，又对乡村当地文化和教师的现实问题有所了解，能够有针对性地帮助他们解决工作中的实际问题，用乡村教师自己的话说是"接地气"。所以，I-U-G-S 模式设计要尽可能地指向实践，尤其要充分发挥一线教学名师和本地、本校骨干教师的作用，成立乡村教师合作学习共同体，为乡村教师自主发展创造条件。

教师培训实践场域有多种：一是参训教师任职的乡村学校，便于培训效能转化，目前背景下，这应是最主要的实践场域；二是在培训机构创设职场型实践环境，以便教师在实践中成长；三是实践导师（骨干教师、学科带头人等一线名师）任职校和参训教师任职校共同构成学员研修实践场域。

5. 互动参与性

成人在学习中有追求平等交流的特性，互动参与性培训能调动参训教师学习的积极性。在调查中也发现，当前新生代教师的学习和实践较为封闭孤立，他们在工作中遇到困难时，较少和同事进行交流与合作。因此，I-U-G-S 模式在构建中设计多种互动方式，如互动可以是参训教师与培训机构之间的，培训机构与教师合作学习共同体协商，比如设计"菜单式"培训课程，共同拟定培训时间与方式等；互动可以是参训教师与培训专家之间的，专家和学员教师就教育教学实践行为问题进行平等对话，如辩课，也可以是学员提问专家回答，专家就培训中存在的问题与效果征求学员意见等；互动还可以是学员之间的，教师学习合作共同体借助乡村教师网络共享交流平台或乡村教师工作坊，围绕相关主题交换、创生思想观点，或就工作中遇到的困惑随时提问、讨论、分享经验，或评价培训效果等，激发思维，群智群力，共同提高。这些方式使每位教师都可以成为知识信息的吸收学习者，也可以是经验观点的输出分享者。利用网络交流便捷性、即时性和隐蔽性的特点，乡村教师在平等自由的交流中可以无所顾忌地发表自己的观点，主体性得到尊重，参训动机得到激发，专业水平得到提升。

6. 协作互补性

一方面由于乡村教师工作地域分布广，日常工作任务繁重，得到高水平培训的机会不多，因此网络培训的作用和地位愈加彰显；另一方面新生代教师已经成为我国乡村教师队伍的主力军，这代人伴随着互联网长大，习惯并乐于从互联网获取知识和信息。更重要的是信息技术的迅猛发展为教师教育带来巨大变革，网络研修平台以其资源丰富性、远程交互性为教师突破时空限制进行选择性、个性化的学习提供了便利，网络化研修成为解决工学矛盾的有效途径。因此，线上线下结合的混合培训方式必将成为教师继续教育的未来发展趋势。

成人学习具有自我导向性的特点。I-U-G-S模式倡导结合乡村教育条件、现有资源以及教师的学习特点，构建学习共同体，搭建学习生态圈，建立专门服务乡村教师的网络共享交流平台，充分利用各种新媒体平台，积极借助"互联网+"的优势资源，利用云服务、大数据等信息技术，将定期的线下集中培训、置换培训、送课到校、同课异构、名师工作坊、双向兼职等多元化培训形式与常态化、智能化、信息化和个性化的线上培训相结合，打造线上和线下结合并行的以开放、互助、合作、共享体验、参与性为特点的乡村教师教育新形式，将优质教师教育资源共享制度化、常态化、规范化。这种混合式协作学习形式，将现实时空与网络虚拟时空整合，在群体交互、操作交互以及自我反思交互中进行协同认知，有利于培养教师的协作技能与互助情感，以促进教育绩效最优化，实现多方共赢。

二、乡村教师继续教育 I-U-G-S 模式的内涵与运行机制

（一）I-U-G-S 模式的内涵

I-U-G-S 是 Individual-University-Government-School 的简写，意指在对新时代乡村教育生态充分认识的基础上，基于教师专业发展理论和当前乡村教师继续教育实际，充分发挥乡村教师自主发展的积极主动性，发挥一线教学名师和本学区、本校骨干教师的引领作用，成立乡村教师合作学习共同体，同时，政府职能部门、师范院校和乡村中小学幼儿园协调配合，优化培训环境，为乡村教师自主发展创造条件，构建参训教师（I）主动发展、高校（U）引领、高校（G）组织、乡村学校（S）配合的四位一体协同教育新模式。I-U-G-S 模式中各参训主体的主要任务与职责是：

1. 参训教师及教师合作学习共同体（I）

乡村教师及教师合作学习共同体是乡村教师专业发展的主体。合作学习共同体的建立具体可以依据教师任教学段与年级、任教学科，或是同年级学科教学、班级管理、课题研究等不同需求，由同一学校或同一学区内的教师自行组建，由年级或学科一线教学名师或学科骨干教师负责牵头。他们是不同的参训主体，根据成人教育理论以学习者为中心的理念，一切教育活动都要围绕他们进行，为他们提供服务，各类教学平台的建立都便于参训教师日常进行研讨交流。

此外，还可以建立乡村教师教育者学习共同体和乡村教师专业发展跨界共同体。乡村教师教育者的专业素养直接影响乡村教师的专业成长。然而现实中，由于教师教育者之间缺少沟通与协作，使得培训内容缺乏一致性与连贯性、培训理论和实践缺乏融会贯通，不能充分融合各自优势以提升培训效果。因此，加强教师教育者内部的合作与协商对于保证培训的一致性和系统性至关重要。建立乡村教师教育者学习共同体，使来自不同机构和专业特长的教师教育者以乡村教师培训为目标组成团队，通过反思性探讨、研究和同伴互助等方式，在合作培训和研讨学习的过程中，提升自身的知识和技能，也终将惠及他们的服务者——乡村教师。乡村教师专业发展跨界共同体包括高校教师、城乡一线名师和参训教师等多个教育相关方。由于高校教师和一线教师可能存在观念的冲突，如高校教师认为一线名师的经验局限阻碍了新理念的学习，而一线名师可能认为高校教师指导的教学理念和基础教育教学实践有冲突，不但不会提高教学质量，相反还可能扰乱课堂。因此，二者应展开合作，通过有意义的协商和论证，跨越各自边界，建立新的规则，把高校、城乡中小学幼儿园不同活动系

统中的专业知识平等结合起来，增加乡村教师的学习机会，持续提高乡村教师教研水平。

三类共同体的主要职责之一是为乡村教师自我发展搭建平台。乡村教师合作学习共同体的主要任务是提供一个乡村教师之间可以经常在学习和工作过程中及时沟通与交流、提问与展示、分享各种学习资源、共同完成一定的学习研讨任务的平台。通过反思性探讨、研究和同伴互助等方式，在合作培训和研讨学习的过程中，提升乡村教师的知识和技能。

职责之二是全程参与培训活动。在参与有组织的培训活动中，可以由合作学习共同体代表召开会议，商定近期需要学习研讨的主题与内容；参与培训目标、内容、方式、时间、地点等具体问题的确定；培训过程中收集参训教师的意见与建议，及时反馈给组织机构和培训者，审核调整方案；培训结束后，合作学习共同体可以对培训实效评价，对培训结果实施、推广，并对参训教师进行追踪回访，对培训效果进行持续跟进。

2. 高校（U）

师范院校在乡村教师专业发展中处于主导地位，发挥专业引领作用。可由师范院校继续教育部门负责，集中组织各院系教育学、心理学、学科教学法和学科教学的老师，共同组成教师教育者学习共同体。明确为基础教育服务的指导思想，负责教师继续教育模式的顶层设计和具体实施，为乡村中小学、幼儿园教师专业发展提供技术指导，在教师培训、教育咨询、教育研究等方面为地方政府和乡村学校提供类型多样、内容丰富的活动，在师资、教学设备、教学场地等各种教学资源上持续服务乡村学校，为政府主管部门实施基础教育改革提供智力支持等，从而推动乡村教育质量和社会文化的进步与发展。具体任务与职责为：

一是实施各项培训活动：参与培训前的各种调查，参与制订培训计划，确定培训课程和方式；提供各种方式的线下培训课程，参与教师合作学习共同体研讨，开展学术沙龙、专题讲座、送教下乡进行临床诊断性指导、课例研究等教师专业发展提升活动；负责对教师日常学习跟进和培训后的跟踪回访；负责管理教师网络共享交流平台，充分发挥高校教师专业引领作用。

二是提供线上线下学习资源：由于I-U-G-S模式以教师自主学习活动为主，因此，需要高校教师分主题、分学科、分学段提供各种线下线上学习资源，如推荐教师自主研读教育论著及专业文献、优秀教学与班级管理课例、精品视频公开课和资源共享课，同时对教师典型的工作日志、教学反思、经验总结、教育叙事等进行点评，为教师答疑解惑。

三是指导乡村教师课题研究：高校教师进入乡村中小学、幼儿园，分学科、分学段、分主题与乡村教师通过面对面直接交流或网络指导等方式帮助他们开展校本研修，组建中小学、幼儿园科研团队，为他们提供课题研究最新动态信息；指导教师开展各类课题申报工作，及时解答他们在课题制订与研究中遇到的问题。同时，高校教师吸收基层学校教师参与到自己的科研团队和课题研究中来，带着基层教师搞科研，逐渐提升乡村教师科研能力和研究质量。

四是提供教育主管部门决策的依据：高校教师深入乡村学校进行调研，了解乡村学校教育教学现状，针对教育教学中存在的现实问题开展研究，把论文写在乡村学校校园和课堂，把研究成果应用于乡村学校教育实践，为地方教育主管部门开展乡村教师队伍建设、乡村教育教学改革提供决策依据。

3. 地方教育主管部门（G）

各级地方教育主管部门的师训机构是联系师范院校和乡村中小学、幼儿园的桥梁和纽带。地方教育职能部门大力发挥行政优势，为师范院校和乡村学校的密切合作提供强有力的组织保证及政策与资金支持，搭建乡村教师网络共享交流平台，协调乡村教师继续教育时间、方式、主题等。具体任务与职责为：

一是制定和执行乡村教师继续教育政策与标准：一方面要严格执行国家关于乡村教师队伍建设的各项政策，另一方面要根据国家政策要求及本地区教师专业发展水平与需求，制定适合本地开展教师继续教育各项活动要求的规章制度与标准，将国家政策与本地教师教育实际联系，使国家政策具体化。同时确保规章制度的"强制执行力"，利用制度的强制性保障继续教育工作顺利开展。[1]

二是为乡村教师专业发展提供资金支持与组织保证：搭建并维护教师网络共享交流平台，为教师提供学习交流、成果展示、辅导答疑等为一体的多元化虚拟空间；保证对乡村教师继续教育的经费投入。

三是联系师范院校和乡村基层学校：共同协商，确定项目实施目标；选定实验学校，确定继续教育项目活动开展的具体时间与方式；为师范院校遴选教育实践与课题研究基地，支持师范院校开展乡村教师培训工作。

4. 乡村学校（S）

乡村中小学、幼儿园具体负责本校、本学区的教师继续教育工作，要积极主动地体现其实践平台和组织管理的优势，激发教师专业发展热情，执行地方

---

[1] 王颖，胡国华．新时代河北省乡村初中教师培训模式现状与发展需求调查分析［J］．教育理论与实践，2021（2）：34-39．

教师教育政策，组织教师继续教育活动，充分利用平台推动教师在实践中实现专业成长，并为师范院校科研工作提供便利条件。具体任务与职责为：

一是成立由主管人事的副校长牵头的教师专业发展领导小组，负责落实教育主管部门的乡村教师专业发展政策，与教师合作学习共同体和师范院校共同研讨教师专业发展目标。

二是为本校教师继续教育提供支持：制定教师专业发展规划；注重校园物质文化、制度文化和观念文化建设，为本校教师继续教育提供物质文化保障，创造良好的学习氛围；为教师参加高级别外出培训创造更多机会；对教师参与继续教育给予适度经济补贴。

三是为高校开展教学与科研活动提供平台与便利条件，比如高校教师开展教育调查或实验研究、双导师制、教育见习实习等活动。

（二）I-U-G-S 模式的运行机制

运行机制指在一个系统中各组织互相作用和影响，形成特定的运转过程和方式，使得系统能够周而复始地运转进而得以有组织地开展工作。机制的建立依靠两个重要因素：一是体制，即系统中组织的构成及其职能和岗位责权的配置关系；二是制度，即国家或地方的法律法规及组织内部的规章制度。乡村教师继续教育 I-U-G-S 模式主要参训教师、高校、地方教育主管部分乡村学校四方组成，实质上是将以往以培训机构和培训者为主体转移到以参训教师为主体，突出参训教师自我教育和发展的力量。师范院校、教育主管部门和基层学校都紧紧围绕乡村教师专业发展需求开展继续教育工作。打破原有的从行政命令出发、各司其职、缺少合作的封闭式状态，实现资源共享、信息互通、扬长避短、通力合作，四方在相互促进和相互融合中共同实现乡村教师专业发展这一核心目标。总体来说，教师及教师合作学习共同体、师范院校、政府职能部门、乡村中小学幼儿园是一个相互联系、相互作用的有机整体。其运行机制如图 5-1 所示。

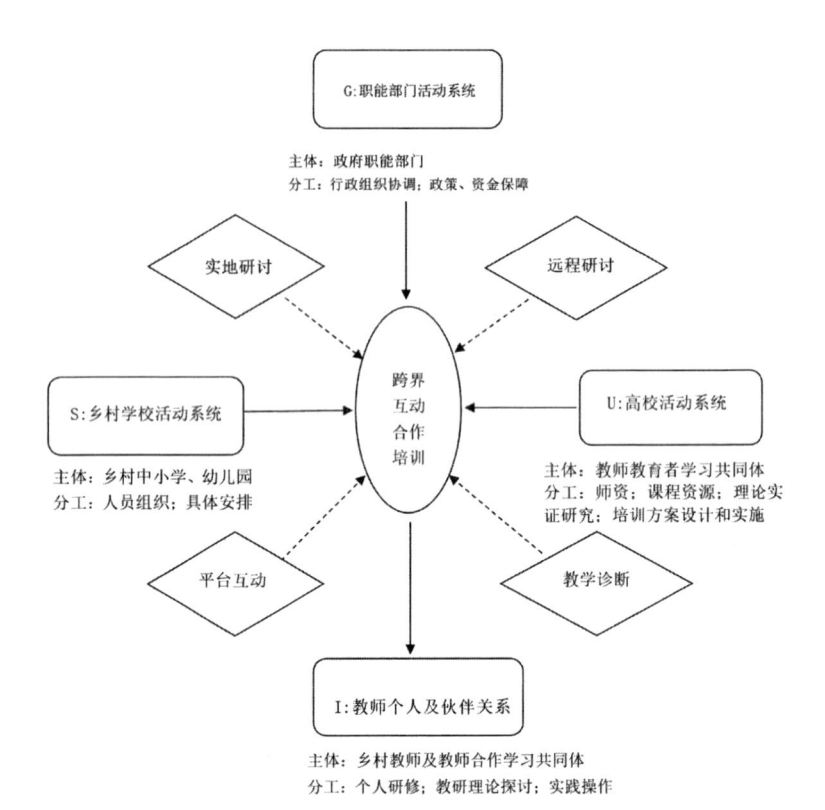

图 5-1　乡村教师继续教育 I-U-G-S 模式运行机制

三、乡村教师继续教育 I-U-G-S 模式的基本架构

（一）I-U-G-S 模式目标设计

乡村振兴战略的推进实施离不开高素质乡村人才的支撑，人才振兴是乡村振兴的基础和关键。教育是实现人才振兴的根本途径和重要保障。为此，需要高度重视乡村教师队伍建设，提升乡村教师教育质量。近几年，从国家到地方各级教育主管部门不断出台相关政策法规，规范教师继续教育，尤其将乡村教师继续教育提升到战略高度重视，强调乡村教师是发展更加公平有质量乡村教育的基础支撑，是改善乡村落后面貌、推进乡村振兴、建设社会主义现代化强国、实现中华民族伟大复兴的重要力量。①

---

① 教育部等六部门关于加强新时代乡村教师队伍建设的意见［EB/OL］.中华人民共和国中央人民政府网.2020-07-31.

近些年乡村教师继续教育情况较之前有了很大改观，教师教育改革持续推进，乡村教师教育体系不断完善，培训水平和培养质量均得到提高，但也确实存在乡村教师参与优质培训机会少、课程教学内容的适应性和针对性不强、教学方法和形式相对陈旧、教师教育者队伍薄弱、教育机制死板封闭，缺乏"农村"特色，特别是忽略立足乡村特有的经济、文化和教育环境，忽视乡村教师的主体性，缺乏有效的沟通渠道，教育实践质量不高、实效性不强等问题，与国家打造现代化高素质的乡村教师队伍和提高新时代教师核心素养的要求相去甚远。因此，根据国家关于全面深化新时代教师队伍建设改革的有关意见并结合乡村教育特点与教师专业素养现状以及乡村教育师资培养的薄弱环节，通过教师个人及合作学习共同体、师范院校、政府教育主管部门、乡村基层学校确立合作伙伴关系，以实际需求和解决问题为导向，从围绕乡村教师这一教育主体，拟定培训目标，设计培训内容，创新培训形式，探索评价方式以构建全方位、多渠道、高水平、有特色的乡村教师继续教育 I-U-G-S 模式，目的在于：

第一，在理论上改变过去乡村教师培训中"教育行政部门和教育培训机构主导话语权，参训教师处于集体失语困境"这一独白式单向培训的传统范式，充分赋予参训主体表达和思考的机会和权利，进而有效提升乡村教师继续教育质量，为乡村教师继续教育模式创新改革提供实践思路和借鉴。

第二，在实践中推广普及这一模式的有效经验和优秀案例，不断扩大乡村教师继续教育受惠面，全面提升乡村教师的专业素养，持续强化乡村教师队伍建设，为乡村教育助力乡村振兴伟大战略的实现做出贡献。

（二）I-U-G-S 模式课程及其内容设计

课程及其内容是人才培养的"蓝图"。教师继续教育课程是在一定的教育目的指导下，选择符合参训教师特点与需要的、能够促进其专业成长的具有内在一致性的一系列经验。课程内容是指各门学科中特定的事实、观点、原理和问题，以及处理它们的方式。① 课程门类的设计与课程内容的选择直接决定着教师继续教育的方向与质量。I-U-G-S 模式继续教育课程及其内容设计既要从当前乡村教育现实出发，又要从理论研究出发，遵循理论定位。

前期关于乡村教师专业素养现状的调查显示，在专业理念与师德方面，大部分教师持有比较先进、科学和全面的教育理念，但职业理解与认识水平较差，对乡村教师职业的满意度和社会身份的认知水平低；在专业发展规划和专业态度方面，缺乏明确的专业发展目标，专业满意度和认同度低，专业发展的态度

---

① 施良方. 课程理论：课程的基础、原理与问题 [M]. 北京：教育科学出版社，1996.

不积极。在专业知识方面，各学段教师通识知识最为薄弱，人文科学素养和艺术素养底蕴较差，幼儿教师在自然科学和人文社会科学知识、我国教育基本情况、艺术欣赏与表现知识及现代信息技术知识等方面的掌握上明显不足；学科专业知识存在结构陈旧、更新不及时等问题。在专业能力方面，中小学教师的教育技术能力、班级组织与管理能力、教育反思与研究能力发展较差，幼儿教师的游戏设计与组织能力、反思能力和规划自身发展能力相对薄弱；而他们开发和利用乡土教育资源以及有针对性进行教育教学的实践能力普遍较低，这方面乡村教师自己并没有意识到。

关于乡村教师继续教育现状与专业发展需求的调查发现，出现上述问题，固然与乡村文化资源少、教育环境和设施落后、生源质量不高以及薪酬待遇低、工作负担重、学习进修机会少、社会保障制度缺乏等职业因素有关，更重要的是与乡村教师继续教育课程及其内容安排不合理有直接关系。最近几年乡村教师继续教育课程及其内容主要围绕学科专业知识、教育科学知识和教学技能几方面，基本符合教师需求。但根据2012年教育部颁布的中小学、幼儿园《教师专业标准（试行）》提出的"师德为先，学生为本，能力为重，终身学习"的基本理念，专业理念与师德的培养、通识性知识的学习和人文素养、艺术素养的提升对于教师也非常重要，尤其对乡村教师非常重要的身份认同教育、扎根农村的情怀教育、教师职业的乡土性价值教育等，这些在培训课程及其内容里很少体现，且并没有引起教师教育者与乡村教师的重视；乡村教师反映专业能力中的"现代教育技术能力""班级组织与管理能力""沟通与合作能力""教育反思与发展能力"在培训课程及其内容中安排偏少，尤其是"现代教育技术能力"和"班级组织与管理能力"是他们需求强烈的课程；乡村教师的发展需求更多地体现了实用性和实践性，需要的是与学科教学直接相关的知识和技能的培训，而充分利用乡村各种教育资源开展各类教育教学活动的意识与能力，他们普遍欠缺且认为不重要，这与他们落后的教育观念有关。他们认为教师专业发展的内容就只有学科知识和教学技能，而忽视了教师专业素养的丰富内涵和发展的特性，这些都是要在I-U-G-S模式的设计中加以纠正的。

从理论研究与定位来看，基于2012年中小学、幼儿园《教师专业标准（试行）》中对基础教育师资素质的要求，乡村教师继续教育课程及其内容的核心价值取向是以学习者及其学习为中心，具体表现：在目标定位上，以帮助教师解决实际问题为主；在课程设置上，以教师专业素养的构成为出发点，以乡村教师专业发展需求为依据；在内容编制上，兼顾知识本身的结构与学习者的认知结构；在实施方式上，注重教师的参与、互动、体验与实践，尤其注重为教师自主学习提供充足条件；在实施样态上，注重网络课程的开发与建设，线上线下并进；在学习组织上，注重教师团队学习与个性化指导，突出教师的主体地位；在评价方式上，兼顾教师学习的过程与结果，加大形成性评价力度。

根据以上分析设计适合乡村教师特色的I-U-G-S继续教育模式课程及其内容，具体包括五大模块：学生为本的师德与教育情怀；广博精深的知识素养；教书育人的能力素养；创新发展的素养；教师个性化自主发展规划。具体设计如下：

第一，学生为本的师德与教育情怀。包括对职业的理解与认知、对学生的态度与行为、教育教学态度与行为、生命教育和乡土情怀教育、乡村教师身心保健与自身修养。

主题一：对教师职业的理解与认知。对新时代教师多重角色与功能的诠释和深度解读；对教师职业道德规范内涵与要求的解读；理解立德树人的内涵与要求。

主题二：对学生的态度与行为。形成正确的学生观；做好农村留守学生的家校沟通；关注乡村学生安全与身心发展。

主题三：乡土情怀和乡土价值。乡村教育教学改革形势与政策分析；结合任教学科，依托乡土资源培养教师的家国情怀。

主题四：乡村教师身心保健。结合乡村教师职业生存状态的困境给予身心保健。

主题五：乡村教师个人修养。全人视角下的教师个人修养。

第二，广博精深的知识素养，包括通识性知识、学科专业知识和教育学、心理学知识、实践体验类知识。

主题一：农村学生心理健康常见问题及干预策略。包括如何缓解学生的考试焦虑和厌学情绪等问题心理；特殊儿童（留守儿童、残破家庭儿童）发展问题研究。

主题二：教育学理论与学科专业知识结合。包括义务教育各学段各学科课程标准解读；如何有效激发学生的学习动机——以×××学科为例；结合任教学科谈小组合作学习的认识与实践——以×××学科为例；优秀教学案例分析——以×××学科×××课为例。

主题三：教学实践性知识。教学设计、课堂观察与诊断、教学实践与反思、学生学习问题诊断与矫正、学生综合素质评定、试卷编制与质量分析、研究性学习指导等。

主题四：广博的文化科学基础知识。包括中国当今教育情况介绍、世界主要教育思潮、乡土历史和地理知识、地方志与人物志、乡土文化资源与教育资源介绍、当地民间艺术鉴赏等。

第三，教书育人的能力素养，包括教学设计与实施能力、现代教育技术能力、班级组织与管理能力、教育科研能力、教学反思与发展能力、沟通与交往能力等。

主题一：打造高效课堂——教师如何组织与实施课堂教学，了解并熟练运用于和教学相关的通用软件及学科软件，如 Photoshop、Flash 等软件的学习，用 Dreamweaver 制作静态网页，视频音频处理软件的使用编辑，各种教学平台 App 的使用方法等。参训教师设计准备一节公开课，跨界互动多方进行有效评课、辩课，帮助老师打磨课程。

主题二：创设和谐家园——教师如何进行班级管理。选取学生学习、健康、生活、道德等不同方面的案例，共同探究班级管理科学有效的方法。

主题三：享受研究快乐——教师如何开展课题研究。结合学科特点，确定研究内容，共同进行课题研究和教研论文写作研讨，各类课题设计论证的撰写，等等。

主题四：人际沟通的方法与技巧——教师如何与学生、家长、社区有效交流。掌握人际沟通的基本方法，能够运用信息技术拓宽师生、家校沟通交流的渠道和途径，积极主动与学生、家长、社区等进行有效交流。

第四，创新发展素养，包括信息技术应用课程、研究性课程和课程开发等。

主题一：各种新教学模式的理论与实践。

主题二：研究性课程的设计与实施。

主题三：地方（校本）课程的开发与实施。

第五，教师个性化自主发展规划。个性化自主学习的内容。

主题一：规划个人专业发展，引领其他教师专业发展等。按照人本化和个性化原则，高校教师帮助乡村教师量身定制短期（一年）、中期（三年）、长期（五年以上）职业生涯发展规划，对教师专业发展中的困惑进行指导；为乡村中小学、幼儿园设计出教师专业发展分层实施方案，针对不同发展阶段的教师的不同能力和发展需求，设定不同的阶段目标，提供不同的专业指导，实施不同的培养策略。

主题二：自主研读教育论著及专业文献，撰写教学反思、教育日志、教育叙事等。

主题三：发表研究成果，校内外交流、自主拜师学艺、项目策划与实施等。

根据以上思路，笔者进一步提炼并设计出"I-U-G-S 模式课程及其内容框架设计细化"见表 5-1。

表 5-1　I-U-G-S 模式课程及其内容框架设计细化

课程类型	学习领域	模块/主题	具体课程示例
师德与教育情怀	对教师职业的理解与认知	新时代教师"传道、授业、解惑"的功能诠释和深度解读；对新时代师德内涵与规范的解读；立德树人要求的践行	乡村教师师德问题专题
	对学生的态度与行为	形成正确的学生观；如何做好农村留守学生的家校沟通；关注乡村学生安全与发展	留守儿童问题研究；乡村家庭教育指导；乡村学生心理健康教育
	乡土情怀和乡土价值乡村教师	结合学科，依托乡土资源培养乡村教师的家国情怀；了解当地教育发展情况	乡村教育政策与形势分析；访谈优秀乡村教师
	身心保健	结合乡村教师职业生存状态的困境给予身心保健	教师心理健康指导
	教师个人修养	全人视角下的乡村教师发展	教师礼仪修养
知识素养	教育心理学知识	农村初中生心理健康常见问题及干预策略，如考试焦虑、厌学情绪管理；特殊儿童发展问题研究	学生心理健康教育；特殊儿童心理发展问题指导
	学科知识与教育科学知识结合	初中各学科课程标准解读；如何有效激发学生学习动机；学生学习方式变革；优秀教学案例分析	课程与教学；学生学习问题研究；当代教育改革热点研究
	实践性知识	教学设计；课堂观察与诊断；教学实践与反思；学生问题诊断与矫正；学生综合素质评定；试卷编制与质量分析；研究性学习指导	各门学科实验、实践教学的设计；课堂教学问题诊断；学生学业问题诊断与矫正；学生评价
	通识知识	乡土历史和地理知识、地方志与人物志、乡土文化资源与教育资源介绍；中国当今教育情况介绍；世界主要教育思潮；当地民间艺术鉴赏	乡土教育资源开发与利用

续表

课程类型	学习领域	模块/主题	具体课程示例
能力素养	课堂教学能力	参训教师设计并上一节公开课，跨界互动多方进行有效评课、辩课，帮助老师打磨课程	一堂课的说课、评课、辩课
	班级管理能力	选取学生学习、健康、生活、道德等不同方面的案例，共同探究班级管理科学有效的方法	主题班会设计；优秀班集体创建；个别学生的教育工作
	教育研究能力	结合学科特点，确定研究内容，共同进行课题研究和教研论文写作研讨；教育行动研究、教育专题研究、课题研究、教育论文写作、教育课题申报	教育科研知识与方法；如何撰写课题设计论证；课题研究与指导
	沟通与交往能力	教师如何与学生、家长、社区有效交流。掌握人际沟通的基本方法，能够运用信息技术拓宽师生、家校沟通交流的渠道和途径，积极主动与学生、家长、社区等进行有效交流	人际沟通的方法与技巧；家庭与社区教育
创新素养	研究性课程	各种教学模式的理论与实践；研究性课程的设计与实施	"三段五环节"课堂教学模式理论与实践
	信息技术应用	微课、慕课、翻转课堂的制作，线上教学平台使用	现代教育信息技术
	地方或校本课程开发与实施	结合乡土教育资源自行开发、设计与实施地方或校本课程	（地方）校本课程开发与设计
自主发展	个人专业发展	规划个人专业发展，引领其他教师专业发展	教师职业发展与规划
	自主学习与项目学习	自主研读教育论著及专业文献，写教学反思、教育日志、教育故事等；发表研究成果，校内外交流、自主拜师学艺、项目策划与实施	如何写教育反思、教育故事等；推荐并提供阅读书目；读书写作交流沙龙

具体到一门完整的培训课程，培训者需要进一步细化构成的各种要素，尤其要注意突出课程的乡土价值，使课程尽可能针对乡村教育实际，最大限度利用乡土教育资源。一般来讲，一门课程的构成要素主要包括以下六个方面。

第一，课程基本信息：如课程名称、课程类型（理论课或实践课）、课程适用对象（可以按学段、年级、学科、教师专业发展阶段、主题等不同标准确定适用对象）、授课方式（面授课程、网络课程、线上线下混合课程、自修课程等）、课程学时、课程简介（简明扼要介绍课程学习对象、主要教学内容、培训形式、达到的学习目标、课时分配等）、授课教师信息（主讲教师关键信息。根据参训人员数量配备一定数量的助理教师，为学习者提供学术支持，如组织线上或线下讨论、批改作业、答疑辅导等）。

第二，课程目标：目标的定位既要符合乡村中小学、幼儿园教师专业标准的要求，又要针对当前乡村教师专业素养的短板和发展需求，分学段、分层次、分专业发展阶段地满足教师分级、分层、分类特点。目标设定既要从知识与能力、过程与方法、情感态度价值观等多角度出发，又要从乡村教师的特殊性考虑，强化乡村教师职业情怀、家国情怀、立德树人的职业特点。

第三，课程内容：依据课程目标和参训教师需求筛选和组织课程内容，注意突出内容的乡土价值。

第四，课程实施过程：写明学习进程和方法、手段要求，关注课程的生成性，注意利用乡土课程资源。

第五，课程评价：写清具体可操作性的评价指标和评价方式，注重形成性评价。

第六，相关资源：提供与课程学习相关的资料，如PPT、文本、音频、视频、网址等。

上述课程要素要充分体现成人学习以需求为导向、以问题为中心、基于已有的丰富经验自主建构学习等特点；体现"互联网+"时代数字化信息化学习的特点；体现课程的乡土性价值，立足乡土，深入挖掘并充分利用乡村社会的历史资源、文化资源和自然资源的特点。

（三）I-U-G-S模式继续教育方式设计

通过前期调查得知，虽然近几年教师继续教育方式呈现出多样化的特点，但"培训方式单一、形式化明显"是乡村教师反映的继续教育最主要的问题。主要体现在以下四方面：第一，乡村教师有机会参与的培训基本还是以"集中授课、讲座""网络远程培训"和"校本教研"几种方式为主。乡村教师也欢迎"专家授课或讲座"，他们还是希望通过高水平的学习获得理论上的提升，但很多教师反映,一些专家、学者的授课就是念现成的PPT,对乡村教育实情并不甚了解,和参训教师缺乏互动;校本教研虽然在理论上有方便易行、经济、有针对性等优点,但目前乡村学校的校本教研活动缺乏严谨性和规范性,往往是听课评课,流于形式,对教师提升作用不明显;网络远程教育方便灵活、省时省力,在当前工学矛盾突出的前提下,如果真正发挥其优势,增强其实效性,乡村教师还是愿意通过这种途径接受培训的。但在现实层面上远程培训存在流于形式的弊端,受时间和网络条件所限,教师只是被动地完成学习任务,要么挂机刷课时,要么让别人替代登录或点击赚学分,网络作业直接复制、粘贴,使得这种培训形式不仅低效,且给教师增加负担。第二,受乡村教师欢迎的培训方式是"外出考察""教学现场观摩""同行经验介绍、交流讨论""学术会议",显然这些形式将理论学习和实践演练相结合,贴近乡村教师工作实际,具有更强的针对性和实操性,与乡村教师需求的匹配度较高,但实际上他们很难获得外出参加高水平培训的机会。第三,尽管"教师对学员的个别指导""网络远程培训"目前在实施上还很不尽如人意,但仍是乡村教师期望的培训形式。他们希望在培训中和培训后能够经常得到专家或同行有针对性的跟踪指导,切实帮助自己解决工作中的实际问题,将课上所学理论真正转变为实践能力,也希望通过网络和新媒体这些现代化的技术手段支持自己随时随地学习。因此,探索这些形式如何开展并使之更具实效性就成为新的课题。第四,因为乡村教师受到各方面条件的局限,参与线下培训的场域主要是在本县或本校,他们非常渴望走出去参与较高级别的现场培训,拓宽眼界,这一点也是应引起关注的。

2021年3月31日国务院新闻办公室召开新闻发布会,教育部发展规划司司长刘昌亚介绍称我国所有农村地区、贫困地区的农村学校互联网接入率已实现100%。另据中国互联网络信息中心(CNNIC)发布的第50次《中国互联网络发展状况统计报告》,截至2022年6月,我国互联网普及率达到74.4%。其中,农村地区互联网基础设施建设全面强化,现有行政村已实现"村村通宽带",农村地区互联网普及率已达58.8%。"互联网+"时代,教育资源量不断增长,学习环境从封闭走向开放,学习方式由单一趋向多元,新时代的教师继续教育不仅要探索传统现场培训的新形式、新方法,更要积极学会利用云服务、大数据等信息技术,重构教师远程教育的内容、流程、方法和管理服务,努力创设乡村教师网络学习社区的新平台,实现乡村教师教育的教学、科研、管理和服务等的智能化、信息化、人性化和个性化,打造乡村教师教育线上和线下结合的、以开放、互助、合作、共享、体验、参与性为特点的混合培训新方式。据此,I-U-G-S模式的培训主要通过教师自主研修、日常培训平台交流分享、定期线上线下合作研讨以及不定期的下乡进行诊断性指导等方式进行。在充分考虑现有培训条件和乡村教师发展需求的同时，尽最大可能发挥乡村教师个体和合作学习共同体的作用，结合教育专家请进来、乡村教师走出去，促进乡村教师专业成长。

1. 线下多元化培训

（1）定期研讨会：以乡村教师合作学习共同体为中心开展教育活动

对乡村教师而言，由合作学习共同体开展的研讨会相比于专家讲座，可以为他们提供更充分地发挥主观能动性、表达自己困惑和想法、提出自己迫切需求的机会，充分体现了以学习者为中心的教育理念。可以在一个培训周期初始，如新教师入职之始、新学年或新学期之初，将既定培训课程及其内容分发给乡村参训教师，通过问卷形式回收每位参训教师对培训课程、内容及培训方式的主观需求与建议，形成调查报告，提前为召开研讨会做准备。研讨会可以分为乡村教师合作学习共同体和教师教育者学习共同体以及跨界共同体三种类型，各司其职。各类研讨会之后确定学习计划与内容，乡村教师合作学习共同体得到落实。具体过程为：

第一步，乡村教师合作学习共同体召开会议，根据前期调查报告，商定近期需要学习研讨的内容，初步制订研讨计划。在这个过程中，可能每位教师代表都有个人需求，这就需要充分地协商，形成共同的愿景。

第二步，教师教育者学习共同体对乡村教师合作学习共同体提出的教育培训需求与建议进行分析、整合，协商培训内容，选择培训方式，形成一期培训实施方案。

第三步，召开组织跨界共同体研讨会，根据培训方案设计的主题以及可能遇到的问题进行研讨交流，给出对策和执行方案并反馈给乡村教师合作学习共同体。考虑到时间和场域的限制，可以利用远程教育技术促进城乡教师之间的交流。

第四步，乡村教师合作学习共同体根据讨论后确定的主题与实施计划组织开展继续教育活动，并在自身的工作实践中加以应用与推广。

通过研讨会，乡村教师在各自的教育需求的基础上集思广益，将最迫切需要解决的问题排序，为继续教育活动的开展提供了方向，避免以往从主观出发、培训缺乏针对性的问题。同时，为乡村教师相互之间更新教育观念、分析教师们的个性需求以及与专业人员联系提供了通道。

（2）教育专家引进来：指导团队送教下乡进行临床诊断性指导

考虑到乡村教师和指导教师进行直面对话的需求，需要定期聘请高校教育理论与学科教学法专家、城市基础教育优秀教师、本地一线教学名师以及地方教育行政部门经验丰富的领导和教研员等组成的优质培训团队定期主动送教下乡，将理论和经验进行整合性传达，形成教师教育者与乡村学校教师的直接对话、对口交流支援或轮岗、置换机制。

送课专家要针对新时代对教师专业素养的要求与乡村教师的实际需要，在原有的教师教育课程体系中嵌入"师德和乡村情怀""农村留守儿童的身心健康""教师信息素养""乡村社会与教育发展""乡村区域文化与认同""教育科研能力和创新能力培养"等内容，形成一系列专题讲座和研讨。

同时，为了减少脱离教育情境的指导，指导团队应结合各自理论和经验优势，注重对教师教育教学实况的个体化、针对性指导，临床诊断教师的工作表现。其中，高校教师可以借助自身在教育基本理论和学科教学理论等方面的优势，在课堂观摩后进行理论点拨和提升；中小学、幼儿园一线教学名师、学科骨干教师可以与乡村教师进行教学技能和专业知识的经验探讨，共同为乡村教师打磨优课、金课，不断为其专业素养提升提供动力支持。

（3）乡村教师走出去：组织教师进入教学现场考察观摩

定期组织乡村教师轮流走出去，参加高水平集中培训，或深入优秀的中小学幼儿园进行实地考察学习。通过"专题讲座+互动交流+案例分析+观摩体验+评价反思"等形式交叉进行培训，同时，安排指导助理教师负责全程指导，跟踪调研。

在集中培训时，专家应首先就学员在远程培训中出现的种种问题，从理论的高度分专题进行讲解和引领，然后结合乡村学校具体案例组织大家研讨、分析，增加专家与参训教师之间以及参训教师内部的合作交流、平等对话，充分体现乡村教师的主体地位，发挥其主体作用，给予其展示的空间和平台。此外，要精心遴选并切实加强优质学校实践基地建设，强化参训教师培训实践环节。不仅要利用地缘优势选择大中城市的优秀示范校，更要结合乡村学校教师的需要，选取有代表性的优秀乡村中小学、幼儿园，避免"不接地气"的城市化倾向，使培训和现实脱节。在组织实践考察的过程中，不能仅仅满足于参观式考察，而是要结合乡村教师的需要，立足教育实践现场，进行观摩的同时，把寻求解决问题的行为纳入实践之中，让乡村教师亲身参与问题和活动的分析，形成对问题与活动的体验，并有意识地引导参训教师从研究教育教学实践中的问题反思其背后的深层意义，从中探究教育规律。整个培训以学科为基础、以问题为中心、以案例为载体、以实践为平台，突出强化参训教师的实践教学环节。在线下培训过程中，线上的导师由幕后走到台前，不仅在培训期间全面、全程指导参训教师的课程学习，而且培训结束后导师组还将继续跟踪学员的实地教学情况，帮助其分析和解决教学中遇到的问题，督促其将培训的理论和技术运用于实际教育教学中。

2. 线上常态化学习

"互联网+"集通信技术、计算机技术、移动技术、网络技术于一体，为乡村教师继续教育创建新方法和新形式提供了可能，有效弥补了高校教师无法经常到乡村学校进行现场指导的不足。因此，在"互联网+"时代，要充分发挥互联优势，开发多平台的教师继续教育客户端，创建乡村教师继续教育云平台，将参与继续教育的乡村教师和培训者们在互联网世界里相互联结起来。以一个县域的教师群体为例：可以按区划分，将相邻村镇学校设定为一个网络学习社区；在网络学习社区下，可按照不同的学科（语文、数学、艺术、科学等）或相应的教师层次（学前、小学、中学）或教师不同的专业发展阶段（形成期、成长期、更新期、成熟期等）组成不同的教师网络学习小组，即教师合作学习共同体。每个网络学习小组都有两名长期跟踪负责的指导教师，分别由高校负责教师教育的专家和基础教育领域的骨干教师、教学名师等来担任，负责随时解决合作学习共同体成员自身不能解决的理论和实践问题。乡村教师可以根据自己的需要，自行选择学习自己想学的课程，这样就避免了传统授课方式中针对性不强、自主性不高的缺点。学习中的疑惑和问题都可以在学习小组提出来，大家在网络上相互交流、质疑答惑，分享学习心得，引发观点与观点之间的碰撞，发表一些真知灼见，促进教师的研究与反思，促使教师的学术层次精进。

这种方式便于激发每位教师的学习积极性和责任感，明确自己的学习目标和学习内容，通过组员之间的及时研讨以及和专家直接对话，相互促进，完成自身能力提升；也便于使教师利用空闲时间，随时随地参与到培训过程中，有了新想法、新疑惑可以及时地发布到共享交流平台，方便学习小组成员之间的沟通交流和专家有针对性的指导。这种培训形式给教师带来了极大的自由空间，相较于传统的集中式教学培训，体现出极大的便捷性和自主性，与乡村教师工作实际极其契合。同时，"互联网+"时代，让教师根据任务在大数据中去探索，去检索相关的信息进行学习和研修，这种学习活动本身也有利于提高他们的信息技术素养。

为实现线上常态化学习，应首先建立专门服务于乡村教师的网络共享交流平台。目前有为全国中小学教师、校长及幼儿园园长提供继续教育等服务支持的"全国中小学教师继续教育网"，各省有针对全省教师培训的"教师教育网""基础教育教师培训网"等，但目前均无专门针对乡村教师的远程网络研修平台。鉴于面向全国或全省的网络研修平台服务范围过大，并不适合某一地乡村教师的充分交流，且全省各地教师教育质量参差不齐，地方实情差异较大，因而各县域地方政府应建立适合本地乡村教师教育的网络共享交流平台。各培训主题或培训项目均应有特定的培训资源包，在各个参训教师的个人网页中，平台应设定有相应的任务驱动式研修模块。具体来讲，乡村教师的网络共享交流可以通过以下方式实施。

（1）精品视频公开课和资源共享课

早在2011年10月，教育部在《关于国家精品开放课程建设的实施意见》中明确提出"十二五"期间要建立1000门精品视频公开课程和5000门国家级精品资源共享课程。目前教育部认定的国家级精品资源共享课和精品在线开放课程已经超过3000门。视频公开课和资源共享课以高校学生为服务主体，同时有面向社会公众开放的科学、文化素质教育网络视频课程与学术讲座、学科基础课和专业课等。时至今日，公开课和共享课在我国发展迅速，其中慕课（MOOC）是典型代表。很多大学纷纷在慕课网推出精品公开课和共享课，师范类院校也在各种学习平台推出视频公开课。近几年师范院校开展线上教学，推出众多网络课程，这些都为乡村教师继续教育提供了丰富的线上学习资源。

学习资源虽然丰富，但对于乡村教师来讲面临两个困难：一是有些课程并不是免费提供的，需要付费才能收看；二是课程资源众多，需要"慧眼"才能将适合乡村教师学习的筛选出来。为此，一方面需要地方教育行政部门或者乡村基层学校根据教师发展需求购买网络视频课程，如果是地方师范院校自己的精品课或公开课，可以对参训教师免费开放；另一方面是教育者学习共同体教师根据自己对本专业领域的掌握和对乡村教师专业发展需求的掌握帮助参训教师系统选择相关课程。经由高校培训者选择和推荐的网络课程资源理论站位高、涉及本专业学术前沿，同时具有更强的针对性和普适性，必定受到乡村参训教师的认可。这类课程学习，可以拓展乡村教师知识面并丰富其教育理论知识和学科专业知识，提升他们的人文素养和理论修养。

（2）范例教学

范例教学也可称为示范性教学。"范例"即可以做典范的供人效仿的例子。范例教学一般是指通过对典型课例和关键性教学问题的教授与分析，促使参训教师的认识从个别到一般，引导他们理解和掌握基础性和普遍性的知识并发展其教育教学能力的一种教学方式。范例教学是20世纪50年代至70年代德国影响重大的教学理论流派，代表人物有瓦根舍因和克拉夫基。范例教学在20世纪80年代传入我国，作为一种提倡以学习者为中心的新课程教学理念，范例教学被普遍应用于各学段的课堂教学实践。范例教学注重激发学习者的内在学习动机和自主学习能力，强调教学内容与学习者生活经验和生活实际息息相关，这些与I-U-G-S模式的设计理念与原则是一致的。

I-U-G-S模式中范例教学的"范例"可以是教师教育者精心挑选的一线教学名师也可以是本地或本校骨干教师，将他们的某一精彩教学环节或某一堂优质课上传至共享交流平台。在培训者的引领下，从优秀"个例"出发，对教学各个环节进行切片诊断；通过对个别事例进行归类，对一些本质特征相近的个别现象做出归纳和总结，促使学习发生迁移；更进一步，在对"类"进行深入探析后，发现其背后蕴藏的教育教学原理、规律和方法，升华对"范例"的认识，达到领悟教育理论的目的；同时联系工作实际，激发参训教师将理论认知应用到自身的教育教学实践，这种培训方式使乡村教师参与教学名师课堂，切身感受优质课堂教学的魅力，将理论与实践结合，达到学以致用的目的。

（3）同课异构

同课异构是指同一课程的同一教学内容由于教师的教学理念、教学风格、学生实际情况、教学环境与条件等不同，从而使课程进程、结构、师生活动空间、授课方式及其教学效果等方面存在差异的课堂教学形式。同课异构最早在20世纪60年代的日本小学教学中作为课例研究出现，70年代之后逐渐在美国、瑞典、英国等国家兴起，2004年我国一线教师陈徐芳在行动研究的基础上提出将"同课异构"作为一种教学研究方法。近些年，同课异构因鼓励教学过程中教师反思和体现教师的创造性与个性而逐渐盛行，在基础教育各个学科中均有运用。

同课异构有两种方式，都可在I-U-G-S模式中加以应用。一种是不同的教师针对同样的教学内容组织课堂教学，另一种是同一位教师针对相同的教学内容在不同班级进行不同的教学设计与实施。将参训教师中一位教师前后几次上的同一节课，或几位不同教师上的同一节课上传至网络共享交流平台；通过对比教师前后课堂教学的差异，或不同教师所采取的在课程结构、教学风格、教学策略等方面的不同，引导参训教师展开在线讨论。通过对比，找出差异，总结每一堂课的优点与不足，揭示教师不同的教学设计背后的教育理念。结合自身教学，反思自己在上这节课时的成败得失，在交流中智慧碰撞，互相取长补短，从而达到提高教学水平的目的。

同课异构教学研讨活动为乡村教师们提供了一个面对面交流互动的平台。在这个平台上，同一学科的教师们共同探讨教学中的热点、难点问题，探讨教学艺术，交流彼此得失的经验以及隐藏其后的教学理念、教育思想、学习理论。

在这个交流过程中，多维的教学视角、迥异的教学风格、不同的教学策略和教育观念不断碰撞出思维的火花并得到升华，这种多层面、全方位的合作、研讨与反思，可以整体提升教师的教学教研水平，促使教师从转变教研方式和创新课堂教学方式入手，提高教学质量，促进自身专业发展。

(4) 辩课互动

"辩课"是在说课、评课的基础上发展起来的，是主讲教师和听评课教师就某一教学主题或教学中的重点、难点和疑问点，提出有争议的问题，展开辩论，加深对教学重点、难点和疑问点问题的理解，促进上课教师与听评课教师的共同提高。"辩课"的概念是义乌市教师进修学校语文教研员叶立新老师首先提出的。

"说课"是上课教师将自己对课堂教学的设计意图告诉听课教师，"评课"是听课教师将自己的意见反馈给上课教师。在这两个过程中，信息传递都是单向输出的，没有面对面的及时沟通，即使与对方有不同意见也只好保留，双方很难产生共鸣，从而造成各行其是、互不理解的弊端，使听评课活动流于形式，很难真正促进教学问题的解决和教学水平的提高。

I-U-G-S 模式的辩课互动就是任课教师在充分备课的基础上，将自己上课或说课的课堂实录上传至网络互动平台，然后就课堂教学的某一主题或教学重难点提出问题，听课教师也可以就教学设计提出自己的不同意见，与上课教师展开辩论。借助网络平台，打破时空局限，即使教学名师和其他学校同事没有时间走进乡村教师的课堂真正面对面互动，还可以召开视频听课辩课会，甚至可以通过文字交流，使上课和听课的双方有及时、充分的沟通与互动，互相理解真正的意图，反思教学过程中的成败得失，同时也体现出民主和平等的氛围，强调独立思考，倡导质疑与变革，真正促进上课教师与听课教师的共同提高。

(5) 名师线上指导答疑

网络共享交流平台可专门设置"答疑解惑专栏"，聘请乡村教师教育者学习共同体中的一线教学名师或本地骨干教师在线解答参训教师提出的工作中遇到的问题，增强一线教师和乡村教师的互动，实现对参训教师的个别指导，为乡村教师创设良好的学习情境。

(6) 优质资源共享

网络共享交流平台设置名师工作室、数字图书馆、考试资源库、教学资源中心等链接，为乡村教师提供中国知网系列资源、优秀课程资源、电子书、名师教研资源、考试资源等。此外，平台接受参训教师上传相关学习、培训资源，使相关优质资源的采集、链接、共享不断得到优化。参训教师在完成专题学习之后，还可以在平台提交研修作业，由指导教师在线进行批改并做出评价反馈。

除了建设专门服务于乡村教师的网络共享交流平台以外，还可以充分利用其他信息传媒平台，如鼓励乡村教师开设自己的工作微信公众号、论坛、博客、微博等，都可以成为乡村教师继续教育常态化的在线交流共享平台。借助这些平台，推送、分享一些经典优秀教育教学案例等优质资源，鼓励各个共同体成员发表相关教育教学的心得体会文章，或是由乡村教师提出专业发展中的难点、共同关注的实际需要或是感兴趣的主题，由学习共同体成员交流探究，以集体智慧助力乡村教师持续化的专业成长。

3. 教师个体日常研修

I-U-G-S继续教育模式强调以乡村教师为本，彰显主体性是其最主要的设计原则。乡村教师的专业发展不能完全依靠外部力量推动，最终的决定因素还是教师的专业自觉意识。尤其在现有的教育条件下，乡村教师所处工作环境复杂，分布分散，日常工作任务繁重，面临问题多样。而前期的调查显示，大部分乡村教师参与继续教育的意愿明显，学习积极性相对较高，因而如何激发他们内在的发展积极性，充分发挥他们自主学习的主体作用，既是终身学习理论和教师专业发展理论的要求，也是乡村教师专业发展的现实需求。因此，I-U-G-S模式要针对乡村教师自主学习设计具体方式与途径。

乡村教师自主学习指的是教师基于自身内在的发展需求，自主确定学习目标，自主进行学习内容、学习时间、学习方式、学习策略的选择，并对学习结果进行主动反思与评价，以此为依据开展下一轮学习的循环过程。其实，I-U-G-S模式线下多元化培训和线上常态化学习，都离不开教师的主动参与和自主学习，但这里所说的自主学习是教师融于日常生活和工作中的、随时随地进行的、没有外在要求的学习方式。

（1）乡村教师工作坊

2016年1月，教育部印发《乡村教师培训指南》，首次创造性地提出了"乡村教师工作坊"。依托骨干教师组建工作坊，基于信息技术支持的教师学习共同体的建立，带动乡村教师开展研修，推进了"骨干引领全员"的乡村教师常态化研修。工作坊研修纳入省市教师继续教育规划，获得各级教育经费支持。这里的骨干教师一定是在某一学科领域或学生工作领域的"明白人"，知其然并知其所以然，并且具备组织协调能力。乡村学校可以推举本校学科带头人、优秀班主任做"坊主"，也可以以乡镇中心校为单位，推举本学区内的学科带头人或优秀班主任做"坊主"，以"工作坊"的方式将本校或本学区志同道合的老师们组织到一起，定期开展相关活动，负责随时解决学习共同体成员自身不能解决的理论和实践问题。这种工作坊大体可以有三类，一是学科教学工作坊（学科研讨），二是课题研究工作坊（课题引领），三是班主任（学生管理）工作坊。乡村教师工作坊由学校或学区教师申报，经过评审符合条件的可以设立，由学区或学校制定相关措施加以管理，但平时的教研活动自主开展。

乡村教师工作坊开办的目的就在于将乡村教师团结起来，组成一个个小的教师专业发展共同体，实现师徒带教、手拉手、结对子。在工作坊中，骨干教师发挥带头引领作用，有效组织团队开展工作，建立平等、合作的团队工作关系。教师们可以与同行充分交流，共同研究问题、解决问题，共同成长进步。

（2）读书、写作沙龙

读书和写作是教师自主学习中最有效、最常用、最便捷的方式。乡村教师网络共享交流平台的建设为教师读书和写作提供了丰富的资源和交流的机会。每期沙龙的负责人可以向教师推荐一本书，通过阅读和讨论，不仅有助于教师养成读书的好习惯，也让教师的读书更有针对性，获得更好的读书方法，学习如何将书中的理念运用到自己的教育教学实际中。通过写作督促和鼓励教师写教育叙事、教学反思、教学日志、名著读后感等，养成写作习惯，积累和升华实践性知识，提高写作表达能力。做一个反思型教师，以写作为载体，反思自己的实践，在每期的沙龙中与同行交流写作心得，交换对教育问题的观点，使思维碰撞、认识升华。

教育主管部门提供政策与经费支持，高校教师和一线教学名师发挥引领作用，乡村中小学幼儿园合作，教师个体或合作学习共同体研修常态化的一体培训模式，线上线下混合共同推进。这种混合式教育形式，把传统学习方式的优势和网络化学习的优势结合起来，网络学习与课堂面授、参观有机结合，有实时与非实时、同步与异步的名师专家讲授，可进行讨论学习、协作学习，基于"合作"理念的小组学习，还有传统和围绕网络开展的自主学习、集体学习，继而将正式培训与非正式学习进行无缝对接，再加上导师长期的跟踪指导和管理，从而能够有效地保证乡村教师继续教育的整体质量。I-U-G-S模式继续教育方式示意图如图5-2。

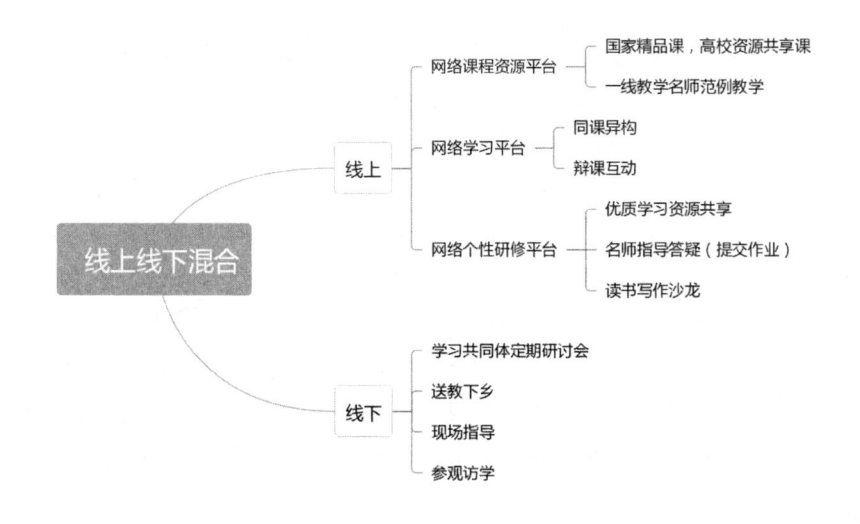

```
                                ┌─ 国家精品课，高校资源共享课
               ┌─ 网络课程资源平台 ─┤
               │                └─ 一线教学名师范例教学
               │
         ┌─线上─┤ 网络学习平台 ─┬─ 同课异构
         │     │              └─ 辩课互动
         │     │
         │     │                ┌─ 优质学习资源共享
         │     └─ 网络个性研修平台 ─┼─ 名师指导答疑（提交作业）
线上线下混合 ─┤                    └─ 读书写作沙龙
         │
         │     ┌─ 学习共同体定期研讨会
         │     │
         └─线下─┼─ 送教下乡
               ├─ 现场指导
               └─ 参观访学
```

图 5-2　I-U-G-S 模式继续教育方式示意图

（四）I-U-G-S 模式评价设计

教师继续教育评价是对乡村教师继续教育工作及其相关因素的系统描述并在此基础上对其工作开展成效或潜在的价值做出判断的过程。科学合理的评价作为继续教育实施的重要环节，可以提高参训教师的主体能动性，为出台教师管理制度提供有力依据并提升乡村教师继续教育效能，促进继续教育工作健康、持续发展。因此，加强对继续教育效果评价的研究，对完善继续教育模式、提升继续教育质量、确保继续教育的针对性和实效性，具有非常重要的意义。

通过前期的调查可知，目前乡村教师继续教育评价存在着诸多问题，如在评价时间上缺少前置评价和一个教育周期后的追踪评价；评价内容不全面，过分关注教师的知识与技能，忽视对专业理念与师德的评价；评价主体以行政官员为主，忽略乡村教师的主体需求；评价方式简单，以出勤率、闭卷考试或写论文为主，难以考评出真实的教育成效；等等。

要实现评价指标体系的科学性和有效性，就必须在构建指标体系时遵循一定的基本原则。因为在不同成长阶段的教师所需要的培训内容和需求是不一样的，因此 I-U-G-S 模式以促进教师专业发展为评价的根本目标，依据教师主体自身的特点，结合教师不同专业发展阶段要求和个性化需求构建评价指标体系，将乡村教师的专业素养提升、学习表现、研修成果、专业影响和作用发挥等 5 个方面作为一级指标，然后在此基础上进一步分解细化为多项二级指标。突出教师作为评价主体的地位，注重自我评价及参训教师对继续教育活动成效的评价。因此，指标体系构建的基本原则之一是教师主体性原则。同时，为了克服以往评价的缺陷，在评价过程上体现完整性，注重培训前教师培训与需求目标吻合度的诊断性评价，培训中的师资、保障、管理、内容、手段和方式的形成性评价，以及培训后的有效性评价，将三者结合。在评价方式上体现灵活性，通过实践性的任务考核、课题研究、学员授课展示以及参训乡村教师的满意度测评等方式对继续教育效果进行评价，提倡建立参训教师学习档案袋。评价指标的可操作性也是基本原则之一，通过定量和定性相结合的方式来建立指标评价体系，要有能够可以横向对比分析的操作数字或者划分明确的等级层次，否则指标体系的科学性就无法保证。此外，构建评价指标体系时的导向性、发展性、实效性和多元性也是主要关注的方面，进而建立一整套能够即时、有效、动态、全程检测乡村教师继续教育效果的评价体系。具体细化的评价体系，见图 5-3。

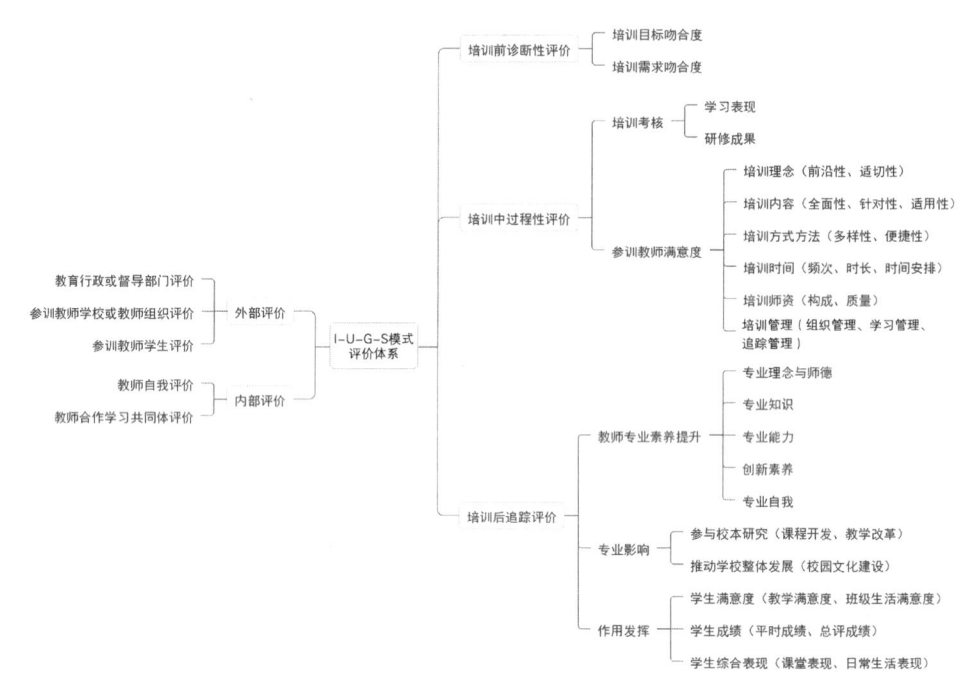

图 5-3　I-U-G-S 模式评价体系示意图

四、乡村教师继续教育 I-U-G-S 模式运行的保障

I-U-G-S 模式的核心在于充分发挥乡村教师自主发展的积极性，发挥本地域、本校教学名师和骨干教师的引领作用，即发挥乡村教师个人与合作学习共

同体的主体作用。同时，需要政府教育职能部门组织、地方高校引领、乡村中小学幼儿园配合，优化教师继续教育环境，共同为乡村教师自主发展创造条件。为保障继续教育 I-U-G-S 模式顺利运行实施，需要注意以下问题。

(一) 转变教师教育观念：认清形势，追求全人教育目标和教师主动发展

乡村教师继续教育 I-U-G-S 模式的构建与运行离不开乡村教师继续教育观念的转变，这种转变主要体现在以下三个方面：

首先，认识到当前乡村教师继续教育的重要性和特殊性。习近平总书记在党的二十大报告中指出"全面推进乡村振兴，坚持农业农村优先发展……扎实推动乡村产业、人才、文化、生态、组织振兴"，乡村振兴的关键在于乡村人口素质的提高，因此，提高乡村教师教育质量，是让乡村的孩子也能享受到公平有质量的教育的重要条件，是发展乡村教育、培养乡村人才，进而助力乡村全面振兴的重要一环。近几年，党和政府对乡村教育给予了高度重视与支持，如2015 年 6 月国务院办公厅印发《乡村教师支持计划（2015—2020 年）》，2016年 1 月教育部印发《乡村教师培训指南》，2020 年 8 月教育部等六部门印发《关于加强新时代乡村教师队伍建设的意见》等，有力推动了乡村教师队伍建设。但从乡村教育实际来看，乡村教师队伍建设在面临机遇的同时，也面临着新难题，如因为乡村教育条件艰苦、待遇差，教职岗位缺乏吸引力，造成乡村教师数量不足，尤其是音体美等专业的乡村教师不足；新生代乡村教师缺少在乡村生活和工作的经验和感情，对乡村教师的角色定位尤其是乡村振兴背景下的价值定位不清晰，缺乏扎根乡村教育的情怀；多年应试教育使乡村教师单纯教书匠的角色明显，专业素养不高，跟不上乡村社会事业发展的步伐；由于始终在仰视城市教育，乡村教师逐渐失去了自信和角色自觉，发展动力严重不足。同时，乡村教师分布地域广泛，各地教育条件差别巨大。认清乡村教师所处的时代背景与生态环境，就会对乡村教师教育的重要性和迫切性有充分认识，对改变当前乡村教师继续教育低效的责任感和使命感油然而生。地方教育职能部门、高校和乡村基础教育学校、每一位乡村教师要充分发挥各自的优势，协同配合，共同为乡村教师教育质量的提升、为乡村教育的发展，进而为乡村振兴做出贡献。

其次，对教师继续教育目标的认识应从"专业发展"转变到"全人教师"。雅斯贝尔斯认为，教育是人的灵魂的教育，而非理智知识和认识的堆积。[①] 我们

---

① 雅斯贝尔斯. 什么是教育 [M]. 邹进，译. 北京：生活·读书·新知三联书店，1991：4.

的教育方针是培养全面发展的学生，前提是教育者自身的"全面发展"。当前乡村教师继续教育过分强调教师作为"教育工具"的教学能力的提升，忽视培养有健全人格和远大教育理想，有高尚的道德情操和社会责任感，有独立思考能力与判断力，有广博的知识背景和深厚的文化修养，有科学的教育理念和家国情怀的"全人教师"的教育目标。据此，教育职能部门、培训机构、乡村学校及乡村教师个人都要转变单纯技能化、以功利目的为主的陈旧的培训观念，站在"全人教师"培养的高度设定教育目标，尤其立足乡村特有的经济、文化和教育环境，注重确立乡村教师身份认同，培养他们扎根乡村教育的情怀，使其既精于"技"，又重于"道"，真正成为乡村社会的文化支撑。①

最后，注重教育过程中乡村教师主体性的发挥。虽然"发展"一词在汉语里有主动的意味，但实际在教师继续教育过程中，"教师专业发展"很大程度上是迫于外在压力，或是因为行政命令，或是因为评职晋级需要。教师继续教育内容和形式的决定权主要掌握在"教育主管部门或培训机构"手中，乡村教师缺乏参与的主动权，基本处于"被教育"状态。早在20世纪五六十年代，美国学者泰勒就前瞻性地指出："未来的在职培训，将不被看作是'造就'教师，而是帮助、支持和鼓励每个教师发展他自己所看重、所希望增加的教学能力。占指导地位的、被普遍认可的精神，将是把学习本身放在最重要的地位。"② "专业学习并不就是研讨会和课程学习，甚至也不就是获得达到更高的标准和资格。如果这些做得好，它们全都是教师很重要的收获。但是，这些东西只能解决一部分问题，我们认为只是30%。另外的70%则涉及教师是否每天在学习，他们是否在一起不断地提高自己的水平。学习习惯只有在他们日复一日地进行学习时才可能出现。"③ 可见，转向教师学习意味着注重教师的主动性，突出教师学习的日常性，强调知识的内生性，这一点对于乡村教师尤其重要。

（二）加强组织保障：四方协同配合，发挥各自优势，实现互利共赢

I-U-G-S模式中教师主动学习和发展是关键，但这种学习和发展不同于教师自学，它是在地方教育主管部门组织、师范院校引领、基层学校配合下的学习和发展。由于牵涉的部门和人员多，管理运作复杂，所以模式的运行离不开

---

① 王颖，胡国华.新时代河北省乡村初中教师培训模式现状与发展需求调查分析[J].教育理论与实践，2021（2）：34-39.
② 泰勒.教师在职教育的回顾与展望[M]//瞿葆奎.教育学文集·教师.北京：人民教育出版社，1987：478.
③ Fullan, M. The New Meaning of Educational Change [M]. 4th edition. New York: Teachers College Press, 2007: 291.

乡村教师个体和学习共同体、地方高校、各级教育主管部门和乡村中小学幼儿园四方各司其职并通力配合,发挥各自的优势,协调处理好各种关系,最终实现互利共赢。

乡村教师和学习共同体是学习和发展的主人,要认识到发展是自己的责任和义务,形成主动发展的意识。要保障学习共同体的有效运行,可以适当吸纳学校领导或骨干教师为共同体的组织者或管理者,利用他们的威信形成凝聚力;同时,学习共同体要对成员提出明确的学习要求,如规定公开课、读书报告会、专题研讨、课题研究、论文撰写的时间和频次,对活动内容提出具体建议;适当建立考评机制,对共同体的活动进行考勤和质量评估,目的在于通过考核发挥其导向和激励作用,引导教师从"要我学"变成"我要学"。需要注意的是共同体内部要合理分工,避免学术霸权。

教育主管部门是模式运行的组织者,具有宏观调控、方向主导和资金支持等作用。I-U-G-S模式倡导教师学习共同体的自主学习和线上线下混合式培训方式,因此,投入资金建设乡村教师网络共享交流远程研修平台并尽到维护责任,以便高校教师和乡村教师学习共同体开展各种活动就显得尤为重要。保证对乡村教师继续教育的经费投入,专款专用;对教师承担的培训费用比例,教育主管部门制定出合理的减免、补助标准;对贫困农村地区可划拨"专项培训基金",保障专款专用;对乡村教师实行带薪休假进修制度,将进修与晋职、加薪挂钩。

高校作为继续教育实施机构应尽量将培训时间安排在乡村教师平时工作日及寒暑假。尤为重要的是,高校应建立和乡村教师的长期联系,建立辅导平台,通过开展研修一体、跟踪辅导、定期送教下乡、高校教师和乡村学校一对一"定点包校"、城市学校与乡村学校的一对一帮扶等形式,畅通乡村教师与高水平同行之间切磋交流的渠道,将继续教育实效延伸。在培训师资上,应选择对乡村教育和教师有着深刻了解、责任感强、业务精湛的教师承担培训课程。要求他们立足乡村文化环境,从乡村教育实际和教师需求出发,潜心研磨适合乡村教师的教学方法和手段,克服理论知识本位的培训,切实帮助乡村教师解决工作中遇到的难题,真正做到"依据乡村实际生活,造就乡村学校教师"。

乡村基层学校成立专门负责本校教师发展的领导小组,为不同专业发展阶段和不同专业发展需求的教师量身定做职业生涯规划;建立激励机制,学校将教师参加培训时间纳入工作量计算,体现为绩效工资,解决教师后顾之忧;同时,应注重图书资料、校本教研、网络平台的建设和维护,为本校教师继续教育提供物质文化保障;为教师参加高级别外出培训创造更多机会,在学习资料、交通、住宿方面给予适度经济补贴；至少保证每位教师每年一次外出参与市级以上培训的机会。

另外，I-U-G-S模式是跨系统、跨部门、跨地域、长期运作的系统工程，牵涉部门和人员多，管理运作复杂，没有深度的合作与协同是实现不了的，这就需要教育主管部门发挥行政优势，做好连接高校和乡村学校的桥梁和纽带。可以由教育主管部门牵头成立专门的执行机构，机构人员由教育主管部门官员、师范院校的管理人员、乡村学校主管人事的领导或教师组成，专门协调四方关系，确保协同机制运行。

（三）重视制度化管理：进一步健全制度体系并增强其执行力

首先，要完善政策法规体系。各级教育主管部门就乡村教师培训的时间安排、形式与途径、考核方式与标准、培训机构的资质、培训师资的具体规格要求、培训过程和质量的监督保障措施等方面出台具体规章制度。尤其要制定激励政策，加强对教师继续教育和教师专业发展的考核和评价，激励乡村教师参与继续教育的积极性和主动性。在行业标准的基础上，制定更为详细的教师专业发展的阶段性标准和发展要求，帮助教师明确专业发展的方向和进程，也为教师接受继续教育提供动力。特别是对于当前乡村教师继续教育中存在的"培训时间挤占教师法定休息时间""学习时间不足，工学矛盾突出""培训期间差旅费未必百分百报销""部分教师逃避培训未能达到最低培训学时要求"等现实问题，地方教育主管部门应出台相关政策加以规范，使培训各方面工作有"章"可循、有"尺"可量。

其次，要确保规章制度的"强制执行力"。为此，对培训政策要从文本内容上加以规范，改变规章制度的宽泛性导致执行中软弱无力的现状。既要细化各级教育行政部门和乡村学校在培训中的责任，也要明确规定不履行或未完成培训任务的教师应受到的责罚，责权分明，利用制度的强制性保障继续教育工作顺利开展。

最后，健全督导和评估制度。通过检查、督导与评估，筛选培训机构，建立竞争机制；建立教师教育者资格认定制度；创建各类培训评估指标体系；设立多元评估主体；及时发现培训中的问题，总结经验教训，真正发挥督导评估的作用。

第六章

乡村教师继续教育 I-U-G-S 模式的实践应用

一、乡村教师继续教育 I-U-G-S 模式在中小学的实践应用

基于乡村教师继续教育 I-U-G-S 模式的基本理念和实践逻辑，结合对乡村中小学教师专业发展现状、继续教育的需求以及实施情况的调查发现的现象和问题，本项目组以河北省廊坊市某乡镇中小学作为样本，有针对性地设计实践项目，通过听评课、研课、磨课、专题讲座、教研互助、教学反思等多种教师教育实践活动方式，研究者与教师一起在发现问题、探究问题和解决问题的过程中，促进了教师的专业发展。在总结这些具体实施方案的基础上，形成了比较典型的关于乡村教师继续教育的具体经验，也进一步验证了本研究所提出的乡村教师继续教育模式的基本理念和实践逻辑，为进一步优化和提升本模式的实施路径和应用实效提供了佐证。

（一）实践项目的提出

通过问卷调查，与样本校教师深入访谈和交流，以及实际观察等方式，了解样本校和教师在实际的教育教学活动中面临的问题和困难，主要包括：乡村中小学生心理健康教育问题、班级管理问题、新课程理念及其教学实践问题、教师的自我发展以及教育教学研究问题等。样本校和教师们更希望专家或同行能够对自己的实际问题进行有针对性的指导和帮助，切实将所学真正转变为自己的教育教学实践能力；也希望通过灵活多样的教师教育活动形式，解决工学矛盾，满足教师个性化的学习需求。立足样本校和教师的实际需要，从解决教师的实际问题出发确立教师教育的实践项目，通过研究者与教师建立合作互助关系，共同参与问题的研究和实践，引导教师们在解决实际问题的过程中实现自身可持续的自主发展。

实践项目由乡村中小学教师合作学习共同体和教育教学理论研究者共同体集体研讨确定。I-U-G-S 模式强调中小学教师个体的主体性，中小学教师教育教学中实际存在的问题能够很好地反映教师的实际需要。教师教育者共同体具有自身独特的优势，具备深厚的专业理论基础，能够从教育教学理论和教师专业发展规律的高度，对中小学教师的实践问题和实际需要进行界定，能够把握教师需求和问题的本质。因此，在调查了解乡村中小学教师实际需要的基础上，教师教育者共同体从理论背景、教师专业发展标准以及教师专业规律等方面与中小学教师进行商讨和探究，对"具体问题"进行提炼和概括，将"具体问题"提升为一般的具有较高理论和实践应用价值的"一般性问题"。由中小学教师合作学习共同体和教师教育共同体一起确定的实践项目既反映了中小学教师发展的实际需要，体现了中小学教师的主动性、主体性，同时，又发挥了教师教育者共同体的专业优势，将乡村教师继续教育的实践项目与教师的专业发展标准相结合，保证了乡村教师继续教育实践活动的科学性和规范性。

（二）实践项目内容

如表6-1，乡村教师继续教育实践项目的内容以学习者及其学习为中心，实践项目内容反映了中小学教师日常教育教学工作的基本内容，也是乡村教师在实际工作和专业发展中面临的难题。同时，教师专业发展标准是教师发展的基本要求，是教师教育的基本依据和理论基础，也是乡村教师继续教育模式实践的基本依据和参考标准。这样的项目设计既保证了乡村教师参与学习的积极性和主动性，同时又将解决教师发展的实际与实现教师个体的专业化发展有机结合起来，大大提升了实验项目的专业化水平。

表6-1 乡村教师继续教育实践项目

项目领域	项目内容
师德与情怀	师德情怀与教师专业发展
学科知识与教学	部编教材课程理念与教学实践研究
心理健康教育素养	小学生心理健康教育
综合育人	班级管理素养
教育教学研究能力	基础教育专项研究
自我发展	撰写教学反思

项目内容通过问题或者项目的方式进行组织实施，可以保证教师教育活动主题明确，教师教育内容整合，理论与实践密切联结，研修合一，将教师的专业发展与真实的教育教学情境相结合，能够更好地优化教师的专业知识结构，提升教师专业发展的实际水平。这样的内容设计符合教师专业发展的特点和规律，可以在很大程度上弥补传统教师继续教育模式中理论与实践脱离、教育内容缺乏实用性等不足，从而提高乡村教师继续教育的实效性。

（三）实践项目的设计

各项实践活动的设计建立在集体研讨的基础上，项目研讨由教育教学理论研究者与中小学教师根据具体项目的内容要求，组成研修团队，共同参与项目方案的研讨，广开言路，头脑风暴，最终确定具体实施方案。具体包括项目领域、项目内容、实践组织、实践方式、实践目标、效果评价。在实施方式上，强调实践取向，注重各主体的主动参与、互动以及体验与反思；在实施样态上，注重多种学习活动的组织、多样化课程形态的开发与建设；在学习组织上，注重团队学习与个性化指导和自我反思、体验和总结，强调教育教学理论专业人员与中小学教师的优势互补、合作互助。由于项目性质和内容不同，项目方案的研讨方式也不同，具体设计如表6-2。

表6-2 乡村教师继续教育实践项目设计

项目领域	项目内容	实践组织	实践方式	实践目标	效果评价
师德与情怀	师德情怀与教师专业发展	教师教育者共同体与新任教师	专题讲座；线上资源共享；问题探究	增进职业认识；提升职业情怀	调研反馈
学科知识与教学	部编教材课程理念与教学实践研究	教师教育者共同体与骨干教师共同体	听、评课，名师课堂；线上和线下研讨	改进课堂教学；提升教师的教学研究兴趣；提升教师教学的理论水平	教研成果，听课，评课，研课，磨课
心理健康教育素养	中小学生心理健康教育	教师教育者共同体与班主任	专题讲座；问题研究	提升教师对心理健康教育的科学认识；掌握基本的心理健康教育方法	调研反馈
综合育人	班级管理素养	教育教育者共同体与班主任	主题讲座；名师经验研讨	提高班级管理认知水平；锻炼专业思维；掌握班级管理策略	调研反馈
教育教学研究能力	基础教育专项研究	教师教育者共同体与中小学教师共同体	教、研互助	提升教师教学研究意识；锻炼教学科研思维	教学研究成果
自我发展	撰写教学反思	教师教育者共同体与中小学教师共同体	调研反馈；个别指导	提升教师教学反思能力	作品展示

由表6-2可以看出，虽然由于实践项目内容不同以及相应的教师专业发展

标准的要求不同，各项目的具体实施方案也不同，但是各项目实施方案的设计集中体现了乡村教师继续教育 I-U-G-S 模式的核心内涵，突出了乡村中小学教师（I）的主动性、积极性、参与性以及教育教学理论研究者与中小学教师的合作和互助，为实现教师参与继续教育的主体性，提高高等学校与中小学的合作效果和质量，提供了现实可行的经验。具体表现如下。

1. 根据项目内容建立乡村教师继续教育合作共同体

乡村教师继续教育 I-U-G-S 模式强调教师教育共同体的建立，强调以教师教育理论者为代表的高等教师教育机构（U）与以中小学教师为代表的中小学（S）之间的合作。教师教育理论研究者和中小学教育教学实践者各有自己的发展需求，也具有自己的专业优势和特点。前者的优势在于其理念和理论的系统性，后者的优势在于教育教学实践。教师专业发展既需要理念、理论的引领和融入，又需要实践经验的改进，是理论与实践的有机统一与高度融合。传统的教师教育模式过多地强调教育理论的价值以及理论研究者在教师教育中的主导作用，而忽视了中小学的实践以及教师自身在教师专业发展中的地位和作用，也忽视了中小学教育教学的实际需求，使得教师教育具有被动性，难以真正转化为教师的教育教学实践，也难以调动教师参与的积极性；而以校本研修为主的教师教育模式又在强调优秀教育教学经验学习的同时忽视了教师专业理论的提升。本研究在实践过程中，尝试在教育理论研究者和中小学教师之间建立一种合作互助的关系，一方面可以提高中小学教师的专业理念、专业思维和专业能力，真正实现中小学教师专业发展；另一方面也可以加深教育教学理论研究者对教育教学实践的深入研究，丰富教师教育理论内涵，提升教师教育课程的研发和教师教育课程的教学质量，从源头上优化教师教育资源，实现教师教育和教师专业发展的良性循环。

如图 6-1 所示，乡村教师继续教育合作共同体由师范大学专门从事教育教学理论研究者共同体和中小学教师共同体构成，理论研究者主要职责是基于中小学教师的实际经验需要参与确定实践项目、确定实践方案，对方案的实施提供理论指导、效果评估和反馈，以及方案的修订和调整，等等。中小学教师由基于不同经验类型或水平不同的教师群体组成，主要职责是为项目确定提供经验基础或支持，参与方案制定、实施以及实施效果研讨。各实践项目根据项目的具体内容建立不同的合作共同体，通过双方共同参与项目的实践、研讨，实现双方资源融合、互利共赢。乡村教师继续教育合作共同体的组织是一个优势互补的双主体组织结构。教育教学理论研究者与中小学教师共同体双方均是主体，各自发挥自身的专业优势，达到互助共赢的目标。合作共同体在组织上可以因项目的内容或者性质不同进行组合。这种灵活的组织形式既能更好地适应不同类型项目研修的需要，又能保证研修专业性、针对性和实效性。

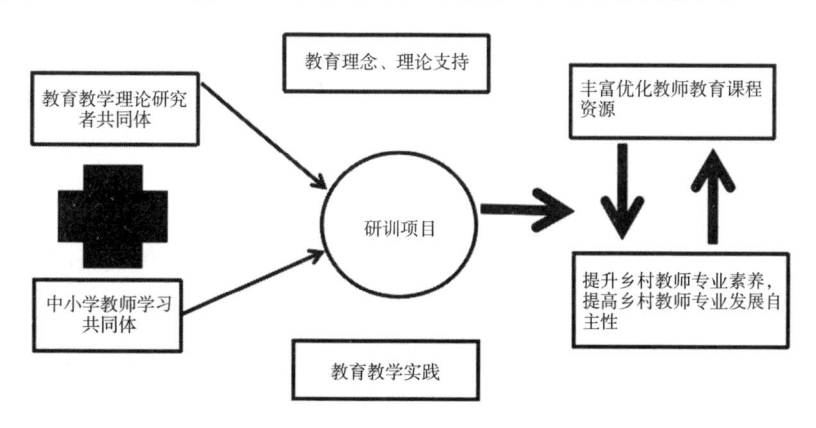

图 6-1 实践项目教师教育合作共同体的组织模型

2. 强调中小学教师的主动参与和积极实践

各实践项目方案的设计充分体现了中小学教师的主体地位。项目内容基于乡村中小学教师的实际需要提出，充分考虑了乡村教师专业发展的群体差异和个体需求；乡村中小学教师作为主体与教师教育理论研究者建立学习共同体，共同参与项目的实践；实践过程强调在尊重乡村中小学教师的原有经验基础上，实现教师个体经验的优化与提升；以项目的形式组织实施教师教育活动，将教师教育与具体的教育教学情境联系起来，极大地调动乡村中小学教师参与实践活动的兴趣和积极性，并为乡村教师的专业发展提供优化的知识经验；不同的项目采用不同的活动方式，满足教师个性化的学习需求；项目实践的目标和效果评价更加关注乡村中小学教师实际的专业发展。

3. 项目研修强调实践，注重对乡村教师专业素养的综合训练

实践从样本校教师的实际发展需求出发，确定实践项目，以项目研修的方式促进乡村教师的专业发展。项目研修源于项目教学，即通过完成与真实生活密切相关的项目进行学习。美国巴克教育研究所在《项目学习教师指南》中指出，项目教学（Project-Based Learning）是指学生通过完成与真实生活密切相关的项目进行学习，是一种充分选择和利用最优化的学习资源，在实践体验、内化吸收、探索创新中获得较为完整而具体的知识，形成专门的技能并获得发展

的实践活动。① 项目学习是一种以学习者为中心、以项目为形式、以成果为目标,将学习置于具体的问题或者任务情景中的学习模式。

实践项目方案的设计体现了项目研修学习活动方式,每一个实践项目都蕴含了丰富的教师教育内容,并且项目建立了教师专业发展知识与具体的教育教学情境的联系,实践性更强。教育理论研究者与中小学教师正是通过对项目的共同研讨,发现问题、分析问题,并共同设计解决方案、实施方案,对方案实施的效果进行评估,进一步修订方案,再实施,促使教育教学实践的水平不断提升。在这一过程中,不仅包含着教育教学的基本理念和理论,也包含着丰富的实践体验、经验和反思,是一个融合了认知、情感、意志以及行动的综合的专业训练。在项目研修过程中,教师获得的不仅仅是解决问题的具体策略、方法以及教育教学理论知识,更重要的是经历了专业思维的实际锻炼和提升,具备了根据具体的教育教学情境进行价值分析、判断、选择以及做出决策的能力。有了这种能力教师可以更好地理解教育理念和教育理论,并且能够根据具体教育教学情境找到最适宜的解决问题的方法,实现真正的专业自主。

4. 多样的实践活动形式,满足乡村教师专业发展的个性化需求

实践方案的设计根据项目性质和内容不同,项目研修活动的形式也不同:教研互助、听课、评课、专题讲座、问题研讨、网上资源共享等,各种实践活动形式各有其特点、功能和特定的教师教育价值。比如教研互助是对某些具有重要的理论和实践价值的专门问题进行系统深入的研究,揭示和发现教育教学活动中的规律,提升教师的教育教学水平和教育教学研究能力而采用的活动形式;听课、评课、研课是针对课程和教育教学活动设计与实施类的项目进行的活动形式;专题讲座是针对比较集中的认识性、理论性的教师专业发展问题或者特定项目研修需要,邀请相应专家进行系统专业知识讲座,提高教师的专业理论水平或者解决研修中的理论认识问题的活动形式;研讨沙龙适用于各种研讨活动,形式灵活,通过这种方式可以实现及时的沟通和交流,集思广益,体现集体的智慧;通过建立网络平台,提供相关的优质教育教学资源,实现资源共享和资源整合利用。

这些活动形式既反映了教师教育活动的基本规律,又满足了教师的实际需要。在实践中,根据项目内容选择适宜的实践活动形式,并把各种实践形式有机结合,形成一个个完整系统的实践活动体系。教育理论研究者与中小学教师

---

① 美国巴克教育研究所. 项目学习教师指南:21 世纪的中学教学法 [M]. 2 版. 任伟, 译. 北京:教育科学出版社, 2008.

通过各种形式的合作，共同参与其中，双方在共同发现问题、分析问题、探究问题和解决问题的过程中实现互助和共享。项目的实践过程既是一个在教育研究者理论指导下探究解决教育教学实际问题的过程，同时又是一个在教师主动实践的基础上不断体验和生成新的教育教学经验的过程。

（四）实践项目的组织实施

1. 项目一：专题讲座提升乡村教师的专业理论和认识水平

项目来源：本项目针对的是乡村中小学教师反映比较普遍的问题、难题，包括学生心理健康教育问题、班级管理问题、教育教学研究问题。调查发现，由于乡村中小学特殊的社会环境影响，乡村中小学学生存在各种各样的心理健康问题，而乡村中小学教师缺乏关于学生心理健康教育的理论知识和实践能力，所以非常迫切需要得到这方面的专业指导和帮助；同时，乡村中小学学生存在的各种各样的问题导致班级管理难度增加，受传统班级管理观念的影响，乡村中小学教师普遍感觉到在组织管理现代班级中存在困难；乡村中小学教师普遍缺乏教育教学研究的意识和动机，也缺乏进行教育研究的经验，样本校教师的整体教育研究水平不高，而当前学校的发展要求教师要积极参与教育研究。本项目从乡村中小学教师的这些现实需要出发，确定研修内容。本项目研修的目标定位于提升乡村中小学教师在心理健康教育、综合育人以及教育教学研究方面的科学认知和专业理论知识水平。

如表6-3所示，本项目采用系列专题讲座的研修方式，对教师们集中反映的难题由总到分进行系统设计，逐层深入地进行剖析，提升全体教师对这些教育教学实践问题的科学认识和专业理论水平，训练教师们用专业思维方式解决教育教学实践问题的能力。

表6-3 专题讲座项目

项目领域	项目内容	项目组织	研修方式	研修目标	效果评价
心理健康教育素养	小学生心理健康教育	教师教育者共同体与小学班主任	专题讲座，问题研究	提升教师对心理健康教育的科学认识；掌握基本的心理健康教育方法	调研反馈
综合育人	班级管理素养	教师教育者共同体与班主任	主题讲座；名师经验研讨	提高班级管理认知水平；锻炼专业思维；掌握班级管理策略	调研反馈

续表

项目领域	项目内容	项目组织	研修方式	研修目标	效果评价
教育教学研究能力	教育教学研究素养	教师教育者共同体与中小学教师共同体	专题系列讲座	提升教师教学研究意识；锻炼教学科研思维	调研反馈

项目实施过程：首先，教育理论研究者共同体在对样本校教师实际需求调研的基础上，确定讲座内容和实施步骤。传统讲座着眼于教育教学理论的系统阐述，内容由专家根据自己专长确定，教师是被动接受的。本项目专题讲座内容是依据乡村教师的具体需求来确定的，讲座内容与乡村教师面临的实际问题密切联系，围绕着乡村教师在实践中遇到的问题进行专业理论指导和专业思维训练。比如：围绕着乡村中小学学生所存在的心理健康问题设计心理健康教育专题系列讲座，目的在于提升乡村教师对中小学心理健康教育的科学认识，并有针对性地提供心理健康的方法指导；班级管理的专题系列讲座不是讲解抽象的班级管理理论，也不是提供现成的典型的班级管理经验，而是结合具体的班级管理情境，讲解如何去发现问题、分析问题，并有针对性地提出适宜的、可能的解决方法，目的在于训练乡村教师班级管理的专业思维，改变乡村教师将班级管理看作是事务性管理或者经验性管理的传统观念，提升乡村教师对班级管理的认识水平；教育教学研究专题系列讲座则是从培养教师的科研兴趣和主动进行教育教学研究的意识出发，结合课题设计论证撰写，提升教师的教育教学研究意识和能力。

其次，集体讲授和面对面一对一指导的方式结合。集体讲授是由在该领域具有专业的理论研究和丰富实践经验的专家组织进行的，讲授内容着重从理论上提升教师对专题的认识，并结合案例让教师将理论与自己的实践联系起来。每次理论讲授后，进行现场的调研和研讨，及时发现教师个体存在的疑惑或实际问题，然后再根据教师的反馈进行系列讲座，逐步提升教师的认识水平，也推动了教师们的主动实践。系列专题讲座后，有些教师开始针对教育教学中的具体问题开展教育问题研究，并积极申报研究课题，教育理论专家根据教师的个体需要，对教师进行面对面、一对一的专门指导。

项目实施成果：通过专题讲座，乡村教师在心理健康教育、班级管理和教育教学研究中的理论和认识水平都得到了一定程度的提升，特别是有针对性的讲座大大提高了乡村教师尝试主动地去解决这些问题的积极性，激发了乡村教师专业发展的新的需求。教师们开始关注工作中的实际问题，或者有了主动寻求专业发展的需求，这样就为后续的教育实践项目的开展创造了条件。比如："小学生心理健康教育"专题讲座以后，大大提高了样本校和教师对学生心理健康教育的认识水平，也为教师们从事健康教育提供了方式方法支持，提升了教师对学生开展心理健康教育的信心，一些教师纷纷就学生的心理健康问题进行深入细致的思考和研究；"教育教学研究素养"系列专题活动，极大地提高了教师从事教育教学研究的兴趣和信心，教师们开始关注自己的教育教学问题，并且主动撰写研究课题，邀请教育理论者进行指导。专题系列讲座作为乡村教师继续教育的一种实践活动方式，不仅有其独特的教师教育价值，而且成为不断推进乡村教师专业发展需求的重要的基础性工作。

2. 项目二：听、评、研课促进乡村教师课程与教学素养提升

项目来源：2016年中小学语文、道德与法治、历史三科开始实行教育部统编教材，2019年义务教育阶段中小学的这三门课程全部采用统编教材。新教材从设计理念到学科教学内容都有了新的变化，如何把握统编教材设计理念并将其真正落实到教学实践中，以及如何通过对统编教材设计理念的研究把握学科教学特点、规律从而更好地提升自身的学科教学理论水平，这是教材改革对教师专业发展提出的新要求。调查发现，一些中小学教师在教学实践中不断探索，形成了一些很有价值的具体的教育教学方法。但是由于这些经验产生于具体的教学情境下，呈碎片化，难以迁移到其他的情境下，更不能形成指导学科教学的一般方法和策略。因此，本项目从教师的教学经验出发，将部编教材的设计理念和教学实践作为研修内容，旨在总结提炼教师学科教学实践经验的基础上，提升教师对学科性质、学科教学规律和特点的认识水平，提升教师学科教学研究的意识和能力。

表6-4 听、评：研课项目

研修内容	研修方式	研修目标
部编语文教材设计理念及教学实践	直播课、录播课，经典教学视频、经典案例 评课、研课、磨课	总结梳理优秀教师的经典教学经验 提炼优秀教学经验中蕴含的学科教育理念和教学规律 提升教师学科教学的理论水平和教学研究能力

项目实施过程如表6-4所示：本项目以七年级部编语文教材下册作为研修内容，研究者与教材的执教教师组成研修团队。研修的基本方式是通过线上、线下方式，听课、评课、研课。研究者全程参与到七年级语文下册一个学期的

课堂教学过程中去，和任课教师共同研究每一堂课，总结教师的典型教学经验，并结合部编语文教材的设计理念进行分析和解读。整个研修活动以执教教师真实的课堂教学作为研究对象，研究者通过自然观察的方式参与，听课后研究者与任课教师进行阶段性研讨，研讨过程是教育教学理论与教学实践经验接触、碰撞和融合的过程。研究者从课程设计理念的角度对执教教师的典型经验进行总结、梳理和解读，执教教师在研究者的启发下实现反思和重构，将自己的具体经验与语文课程的整体设计理念和学科教学性质、特点、规律有机结合起来，形成了对学科教学的整体设计和系统认识。

项目实施成果：经过一个学期的听评课和研讨，研究者和执教教师在总结部编语文教学典型教学经验的基础上，形成对语文学科课程理念与教学特点和规律的认识和思考，在总结梳理经验的基础上提炼出能够对语文学科教学具有一般指导价值的学科教学思维和教学方法，并将其成果进行公开发表，实现经验的分享和传播。对于学科教师而言，通过执教、评课和研课的过程，实现了对自己原有经验的反思，结合教育理论研究者的理论指导提升了对学科教学规律和特点的理论认知水平。这种教研结合的方式激发了教师进行研究的兴趣，使其开始尝试在反思已有经验的基础上进一步提升自己的研究水平。

3. 项目三：基础教育专项研究

项目来源：随着基础教育课程改革不断推进，乡村中小学教师需要不断研究基础教育课程和教育教学活动，才能不断实现自身的专业发展，真正提升基础教育教学质量。在这样的背景下，从国家到地方越来越重视中小学教师的教育教学研究。本研究结合所在地区基础教育行政部门对基础教育教学研究的支持和激励政策，并结合乡村中小学教师教育教学研究的现状，以"基础教育专项研究"作为实践项目，通过教研互助的方式开展乡村教师教育实践，具体见表6-5。

项目的实施过程：教研合作是一种传统的教师专业发展模式，但是传统的教研观念强调教育理论研究者的主体地位和主导作用，中小学教师被看作是服从者和服务者，双方地位的不平等导致研究结果仅仅服务于教育理论研究，而无法起到对中小学教师专业发展的促进作用，因此，教师参与的积极性和主动性较低。本实验强调教研互助，即教育教学理论研究者和中小学教师均作为主体，研究的问题可以由教育教学理论研究者提出，也可以由中小学教师提出，无论哪一种，都需要双方的共同合作和参与互助。教研的最终目的也是双向的，一是提升教师的教育教学实践的理论水平；二是丰富教育研究者的实践经验，促进理论创新。

教研互助项目的确立有两种方式：一是以教育理论研究者共同体为发起者，结合某一教育教学理论进行实践的探究。教育理论研究者共同体具有专业理论优势，通过具体理论指导下的教育教学实践探究，可以丰富相关理论的内容，也可以为乡村中小学教育教学实践注入新的理念，提升教育教学实践的理论水平。在这种教研互动中，教育理论研究者共同体与乡村中小学教师共同体结成互助关系，理论研究者负责理论解读和教育实践模式的建构，乡村中小学教师共同体负责在真实或者模拟的教育情境下进行实践或者实验，为教育教学理论的实现提供丰富鲜活的经验。二是以乡村中小学教师为发起者，着眼于乡村中小学教育教学中遇到的实际问题或者基于经验提升的需要。乡村中小学教师具有丰富的实践经验，也是教育教学的真正实践主体，因此，容易从实践中发现问题，也具备实践的一切条件。乡村教师从自身的现实需要出发，主动与教育理论者共同体建立教研互助关系。乡村教师邀请教育理论研究者为其教育实践研究提供理论指导，帮助总结、提炼实践经验。教育理论研究者在教研互助中深化了对教育理论的认识，并收获丰富的理论实践经验。无论哪一种方式都体现了双方合作与互助，在各自发挥自身优势的同时弥补其不足，实现共享、共赢。

表6-5 基础教育专项研究项目

教研内容	互助方式	教研成果
基础教育专项：基于叙事的中小学德育课程一体化研究	教育理论研究者与中小学教师共同参与中小学德育课程研究，并结合德育课程教学实践，探索德育课程和教学的一体化模式	教研论文1：《基于叙事的德育课程表达及教学策略研究》，发表于《现代中小学教育》，2022年 教研论文2：《统编道德与法治教材的叙事思维及其教学启示》，发表于《中小学德育》，2021年
部编初中语文教材教学实践研究	教育理论研究者与中学语文教师共同分析教材，听课、评课、研课	教研论文3：《整体阅读理念下的语文教学实践策略——以统编语文教材七年级下册为例》，发表于《中学教学参考》，2022年
基础教育专项研究	中小学教师基于自己的教育教学经验提出问题进行研究，教育理论研究者从问题的价值内涵及理论基础角度进行分析，帮助教师形成更为系统、更为深入的问题和探究意识	调动了教师参与教育教学研究的积极性，教师开始主动尝试进行课题申报

项目实施效果：本项目在实施过程中，一方面形成了比较系统的研究成果，包括通过教研互助，丰富了实践经验，提升了乡村教师的理论水平；另一方面大大提高了乡村教师进行教育教学研究的意识和积极性。乡村教师在教研互助中体会到了教育教学研究的价值，通过参与教研互助也获得了一定的教育教学经验，提高了进行教育教学研究的自信，乡村教师们开始越来越多地主动地尝试进行教育教学研究。

4. 项目四：撰写教育教学反思

反思是实现教师专业发展的一条基本途径，也是教师实现专业化发展的动力和常用的途径。反思是教师专业发展自主性的体现，只有教师经常主动地进行反思，才能不断发现问题，从而激发专业发展的动力。本项目从教师的实际经验出发，通过指导教师撰写教育教学反思，激发教师专业发展意识，提升教师科学地进行教育教学反思的能力。

项目来源：在对教师的教育教学现状进行调查的过程中发现，教师对教育教学活动中的问题认识具有表面化、现象化和他向化的特点，具体表现为：教师只看到问题的表象，不能把握问题的本质；把问题简单化为学生问题，忽视问题背后家庭、学校、社会等复杂的背景及其背景之间错综盘结的关系。因此，本研究从提高教师对教育教学现象的科学认识出发，通过叙事的方式，引导教师在撰写教育教学反思的活动中提升自身的专业水平。

从表6-6"教师关注的问题调查"中的表述可以看出，教师在实践中能够感知到问题的存在，但是缺乏对问题科学的分析和认识，不能清楚界定问题的性质，往往把问题归咎于学生本身，忽视了问题背后复杂的原因。教师想要的是解决问题的方法，而不能主动地研究问题、分析问题和解决问题，从而提升自身解决问题的能力，也忽视学生的实际需要和对学生发展的积极引导。本项目的确立旨在通过指导教师撰写教育教学反思，在了解教师现有实践经验的基础上，引导教师在不断反思的过程中提升工作经验。

表6-6 教师关注的问题调查

问题表述	问题类型
有的学生把犯错当作吸引老师注意力的方法	
学生早恋问题应不应该深究？	
把错的事情当作炫耀的资本，且带动其他学生和他一样	个别教育
如何提高"学困生"的学习兴趣，提高其学习能力	
孩子脾气暴躁，爱和家人发火，与别人接触不敢发言，怎么引导？	

问题表述	问题类型
经常犯错又不服说的孩子，总觉得自己最有理该如何教育？	
如何解决经常违纪学生的问题？	
青春期孩子的教育问题	
针对特殊学生的蜕变	个别教育
对于"学困生"的学习态度、习惯的改变与提升（解决策略）	
如何引导偏科的学生重视每一科？	
因家庭原因（无父或无母），孩子无心学习，不尊重师长，懒惰，劳动和各种活动都不积极参加	
怎样提升教学的课堂质量？	
班主任管理工作的精细化及特色化方向	专业发展
大多数学生上课注意力不够，不能专心听讲怎么办？	
专业教书水平的提升（以优秀课例形式呈现）	
寄宿制学校宿舍如何管理？	学校管理
家长总是觉得自己孩子在学校受欺负，怎么办？	
在班级中有的学生家长管不了，无论家长怎么与其沟通，都无济于事；在学校，老师与其沟通，虽情况有所转变，但效果不理想。这种学生属于什么问题，该怎样解决？	
如今孩子们普遍学习无目标，较被动，包括家长也有说不要求学生上完初中，这种情况下如何动员学生、调动学生积极性？	家校合作
家长过度溺爱孩子	
学生从来不写家庭作业是什么心理？	
如何转变家长的思想？	
单亲家庭孩子学习成绩很好，但是课间经常和同学打闹（动手打）	

　　项目实施过程：首先，调查了解教师对教育教学问题的认识，发现教师在专业认知中存在的问题。其次，结合专业讲座和研讨交流，向教师介绍提高解决教育教学问题能力的方式方法，并激发教师进行问题研究的积极性和主动性。最后，结合教师工作实践中的问题，设计反思的模板，与中小学教师共同交流，讨论和研究反思的内容。在反复修正和不断改进反思的过程中，教师的教育教学经验也在不断地修正、改进、优化和提升。

撰写教育教学反思项目的研修活动形式灵活多样，集体专题讲座、模板的设计以及个别化的指导与交流相结合，充分利用了研讨沙龙以及网上资源交流平台等活动形式。如表6-7所示，教育理论研究者提供教育教学反思模板（乡村教师个别反思案例）为乡村教师撰写反思提供指导，乡村教师对自己的教育教学实践进行反思，教育理论研究者共同体与乡村教师共同研究、讨论教育教学反思中的问题，并进行优化与提升。

表6-7 乡村教师个别教育反思案例

学生基本情况	性别：女　　　　　　　　　年级：五年级
学生问题描述	该生父母常年在外地打工，其和爷爷奶奶在老家生活，由于老人教育孩子的观念落后，在学习方面基本不管，认为只要把孩子生活照顾好就行（这些不是对孩子问题的描述）。所以，这孩子学习不积极，课上经常走神，作业也经常不写或写不全，成绩也很差，基本在班级最后三名（客观全面地描述学生的具体表现，抓住典型的行为特点）
所采取的措施	（先要对学生表现进行研究分析）和学生谈话、交流，讲父母的不易、学习的重要性；课上多提问；和家人联系，随时互相了解孩子的学习、生活的情况（写出比较详细的解决问题的步骤、方式方法）
对教育管理效果分析与评价	经过一段时间的监督，该学生学习状态有点改变（具体的改变是什么），但效果不理想，主要还是学习态度不端正、缺少主动性（具体哪些方面表现不佳），再者老师时间有限，事情也比较多，有时没有时间督促，该生就又不写作业，需要时刻盯着才能完成（分析导致问题的可能原因） 小学生如果在低年级没有父母的陪伴、管理，很难养成好的学习习惯与态度（提出进一步的改进方案）

项目实施成果如表6-8所示：针对教师在实际教育教学活动中的经验，通过理论研讨和提供具体的可操作性的活动方案，指导教师在反思自己的实际教育教学经验的过程中，不断提升自身的专业发展水平。通过训练，一定程度上提高了教师的教育教学反思意识，促进了教师进行反思的自觉性，掌握反思的基本技能。更重要的是通过撰写教育教学反思，提高了教师对教育教学现象的认识水平和科学解决教育教学问题的能力。

表 6-8　乡村教师教学反思案例

年级：二年级
科目：数学
所讲的主题：元、角、分的认识

　　要描述教学环节或者片段介绍（详细、具体地展现这个环节或者片段组织过程）：
　　这部分主要是让学生认识元、角、分，并能够进行换算。
　　教学时先让学生认识各种面值的货币的实物，了解它们间的关系，这部分主要是教师介绍，学生观察、了解，是比较容易掌握的内容。
　　然后，在进行换算时有些困难。例如，提问要买八元五角的物品时，应如何付钱，有些学生不知所措。还有显示一些货币，提问有多少时，学生不知如何计算，常常忘了把 10 角换成一元或把 11 角换成一元一角，只有几个常常自己买东西的学生对答如流。在这里主要让学生拿着各种货币来具体地计算，亲身感受货币的计算。（详细描述教学的组织过程与步骤，具体说明在哪个环节出现问题、学生的具体反应；具体描述解决问题的过程以及学生的表现，明确问题产生的真正原因。）
　　对本环节的心得体会（或者存在的困惑、难题等）：
　　由于小学生年龄小，有些学生根本没有自己买东西的体会，再结合现代社会货币使用的现状，学生对于货币的计算有一定的难度。只有那些自己经常买东西的学生学起来比较轻松，可见，亲身经历过的事情理解起来还是比较容易的。在以后的教学中，加强学生实践操作能力很重要。（认识到教学设计应该关注学生的实际，还需要反思如何改进教学，要提出具体的教学改进的建议，比如如何在课堂、课后让学生增进实践经验，或者根据这次的问题解决经验思考如何做好课前预设和课后拓展，而不仅仅是停留在认识上的改变。）

　　以上四个项目是基于乡村教师继续教育 I-U-G-S 模式的设计理念及其实践逻辑，在乡村中小学教师中进行的具体实践。四个项目分别针对乡村教师专业发展的实际需要设计了不同的实践内容，在具体实践过程中采用不同的实践活动形式。实施过程中，各个项目虽然相对独立，分别着眼于乡村中小学教师不同方面的专业发展需求，但相互之间又具有相互促进、相互融合、协同发展的作用。各项目虽然立意不同，侧重于乡村教师专业发展的某一方面或者某一维度，但其最终的发展趋势或者走向却是逐步提升和推进了乡村教师专业发展的需求，调动了乡村教师专业发展的自主性和主动性。

二、乡村教师继续教育 I-U-G-S 模式在幼儿园的实践应用——以 M 幼儿园为例

　　2018 年 1 月，中共中央、国务院在《关于全面深化新时代教师队伍建设改革的意见》中指出，要"全面提高幼儿园教师质量，建设一支高素质善保教的教师队伍"。虽然党的十八大以来，我国学前教育资源迅速扩大，学前教育得到

大幅度发展，但是学前教育依旧存在着发展不平衡、教育资源不充分、教师队伍建设滞后、保教质量有待提高等问题。① 因此，中共中央、国务院《关于学前教育深化改革规范发展的若干意见》在学前教育师资培训方面提出明确要求：创新培训模式，支持师范院校与优质幼儿园协同建立培训基地，增强培训针对性和实效性，切实提高教师专业水平和科学保教能力。

据此，河北省教育厅于 2019 年构建了高等学校—县级教师发展中心—乡（镇）片区研修中心—园本研修四位一体的幼儿园教师专业发展培训体系，加大了对乡村幼儿园教师培训的力度。② 从河北省对幼儿教师的培训体系来看，这是一个从上到下的培训体系。但是本研究认为，要对幼儿园教师进行培训，就要突出个人的内在驱动力，当乡村教师有内在驱动力时，才会有动力学习，而不是为了学而学。因此，本研究突出乡村教师个人和教师合作学习共同体，再配合高等学校、地方教育主管部门和乡村幼儿园，共同完成乡村教师继续教育 I-U-G-S 模式的实践应用。

乡村幼儿园教师的继续教育规格、标准、方式等问题需要四方共同探讨。因此由乡村教师合作学习共同体调查收集乡村教师的培训需求并商议提出近期培训方案，师范院校提供学习资源并对乡村教师实施培训与指导，地方教育主管部门作为连接师范院校和乡村幼儿园的桥梁和纽带提供组织保证与政策资金支持，幼儿园组织本园教师参与定期培训。通过这样的四方合作，不定期地灵活沟通，对继续教育的实施做出灵活反馈。

（一）与地方教育主管部门联系，对接乡村幼儿园

以 M 幼儿园为例，在培训前，师范院校与 MT 镇学区的教育行政管理人员召开会议，确定了参训幼儿园——M 幼儿园，并介绍了学区与幼儿园的基本情况。M 幼儿园是 MT 镇的一所小学下附设的公立幼儿园，有中班、大班两个年龄班，其中 2 个中班、1 个大班，是该镇的唯一一所公立幼儿园。教育行政管理人员描述，该幼儿园会参加本区的各类培训，园长也曾参加"国培计划"幼儿园园长培训。而后地方教育主管部门与 M 幼儿园园长联系，组织三方一同进行会议协商建立教师合作学习共同体并确定初步的项目实施方向。

（二）与幼儿园联系，制订初步计划

在确定参与继续教育的幼儿园后，本课题组进入幼儿园内与园长和教师代

---

① 中共中央 国务院关于学前教育深化改革规范发展的若干意见［EB/OL］. 新华社. 2018-11-15.
② 对河北省第十三届人民代表大会第二次会议第 1160 号建议的答复［EB/OL］. 河北省科学技术厅网. 2019-05-09.

表进行交流。首先了解教师们曾经接受过的培训情况。M幼儿园的教师们一般接受的是线上培训，因为教师数量不足，现实情况无法允许参与线下培训，但曾参与过一次市里组织的直属幼儿园实地培训。在问及继续教育的需求时，园长讲道："我们这就是农村幼儿园，水平和市区肯定没法比。我们这老师的水平也是差得远，她们啥都需要学。"两位教师代表也均表示："我们其实都不太会，想各方面都多学习。""什么都挺欠缺的，主要还是想多学学怎么上课，就觉得上好课还是挺重要的。"接着问及想要的培训方式时，园长表示："肯定是线下培训效果好，但是老师们平时都上班，也没空。现在她俩出来，班里面也是找老师顶班的……"

经过第一次交流，与合作学习共同体的老师们添加了联系方式，成立群组，并确定了第一期培训课程的大概时间段，然后由高校教师初步确立继续教育内容安排。由于幼儿园老师及园长给出的学习要点只有活动组织方面的要求，具体是什么内容他们并不明确，因此合作学习共同体中的高校教师在初步制订计划时安排艺术教育、健康教育、数学教育以及蒙氏教学法等关于提升幼儿园教师活动组织水平的课程。而对于幼儿园环境创设课程的计划，则是由于第一次到M幼儿园时，研究者观察到三个班级的环境创设有进一步提高的空间与可能，因此安排三次环境创设的课程。具体课程内容详见表6-9。

表6-9 继续教育活动内容初步安排

时间	地点	内容
2021-04-08	腾讯会议	学前儿童艺术教育
2021-04-22	待定	学前儿童艺术教育
2021-05-13	待定	学前儿童健康教育
2021-05-27	待定	学前儿童健康教育
2021-06-10	待定	幼儿园环境创设
2021-06-26	待定	幼儿园区域环境创设
2021-09-17	待定	幼儿园区域环境创设
2021-10-15	待定	蒙氏教学法
2021-11-11	待定	学前儿童数学教育

续表

时间	地点	内容
2021-12-06	待定	学前儿童数学教育

(三) 根据计划进行课程讲解

1. 课程一：学前儿童艺术教育——歌唱活动案例分析

根据课程安排，研究者与幼儿园教师通过确认，首次活动确定在4月8日晚上通过线上的方式进行。考虑到线上课程的互动性与效果，课题组将第一次活动内容确定为学前儿童艺术领域歌唱活动案例分析。

本次与老师们进行线上活动中班歌唱活动《拉拉钩》视频分析，从视频入手，帮助老师们更加熟悉并掌握艺术活动组织的一般范式。本次活动主要向老师们介绍了"故事—动作—音乐—更高级目标"的艺术活动一般范式，并在观看过程中介绍了整体感知音乐、图谱的使用、每次听唱前提出不同的要求与目标吸引幼儿注意、动静交替等音乐活动的常见手法，老师们都有所收获。

在视频分析结束后，参训教师们交流了自己的心得体会。

Z老师：从视频和老师的讲解里面学习到每次都给孩子提出更高的目标。

G老师：我认同Z老师的观点，知道了如何有效地开展幼儿园音乐教学。本次教学运用了图谱帮助幼儿快速地记住歌词。通过做游戏记歌词，学会了教音乐的技巧。我在这方面还有许多不足之处，希望今后要向老师多多学习，来提升我的教学能力，让自己更专业。

Y老师：我觉得利用图谱吸引小朋友们的眼球，因为新鲜他们会好奇也会更配合。老师讲课的方式最值得我们学习，她特别会带动孩子，孩子也感兴趣，这个是关键……这个老师的思维逻辑很好……

将教师的感想录入NVivo软件进行编码，词频结果见图6-2。从图中可以看出，老师们的收获主要集中在歌唱活动的组织方法上，包括对幼儿提出不同的目标与要求，使用图谱，采用游戏的方式进行活动组织，教师适时退出，利用音乐、图谱和动作帮助幼儿学习等，这些均符合当前幼儿园"以游戏为基本活动，寓教育于各项活动之中"[1]，以及避免对幼儿进行千篇一律的技能和认知训

---

[1] 幼儿园工作规程 [EB/OL]. 中华人民共和国教育部网站. 2016-01-05.

练的理念。此外，老师们通过此次活动，也发现了解决幼儿在记忆歌词上困难的方法——用图谱帮助理解、记忆歌词。同时，老师们也关注到了基于幼儿的积极性与兴趣达成的教学结果才是有意义的。

图6-2 教师心得编码图

但是同时也存在一定的问题，从老师们的言语中发现，她们还是认为幼儿园的活动是讲课，而不是活动；并且是否能把从视频中学到的游戏化、尊重幼儿兴趣等要点落实到实际工作中也未可知。

活动结束后，幼儿园的Y老师与研究者进行了私下的微信交流，提道"想通过活动、手工之类的去带动小朋友，激发他们的上课兴趣"；"我不太赞同幼儿园去学一些文化的东西，幼儿园就是幼儿园，小学是小学，应该分清，合理地去安排一定年龄段所需要的东西"；"幼儿处在活泼好动的状态，抓住这个时机去学习艺术类的东西，我觉得对他们来说也是好的。现在的年龄段就是在摸索、探索、好奇当中让他们循序渐进"。通过与Y老师的交流得知，Y老师是刚毕业的新教师，主要进行三个班艺术类活动的组织，想要通过各类艺术活动带动小朋友，激发小朋友们的艺术兴趣。并且她也感觉到自己组织活动的方式不够合理，应该学习视频中执教老师的方式，一环扣一环地进行活动组织。

其他各位老师在课程中也提到希望能通过这次继续教育的机会学到更多，也更希望多参加线下活动，因为线下活动能更加专注地学习。

此外，通过腾讯会议与参训老师交流时，发现乡村幼儿园教师更加关注幼儿认知发展，例如，幼儿是否学会"数"的合成与分解，是否学会背一首诗词，等等。因此根据老师们的诉求，将健康活动改为数学活动。同时，由于老师们对于活动设计的思路也存有疑问，为此安排一次关于活动设计的讲座。通过和老师们商议，并结合研究者的自身研究方向，将课程内容与安排进行了调整，详见表6-10。

表 6-10　继续教育内容安排表（修订）

时间	地点	内容
2021-04-08	腾讯会议	学前儿童艺术教育（视频观摩）
2021-04-22	腾讯会议	学前儿童艺术教育（活动设计）
2021-05-13	腾讯会议	蒙台梭利教具
2021-05-27	M幼儿园	幼儿园活动设计
2021-06-10	M幼儿园	学前儿童数学教育
2021-09-24	腾讯会议	幼儿园环境创设（主题墙）
2021-10-29	M幼儿园	幼儿园环境创设（主题墙）
2021-11-15	腾讯会议	幼儿园区域环境创设
2021-12-06	M幼儿园	幼儿园区域环境创设

2. 课程二：学前儿童艺术活动设计

根据计划安排，第二次的活动依旧以线上方式进行，并且接续上一次艺术教育活动，安排了艺术活动设计。在第一次活动结束前，为了接续第二次课程，给接受培训的老师们留了一个小任务：根据第一次学习的内容，进行一次艺术方案设计。

在第二次课程开始前，研究者将收到的活动设计全部浏览并进行批注，总结出老师们的优点与不足。课程开始后，由案例导入，即从对艺术教育感兴趣的Y老师的活动设计《小星星》入手（图6-3），发现问题、进行分析，在此基础上再进行活动设计书写与艺术活动设计流程的课程讲解，这样老师们带着问题进行学习会更加有针对性。

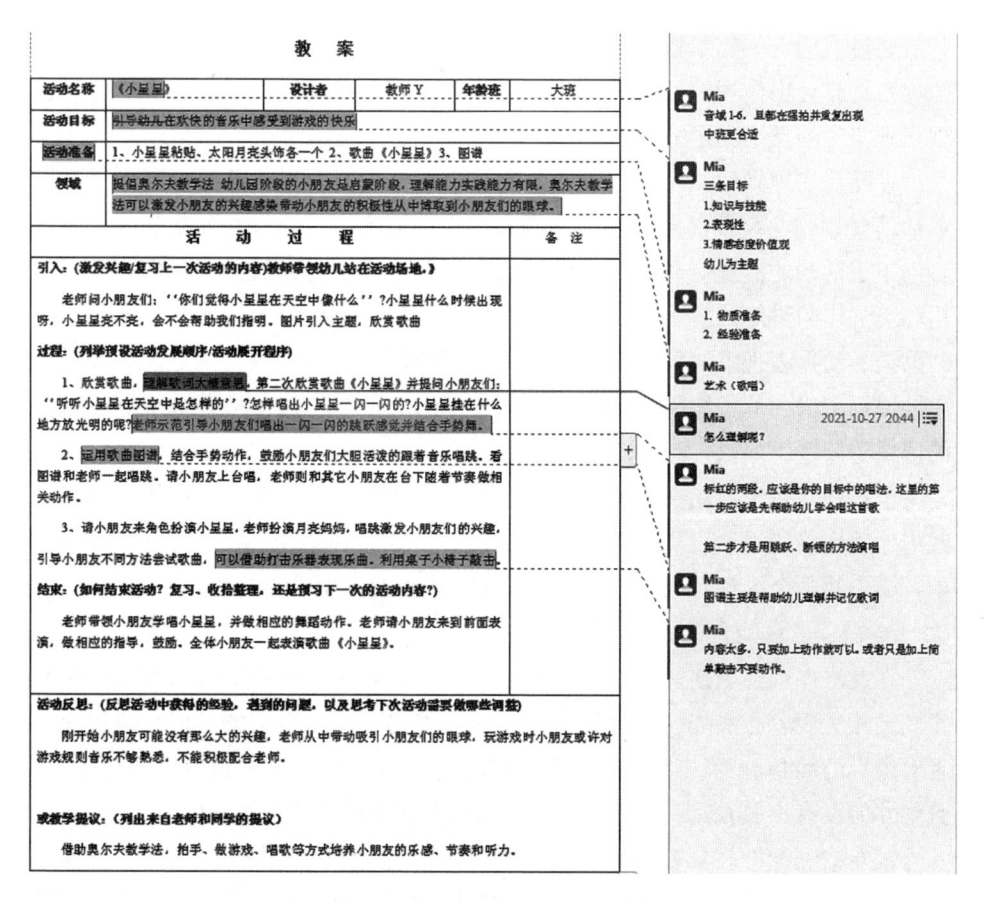

图 6-3 艺术活动设计分析案例

在内容选择与年龄班设置上,由于设置不匹配,则从这个问题入手,为老师们讲解了歌唱活动中,适合不同年龄儿童的音域以及歌曲的特点;对于活动目标的问题,则讲解了幼儿园艺术领域艺术审美能力发展目标、学习能力发展目标和情感态度价值观目标的三维目标写法,且目标书写要以儿童为主体;活动准备方面要包括物质准备和经验准备两个方面;活动过程的书写要符合逻辑,如要先学会唱歌,才能学会以断顿、跳跃的声音来唱这首歌;活动使用材料不宜过多,一次歌唱活动中,使用动作或者打击乐器即可,如果二者皆使用,会导致主题不清、结构混乱等。同时,借此机会,还为各位老师提供了集体艺术活动组织"故事—动作—音乐—适宜的更高级挑战"的一般范式。

在 Y 老师的案例与知识讲解结束后,秉持"即学即用"的原则,请老师们自我分析与分析其余几位老师的艺术活动设计,老师们都能运用自己所学,或多或少进行点评。

通过前两次的艺术教育专题教学，老师们学会利用图谱进行艺术活动组织，能在活动设计中体现游戏化，并能利用多种感官通道进行音乐的感知，这是体现在现实中的立竿见影的效果。

在随后实地到幼儿园进行其他专题讲座时，Y老师把自己本周进行过的歌唱活动《蜗牛与黄鹂鸟》使用的图谱拿出来请研究者进行针对性指导，并讲述自己组织活动的流程。通过Y老师的讲述以及图谱可以发现，老师们能把第一周和第二周的讲解内容大部分运用到实践中，如：故事导入、图谱帮助儿童记忆歌词、动作表现歌词等，但是存在着对于图谱了解不深刻，只是知道在活动中要使用图谱，但不能很好地把握图谱利用的时机与功能；没有书写活动设计的习惯等问题。

但是模仿是学习新技能的第一步，能够主动把学到的知识、技能运用到实践中，并模仿优秀幼儿园老师的教学方法，是在构建I-U-G-S继续教育模式中，突出教师个人学习兴趣与内驱力的非常重要的、积极的体现。

3. 课程三：蒙台梭利教具

在此次课程开始前，曾与老师们交流是否对蒙台梭利教学法以及蒙台梭利教具的相关内容有兴趣，老师们一致表示对该内容不是很了解。但是通过研究者对蒙氏的简单介绍，老师们认为可以进行了解。蒙氏教具种类多、体量大，且幼儿园没有相关教具，因此此次活动用线上视频直播的方式进行。

蒙台梭利标准教具有185件，其中日常教具15件、感官教具40件、数学教具70件、语言教具21件、科学文化教具39件。研究者为老师们展示了插座圆柱体、彩色圆柱、长棒、棕色梯、粉红塔、铁质几何嵌板、构成三角形、集合立体组等教具，并实际演示这些教具如何操作和每个教具的作用以及通过操作这些教具培养幼儿的逻辑思维和推理能力。由于这些老师们完全没接触过蒙氏教具，不知道教具长什么样子、用教具能做什么、能达到什么教育效果，在整个课程中，他们都听得很认真也很投入。

除此之外，还向老师们着重介绍了蒙氏的三段式教学法。之所以介绍三段式教学法是因为这种方法是老师们在"幼儿园一日生活"中可以经常使用的。第一段是命名，也就是给物体赋予名称，帮助幼儿建立实物与名称的关系，例如这是三角形；第二段是辨别阶段，就是辨别名称和物体的关系，例如给出几个图形后，提问幼儿哪一个是三角形；第三段是发音阶段，即说出所指物体的名称，例如教师手指三角形，提问幼儿这是什么形状。

虽然三段式教学法非常简单，但是就是这种简单的方法可以帮助促进幼儿语言和认知的发展。通过此次活动，老师们感受到了蒙氏教学法既严格又有效，既让人放松又让人不马虎。通过日常生活教育、感官教育、数学教育、历史文化教育、语言教育等让幼儿进行自发的主动学习。

4. 课程四：幼儿园活动设计

通过对第二次课程艺术教育活动的活动设计以及后续的 Y 老师组织活动却未写活动设计可以看出，老师们对于为什么写活动设计、怎么写活动设计等问题并不是很清晰明了，而且老师们对于怎么写活动设计也有着迫切了解的需求，因此就有了本次专题。

本次专题首先向老师们介绍了幼儿园活动方案的基本要素包括活动主题、活动目标、活动准备、活动过程、活动延伸等部分。关于活动内容选择要利于幼儿后续学习、符合幼儿年龄特征、对应教育活动目标要求、引发和满足幼儿的兴趣与需要以及体现科学和人文精神融合等。

关于活动目标是活动方案书写的难点。研究者将《3—6 岁儿童学习与发展指南》发给每位老师并带领大家粗略浏览了大概内容，指出幼儿园教育目标分为认知领域、动作技能领域和情感领域三个方面。编写活动目标时，行为主体应该是儿童，书写要清晰、具体、有针对性且可操作性强，目标要具有可测量性等。

对于活动过程，导入要与本次活动内容相关，引发幼儿兴趣；基本的环节要层层相扣，提高幼儿的参与度，让幼儿在操作与游戏中学习；最后活动要有明确的结束，而非草草收尾。

对于活动延伸，它不仅仅是当次活动的复习与巩固，更应该向更深层次与跨领域方向延展。

随后，老师们将自己的活动设计进行了修改，依旧以 Y 老师的艺术活动设计《小星星》为例（图 6-4），与之前的活动设计相比，年龄班更改为更加合适的中班，活动目标增加为 3 个，领域更加明确，学会演唱与跳跃断顿的演唱顺序更加合理，最后有教师退出演唱，给予幼儿更大的自由。但是，修改过的活动设计依旧存在不足，如图谱的作用是帮助幼儿记忆歌词，应该出现在活动基本环节而非结束环节；活动中幼儿唱的次数依旧不够多；等等。但是通过此次活动，老师们了解了活动设计各个部分的逻辑关系以及活动设计的写法，在以后的工作中，他们就可以以评价者的角度去审视自己的活动设计，发现其中的问题，进而进行修改，达到更完善、更完整的效果。

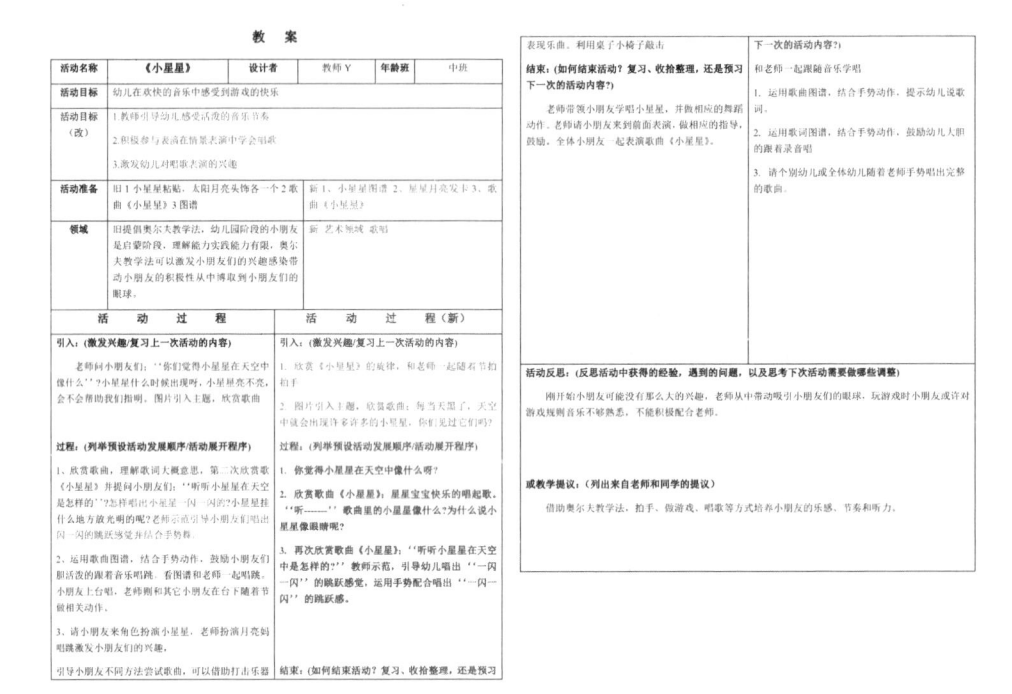

图 6-4 艺术活动设计修改案例

5. 课程五：学前儿童数学教育——数概念

2018年教育部办公厅颁发的《关于开展幼儿园"小学化"专项治理工作的通知》中明确指出，"严禁教授小学课程内容，纠正'小学化'教育方式，整治'小学化'教育环境，解决教师资质能力不合格问题"，"加强园长教师培训，切实提高园长教师科学保教能力"。而数学领域又是"小学化"的重灾区，因此本次专题根据《3—6岁儿童学习与发展指南》科学领域的目标以及教育建议和幼儿身心发展特点设计和实施培训，为老师们讲解幼儿的数概念的形成以及数学活动的组织方法，杜绝幼儿园数学教育的"小学化"倾向，并对参训教师教育观存在的问题给予纠偏。

本次活动选择在班级的数学区进行，一是方便研究者进行实际举例，二是老师们在这样的环境中更能够学以致用。在本次活动中，首先抛出案例让老师们知道什么是数概念、幼儿数概念发展的一般过程。而后介绍了数概念包括计数能力、数的序列认识、数守恒、数的组成等方面的内容以及每个年龄班的幼儿应该学到的内容，如小班会学到1和许多按照正确顺序数10以内的数，能手口一致点数5以内的实物；中班会学10以内的序数，掌握数守恒，认识阿拉伯数字；大班可以学分类与组合、按群计数；等等。此外还向老师们介绍了数名、数量和数型三个不同而又相关容易混淆的概念，区分了按数取物和按物取数以及底层逻辑。

在老师们掌握了基本概念后，又介绍了一些简单的容易操作的游戏。例如抛硬币游戏，通过幼儿自己抛硬币的操作与探索，知道数的合成与分解有几种形式，这就是幼儿学习加减法之前的一个过程。再如摆棋子游戏既帮助幼儿学会按照物体的颜色分类，又训练了手指的精细动作。对数学游戏的介绍，帮助了老师们了解数学的学习不是只有讲解、做题一种方式，幼儿更可以通过自主操作探索、游戏的方式在快乐与实际操作中获得知识。

此外，研究者结合课程三的蒙氏教具长方形盒的视频向老师们讲解了长方形盒在日常教育数学中的应用，既复习了之前所学，又帮助老师们打开了数学教育活动的新思路。

6. 课程六：幼儿园环境创设——主题墙创设

此次主题来源并非是幼儿园教师主动提出的，而是研究者观察班级主题墙后与参训教师共同商量的结果。图 6-5 为该幼儿园 Z 老师班级的主题墙，Z 老师拿出本班案例供大家一起分析与点评。活动开始前，Z 老师讲解了该主题墙的设计思路，即学习曾参观过的市直属幼儿园，以季节为设计思路进行设计。通过图片可以看出，该主题墙接近幼儿生活，体现童趣性，但是结构不明晰；教师包办、没有体现幼儿参与的主体性；呈现方式和内容杂乱，未体现教育功能。借此案例导入，为老师们讲解了班级活动室主题墙的类别、设计原则等相关内容。

图 6-5　M 幼儿园班级主题墙

7. 课程七：幼儿园环境创设——主题墙创设（实践）

根据课程计划与即时沟通，第七次活动为线下活动（图6-6）。面对面的课程培训可以增加老师们对理论内容的理解，并且能及时解决存在的问题。此次线下活动分别进入三个班级，了解各个班级的月计划与周计划，依照M幼儿园的季节主线的环境创设进行针对性指导。

图6-6 线下主题墙创设实践

首先请各位老师说出并写下自己能够想到的和自己班级课程相关的有关冬季的事物、意象，之后请各位老师依次把自己想要放在主题墙上的内容筛选出来并画出草图，然后根据每位老师的设计方案，进行有针对性的讨论与修正。

以图6-6和图6-9出现的班级为例，主班G老师问到幼儿园资源不足，是否能把墙角的树保留，于是研究者提出建议将该班级的树进行"改造"——添加树干，并且可以在树上挂小朋友们做的灯笼、雪花、鞭炮、雪球等手工作品，这样幼儿就参与到了主题墙创设当中。此外，G老师还提出冬天小朋友们还会堆雪人，可以把雪人放在主题墙上。研究者肯定了这个想法，并提出雪人可以是小朋友们的手工或绘画作品的建议。由于四位幼儿园老师想的意象大多集中在过年的节庆活动和冬天的雪花上，为了区分出三个班级主题墙和课程结合的不同，对G老师所在的大班提出了另外两个老师们没有提及的事物——冬季运动和诗词。冬季的运动和夏季略有不同，例如可以有打雪仗、扫雪等，而诗词则和该班级的活动内容相结合，如语言活动"梅花"之后，可以后续跟随美术活动画梅，请小朋友们将诗词中的梅花画出来，既可以巩固语言活动所学，又可以多感官感知，还能发挥小朋友们的美术创作能力。

活动结束后，几位老师将修改后的设计图分别拍照留存，以便日后进行主题墙更换时实施。图6-7为12月G老师逐渐更换主题墙后的成果，并通过私聊联系研究者展示成果，询问可以做出怎样的修正。研究者指出，可以再增加一些幼儿的作品。于是 G 老师拿出图 6-8 所示的幼儿的梅花图，想要把梅花图放在树的周边。研究者指出，可以用梅花图来替换房子的部分，且梅花可以经过教师剪切加工，让梅花"长"在树上；同时，在主题墙右半部分可以增添幼儿关于新年的作品。

图 6-7　M 幼儿园训后班级主题墙

图 6-8　幼儿作品梅花

通过 G 老师所在大班的案例可以看出，虽然仅经过两次活动的主题墙创设课程培训，但老师们可以慢慢将幼儿主体的思想贯彻在主题墙创设中，同时也学会了主题墙的分模块组织与建构。此外，通过第一次的线下活动，老师们一致反映线下活动的效果比线上事半功倍，因此将第六次与第七次课程合并为一次课程，均在 M 幼儿园进行线下活动培训。

8. 课程八：区域环境创设理论与实践

《幼儿园工作规程》指出："幼儿园应当将环境作为重要的教育资源，合理利用室内外环境，创设开放的、多样的区域活动空间，提供适合幼儿年龄特点的丰富的玩具、操作材料和幼儿读物，支持幼儿自主选择和主动学习，激发幼儿学习的兴趣与探究的愿望。"创设区域环境是幼儿园教师的一项基本工作内容，包括根据幼儿园自身的客观条件因地制宜地创设区域活动空间；要根据不同年龄幼儿的发展水平和活动需要，合理安排适宜的活动区域，投放相关的不同层次的区域活动材料。同时还要求教师能通过创设良好的区域环境支持幼儿学习，促使幼儿与周围环境互动，促进每个幼儿全面发展。

因此在班级墙面创设之后，幼儿园老师们与研究者一致认为班级区域活动创设的课程十分有必要。在此次课程中，首先为老师们讲解了区域环境本质上是有准备的环境，是促进幼儿自由选择的活动，也是教师间接指导的活动。其次，结合班级环境为老师们讲解了班级区域空间的种类以及每个类别的特点、班级空间的合理规划以及区域材料选择与投放等相关知识要点。最后也是最重要的部分，就是针对每个班级现有区域指出优点与不足，提出实际的改进方案。

图 6-9　区域环境创设课程

针对 G 老师所在的班级，可以看出班级以季节为主题进行了整个活动室的创设，如主题墙以秋天为主题，墙面有二十四节气图等。通过图 6-6 和图 6-9 可以看到班级内有美工区、娃娃家、植物角、数学区等区域，且存在不少优点。其中植物角紧挨水源，利于小朋友们照顾植物；数学区充分利用墙面，且墙上的环境创设可操作性非常强，利于小朋友们动手操作；全班充分利用废旧材料，如纸箱、鸡蛋保护盒、鞋盒、泡沫箱等。但仍存在许多不足，如娃娃家是不适合在大班设置的，可以将之替换为更能发展幼儿社会性的角色扮演区，如超市、餐厅等；美工区在靠墙一边，光线不够充足，且与娃娃家这样的动态环境相邻，会互相影响；墙面材料如二十四节气图、礼仪用语等高度不适宜幼儿身高；没有设计进区卡与进区规则。因此为 G 老师提出以下建议：娃娃家以角色扮演区替换掉；美工区可以在幼儿入区后，面对窗户进行活动，且桌子摆放稍微远离角色扮演区；墙面材料移低到暖气片上；根据班级文化设计进区卡，增加进区规则；等等。

随后到达 Z 老师的班级，该班级是以海洋世界为主题进行的班级整体环境创设。该班级的环境创设非常有整体感，也充分利用了废旧材料。针对图片右半边的数学区，Z 老师问研究者："老师，之前您讲的蒙氏的那个教具，我是不是也可以自己手工制作然后放在我们班的这个数学区里？"从这个问题可以看出虽然老师们是第一次接触蒙氏教学法的内容，但是只要是她们感兴趣的并且经过他们的思考，都是可以在自己的班级中灵活运用的。虽然乡村幼儿园没有足够经费购买整套的蒙氏教具，但是一些简单的教具，只要老师们掌握了其中的原理，也是可以自己动手制作并且运用在集体教育活动与区域活动中的。

（四）课程结束，形成最终方案

在整个继续教育培训过程中，秉持着一线教师内驱的原则，针对教师们的切实所需，结合幼儿园的现实困境，在课程方案实施过程中不断修订，最终形成表 6-11 中的方案。

表 6-11 继续教育内容安排表（终稿）

时间	地点	内容
2021-04-08	腾讯会议	学前儿童艺术教育（视频观摩）
2021-04-22	腾讯会议	学前儿童艺术教育（活动设计）
2021-05-13	腾讯会议	蒙台梭利教具
2021-05-27	M 幼儿园	幼儿园活动设计
2021-06-10	M 幼儿园	数概念
2021-09-24	腾讯会议	幼儿园环境创设（主题墙）
2021-10-29	M 幼儿园	幼儿园环境创设（主题墙）
2021-11-15	M 幼儿园	幼儿园区域环境创设

通过以上以 M 幼儿园为例的乡村教师继续教育 I-U-G-S 模式在幼儿园的实践应用可以体现出以下要点：

第一，突出乡村教师和教师合作学习共同体的主体性。本模式从与幼儿园和教师一起进行会议协商建立教师合作学习共同体后，与教师合作学习共同体商议交流确定培训内容、时间与方式。此外，在活动过程中，随时与参训教师交流沟通，根据参训教师的实际需要更新培训方案，按需培训。

第二，体现多方适应性。本次培训的目标设定、时间安排、培训内容、方式和途径等均根据参训教师的需求反馈，并将反馈环节从始至终贯穿于培训方案设计，与参训教师即时沟通，听取其建议、需求和评价，及时调整培训内容和方式。

第三，以问题为导向的学习。本模式以问题为导向，从参训教师在工作中遇到的问题以及参训教师没有意识到但研究者观察到的问题出发，不断调整培训方案。例如数概念专题：一是参训教师们对于数学活动的设计与实施想要学习更多，二是研究者观察到班级活动室的黑板上用粉笔写着加减法，这意味着该班确实存在着数学教育"小学化"的倾向，因此制定了数概念的课程。此外，课程六幼儿园主题墙创设的主题来源并非是幼儿园教师主动提出的，而是研究者观察班级主题墙后与参训教师共同商量的结果。

第四，实践指向性培训。只有参训教师将所学知识和技能运用于实践时，这些知识与技能对于参训教师来说才是有意义的。首先，培训实践场域在 M 幼儿园，当置身于幼儿园活动室时，培训才更有氛围且更能产生影响。其次，对于无法线下进行的活动，培训教师到实践环境中进行演示，例如：蒙氏教学法专题，由于教具多而杂，且乡村幼儿园没有配套设施设备，研究者则到师范院校的蒙氏实训室为参训教师直播演示。最后，课程内容与教师的实践工作密切结合，理论与实践共同服务于参训教师的能力提升，例如：艺术活动的理论与实践、主题墙创设的理论与实践以及幼儿园区域环境创设的理论与实践等，均体现了实践指向性的原则。

第五，线上线下协作互补的培训方式。受培训者和参训教师的时间限制，网络培训成为解决问题的有效途径。本模式采用线上与线下结合的方式，根据参训教师教育实际灵活选择，促进培训效率最大化、教育绩效最优化。

该实践模式以参训教师和教师合作学习共同体为主体、教育管理部门为媒介，师范院校整合师资与课程资源，乡村幼儿园具体安排，精准定位、以点带面、共同协作，为乡村幼儿园教师提供优先考虑参训教师的切实所需、以问题为导向的实践指向性培训。

第七章

乡村教师继续教育 I-U-G-S 模式的实施效果

继续教育评价是运用合理的方法和科学的评价标准，对继续教育项目从准备阶段到实施过程，再到实施结束后对相关数据信息进行收集并做出价值判断的过程，其目的是给继续教育培训组织者和管理者对项目后续整体改进提供更加科学的依据，从而有效促进教师继续教育管理部门对于教师继续教育管理和决策能力的提高。完整的教师继续教育评价应该贯穿于一个培训项目实施周期的全过程[①]，包括项目实施前对项目设计与培训需求适切度的评价，项目实施过程的满意度评价以及培训结束后的终结性评价三个环节。

现行教师培训评价多在教师培训结束后，让参训教师针对培训课程、师资和组织管理等题目填写满意度调查表，虽然这种评价在一定程度上可以反映培训的整体水平，但也容易因为评价体系设计不科学而导致测评结果缺乏有效性和客观性。而且这种评价对象往往是培训方的讲授水平以及后勤管理服务等非主要因素，而对于参训教师的实际学习过程、学习状态和学习效果并不关注。陈霞曾在其教师培训有效性的相关研究中指出，目前教师培训评价体系中，70%都是关于培训组织管理、培训实施、培训课程、培训师资等内容的评价，而对于参训教师自身教育培训效果的评价比例很小。[②] 更重要的是，培训评价的结果既不反馈给培训者，也不反馈给参训教师，只是单纯地收集和保存对培训教师教学水平进行评价的量化数据，无法发挥以评促改、以评促建的重要价值。即使有些教师培训设计了对教师学习过程的评价，也多停留在是否按时交作业、出勤率是否达标、远程培训的各项指标是否到位等外在评价方式，缺少参训者对培训收获的自我评价。总而言之，我国乡村教师继续教育绩效与评价尚存在着"重培训形式轻培训效果""重施教者评价轻参训者评价""重评比轻改进""重他评轻自评"等问题，亟须建立一个更加客观、全面、科学的评价指标体系，将参训教师自身纳入评价体系，使参训教师既是培训评价主体，也是被评价的对象，只有这样才能使教师培训工作在参训教师的内在需求、目标达成、

---

① 戴礼章. 县域乡村教师有效培训研究 [M]. 上海：华东师范大学出版社，2022：200.
② 戴礼章. 县域乡村教师有效培训研究 [M]. 上海：华东师范大学出版社，2022：202.

内容匹配、专业成长效果等一系列方面揭示教师培训的问题，为今后的乡村教师继续教育提供借鉴。

一、乡村教师继续教育有效性评价指标体系构建

乡村教师继续教育有效性测评，作为提升乡村教师继续教育水平和质量的关键性环节和基础性工作，不仅是描述我国教师教育发展状况的基本工具，也是反馈培训主体——乡村教师主观感受和现实诉求的重要途径，更是评价教育师资部门履职情况的重要手段。为了能够真实呈现乡村教师继续教育效果，持续确保教师继续教育的顺利开展，并引导教师继续教育努力从实践探索、经验积累到理性规范阶段，构建一个全面科学、合理有效的乡村教师继续教育有效性评价指标体系是重要前提。

基于上述分析，本研究在吸收借鉴有益研究理论的同时，选取河北省廊坊市乡村地区部分义务教育和学前教育阶段，以教师教育最直接的服务者、受惠者—乡村教师为研究对象，通过"比较分析—理论建构—民意收集—专家鉴定—实践测试"五个步骤形成最终的乡村教师继续教育效果评价指标体系。

（一）乡村教师继续教育有效性评价指标体系的构建依据

1. 理论依据

理论基础是教师教育有效性指标体系建立的逻辑起点，不同的理论基础决定了指标体系不同的概念框架、展开方式和具体构成。本指标体系主要选取了CIPP评价模型和顾客满意度作为理论依据。

（1）CIPP评价模型

美国学者斯塔弗尔比姆于1967年在对泰勒行为目标模式反思的基础上提出了CIPP模型。CIPP评估模型由四项评估活动的首个字母组成：背景评估（Context evaluation）、输入评估（Input evaluation）、过程评估（Process evaluation）、成果评估（Product evaluation），简称CIPP评估模型。背景评估主要对教育的人口、政治、经济和文化等因素进行评估，探讨这些背景性因素给教育结果带来的差异性影响；输入评估主要是从继续教育与乡村教师需求的匹配度进行适切性考查；过程评估主要对教师继续教育的教学内容、培训形式、培训时间、师资配备和培训考核等进行描述和评估，了解参训教师对教育培训的满意程度；成果性评估主要对继续教育后乡村教师专业素养水平进行考查和阐释。

（2）顾客满意度理论

20世纪80年代，美国消费心理学家奥利弗最早提出了"顾客满意度"

(customer satisfaction，简称 CS）的概念。① 顾客满意度，即消费者对企业、行业或国家在满足顾客需求方面进行的评价。它是指消费者在消费过程中或消费服务之后对消费对象和消费过程的一种个性和主观性的情感反应，而这种情感反映的是消费者对消费过程或结果实际感知与期望值相比较之后形成愉悦或失望的感觉状态。② 如果其体验或性能达不到预期，顾客就会不满意；如果其体验或性能与其预期相匹配，顾客就会满意；如果其体验或性能超过预期，顾客就会高度满意或者表现出愉悦。③

2. 政策依据

早在 2001 年，教育部在《基础教育课程改革纲要（试行）》中，就对中小学教师发展和素质提升方面提出了明确的要求，即"中小学教师继续教育应以基础教育课程改革为核心内容。……地方教育行政部门应制定有效、持续的师资培训计划，教师进修培训机构要以实施新课程所必需的培训为主要任务"，因此，推进乡村教师继续教育与新一轮课程改革同步进行理应成为评价教师继续教育效果的重要考量要素。

2010 年，伴随着教师国培计划的实施，教育部颁布了《教育部办公厅关于加强国培计划项目绩效考评工作的意见》，以确保国培计划实施的有效性。

2012 年国家又出台了《幼儿园教师专业标准（试行）》《小学教师专业标准（试行）》《中学教师专业标准（试行）》等一系列政策文件，对合格幼儿园、小学和中学教师的专业素质提出基本要求，明确基础教育师资是"履行教育教学工作职责的专业人员，需要经过严格的培养与培训，具有良好的职业道德，掌握系统的专业知识和专业技能"。自此，这一系列专业标准成为引领基础教育教师专业发展的基本准则，也是基础教育教师培训考核的重要依据。

为贯彻国家关于加强教师队伍建设的一系列文件精神，河北省先后印发了《河北省乡村教师支持计划（2015—2020 年）实施办法》《河北省委省政府关于全面深化新时代教师队伍建设改革的实施意见》等政策文件，对教师思想政治素养和师德水平、专业化水平提出了具体要求。上述文件政策都为构建河北省教师继续教育有效性的评价指标体系指明了方向，具有一定的指导意义和参考价值。

---

① 孔志华. 基于顾客满意度的高职教育评估模式研究 [D]. 杭州：浙江工业大学，2007.
② 刘凯，张传庆. 中外高等教育满意度研究述评 [J]. 高教发展与评估，2013（2）：45-52.
③ 科特勒，凯勒. 营销管理 [M]. 15 版. 何佳讯，于洪彦，牛永革，等，译. 上海：格致出版社，2016.

（二）乡村教师继续教育有效性评价指标体系的理论模型

本研究主要根据上述理论和政策内容，将乡村教师继续教育有效性的评价分为三部分。

一是对通过教师参训前需求和培训后认可度的一致性进行比较分析的适切性评价；二是参训教师对培训实施过程的满意度测评；三是对参训教师专业素养产生的影响力测评。具体到模型构建，在纵向方面，参考 CIPP 理论，按照教育输入、教育过程和教育产出的测评框架进行；在横向方面，借鉴教师专业标准主要内容，体现教师继续教育的核心内容，以此构建纵横交错的教师继续有效性测评指标体系框架。具体包括：

第一，在培训准备环节，进行教师的培训需求调研，并以此为依据将参训教师培训后对培训项目的认可度与培训前的需求度进行比较测评，以确定该培训项目与教师需求的适切度。具体培训方案的设计安排，应包括培训目的、培训时间、培训内容、培训形式、培训师资和培训管理等方面是否符合教师的真实需求。

第二，在培训实施环节，进行参训教师对培训组织实施的满意度测评，即参训教师对于培训时间、培训内容、培训形式、培训师资、培训管理等方面的满意程度评价。

第三，在培训结束环节，进行培训项目的影响力测评，即对参训教师从专业理念和师德、专业知识、专业能力三方面综合评定参训教师的专业素养提升情况，以此作为培训有效性的主要依据。具体内容见图 7-1。

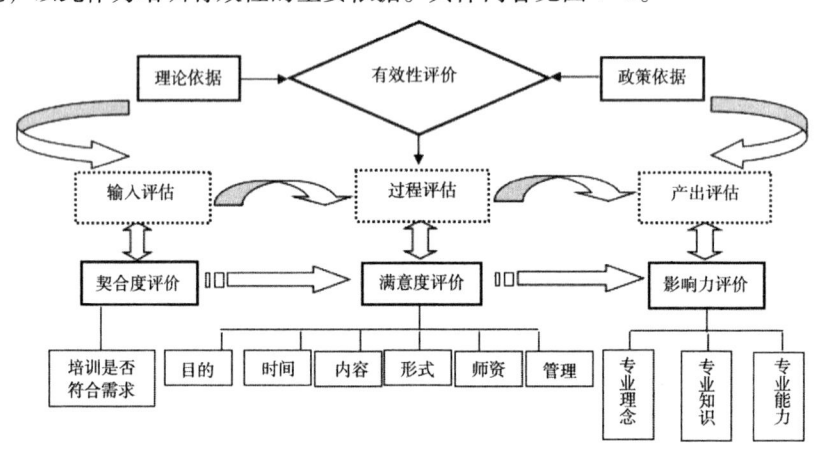

图 7-1 乡村教师继续教育有效性评价指标体系构成示意图

(三) 乡村教师继续教育有效性评价指标体系的实施流程

在构建具体指标体系时，首先，在文献研究基础上经过高频指标筛选、指标独立性分析，并综合国家对乡村教师培训的相关政策要求和培训评价的理论依据，本着指标简洁、解释力强和数据可获得的原则，《乡村教师继续教育需求》和《乡村教师继续教育满意度》测评量表分别选取了5个一级指标，《乡村教师专业素养》量表选取了3个一级指标，根据每个一级指标设计相应的二级指标，并通过乡村教师的调查访谈，将收集反馈的教师意见融入指标体系；其次，根据专家检定修正指标体系；最后，将修正后的指标体系形成调查问卷进行实践测评，将测评结果进行统计学分析，根据统计分析结果完善指标体系，以形成最终科学合理的乡村教师继续教育有效性指标体系。"乡村教师继续教育有效性评价指标体系编制流程"见图7-2。

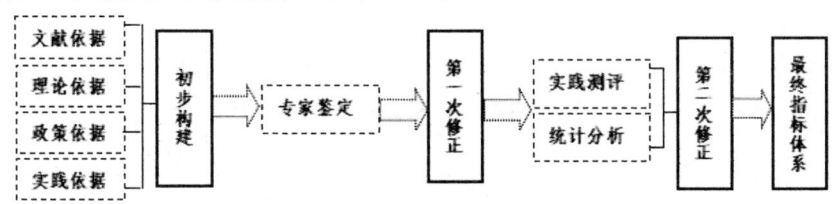

图7-2 乡村教师继续教育有效性评价指标体系编制流程示意图

(四) 乡村教师继续教育有效性评价指标体系的内容构成

1. 乡村教师继续教育适切度测评指标构成

测评培训需求与项目实施的针对性、匹配度指标体系如表7-1所示。分别由培训目的、培训时间、培训内容、培训形式、培训师资、培训管理六个一级指标构成，每个一级指标又分成若干个二级指标。调查分两次进行，一是由参训教师在培训前通过填写问卷，对其进行需求调查并据此设计培训方案；二是在培训结束后，对需求问卷中同样的问题进行乡村教师的培训项目认可度调查，要求参训教师对每道题目的不同答案按认可度由强至弱依次排序，通过需求度和认可度选择序列的一致性高低，判断培训项目的适切度。(见附录8)

表7-1 乡村教师继续教育适切度指标构成

测评对象	一级指标	二级指标
培训方案设计	培训目的	满足工作需求 自我发展需求

续表

测评对象	一级指标	二级指标
培训方案设计	培训时间	培训频次
		培训时间选择
		培训时间长度
	培训内容	内容实用性
		内容针对性
	培训形式	形式多样性
		形式灵活性
	培训师资	师资结构
		师资质量
	培训管理	组织管理
		学习管理
		追踪管理

2. 乡村教师继续教育满意度测评指标构成

测评参训教师对培训项目的过程满意度指标体系如表7-2所示：依次编制问卷题目，调查题目均采用Likert 5点计分，得分越高，表示满意度越高（问卷见附录7）。最后统计出总体满意度和一级指标、二级指标的满意度以及培训满意度在不同人口统计变量上的差异性。

表7-2 乡村教师继续教育满意度指标构成

测评对象	一级指标	二级指标
培训项目实施	培训时间	培训时间选择
		培训时间长度
	培训内容	内容全面性
		内容针对性
	培训形式	形式多样性
		形式灵活性
	培训师资	师资结构
		师资质量

续表

测评对象	一级指标	二级指标
培训项目实施	培训管理	组织管理
		学习管理
		追踪管理

3. 乡村教师继续教育影响力测评指标构成

测评乡村参训教师对培训项目结束后的影响力指标体系，如表7-3所示。按照测评对象的不同，可以分为三方面：一是对乡村教师的影响力测评，其具体过程需要分两次调查完成进行。首先，在培训开始之前，对乡村参训教师从"专业理念和师德""专业知识""专业能力"三个方面进行专业素养的前测；其次，在培训结束后，对参训教师进行专业素养三个维度的后测，将两次测评结果进行比较分析，判断教师在专业素养方面是否有所提升。据此编制的调查问卷中，题目均采用Likert 5点计分，得分越高，表示相对应的专业素养越高。最后，统计出乡村教师总体专业素养和一级指标、二级指标的专业素养，再将两次的结果进行差异性比较分析。二是对乡村学生的影响力测评，通过测试乡村学生的"学业成就""身心健康""综合素养"和"实践创新"等方面间接评估培训的有效性。三是对乡村学校的影响力测评，包括参训教师对"同事的影响"和对所在乡村学校"校本教研的影响"两方面。具体测评方法与乡村教师专业素养相同，需要收集前测数据，将培训后采集的数据进行比较分析，最终得出结论。

由于本研究构建的乡村教师继续教育I-U-G-S模式受时间、经费等多方面因素制约，在选取具体乡村教师样本进行应用时，为特别突出"I"的元素，即参训教师在培训中的主体地位，故影响力评价主要针对乡村教师自身的影响进行了统计分析，特此说明。

表7-3 乡村教师继续教育影响力指标构成

测评对象	一级指标	二级指标
乡村教师	专业理念和师德	乡村教师职业理念
		对待乡村学生的态度和行为
		个人综合修养

续表

测评对象	一级指标	二级指标
乡村教师	专业知识	教育心理知识
		学科知识
		教学知识
		通识知识
	专业能力	教学能力
		乡村教育实践活动能力
		班级管理
		沟通合作
		教育反思
乡村学生	学业成就	学习成绩
		学习习惯
	身心健康	身体健康
		心理健康
	综合素养	品德修养
		审美素养
	实践创新	创新思维
		劳动实践
乡村学校	对同事的影响	更新教育教学理念
		强化师德观念
		教学行为改进
		教研能力提升
	对校本教研的影响	发挥种子教师辐射作用
		组建学习共同体
		营造教师终身学习氛围

二、乡村中小学教师继续教育 I-U-G-S 模式的有效性分析

（一）乡村参训教师基本情况的统计分析

1. 初中教师

为验证乡村教师继续教育 I-U-G-S 模式对于乡村教师专业素养提升的有效

性，主要在河北省廊坊市 M 镇选取了 106 名初中乡村教师作为培训对象，其具体情况见表 7-4。

从表 7-4 可以看出，乡村初中参训教师的成分较为复杂。在性别方面，男教师多于女教师；从年龄和教龄来看，41—50 岁且入职 21—30 年、11—20 年的中年教师居多，基本处于教师专业发展的成熟阶段。从学历变化来看，大多数教师从初始学历较多的高中、大专经过入职前后的函授、自学等培训进修，纷纷取得本科及以上学历，极大地提升了乡村初中教师的学历层次，这一方面说明之前教师进行的学历进修效果显著，另一方面也说明河北省乡村初中教师入职门槛较低。在职称方面，有一半教师具有"中教一级"职称，"中教二级"职称和"中教高级"职称比例相当，说明当前河北省乡村教师职称结构较为合理，但还有少数人没有职称，需进一步调整优化职称结构。在编制方面，还存在 13.2% 的教师没有编制，在一定程度上会影响教师的工作积极性和乡村教师队伍的稳定性，需要防范乡村教师的流失风险。

表 7-4 乡村初中参训教师的基本情况分布一览表

项目	类别	样本量/人	百分比/%
性别	男	70	66
	女	36	34
年龄	30 岁及以下	18	17
	31—40 岁	27	25.5
	41—50 岁	44	41.5
	50 岁以上	17	16
教龄	5 年及以下	18	17
	6—10 年	3	2.8
	11—20 年	33	31.1
	21—30 年	38	35.8
	30 年以上	14	13.2
初始学历	高中及以下	45	42.5
	大专	38	35.8
	本科	23	21.7

续表

项目	类别	样本量/人	百分比/%
最高学历	大专	28	26.4
	本科	76	71.7
	硕士研究生	2	1.9
职称	中教二级	20	18.9
	中教一级	53	50
	中教高级	21	19.8
	无职称	12	11.3
是否在编	是	92	86.8
	否	14	13.2

2. 小学教师

为测试"I-U-G-S"这一乡村教师继续教育模式的应用效果,随机选取了河北省廊坊市M镇88名乡村小学教师作为培训对象,其具体情况见表7-5。

从表7-5可以看出,乡村小学参训教师构成与初中教师呈现出不同特点。在性别方面,小学的女教师明显占主体,而男教师较少,仅占全体教师的19.3%,性别结构不甚合理。从年龄和教龄来看,"30岁以下"且教龄不足5年的年轻教师占比40.9%,反映出农村小学教师年轻化的特点,处于专业发展初期阶段的教师较多,需要通过大量的培训提高其专业素养。从学历来看,乡村小学教师从初始学历较多的高中、大专,经过学历培训进修,多数取得本科及以上学历,并完全消除了高中及以下学历,说明小学教师的学历培训将不是今后培训的主要方向和目的。职称方面,有45.5%的教师具有"小教一级"职称,"小教二级"职称和"小教高级"职称比例相当,说明当前小学教师职称结构较为合理,但和中学一样,还有少数人没有职称,需进一步引起相关重视。在身份方面,13.6%的小学教师没有编制,说明乡村小学仍存在代课教师现象,如何充分发挥这一群体的工作积极性,满足他们在职业生涯中的种种要求是教育培训需要考虑的内容之一。

表7-5 乡村小学参训教师的基本情况分布一览表

项目	类别	样本量/人	百分比/%
性别	男	17	19.3
	女	71	80.7

续表

项目	类别	样本量/人	百分比/%
年龄	30 岁以下	36	40.9
	31—40 岁	20	22.7
	41—50 岁	22	25
	50 岁以上	10	11.3
教龄	5 年及以下	36	40.9
	6—10 年	6	6.8
	11—20 年	19	21.6
	21—30 年	19	21.6
	30 年以上	8	9.1
初始学历	高中及以下	34	38.6
	大专	32	36.4
	本科	22	25
最高学历	大专	16	18.2
	本科	70	79.5
	硕士研究生	2	2.3
职称	小教二级	18	20.5
	小教一级	40	45.5
	小教高级	19	21.6
	无职称	11	12.5
是否在编	是	76	86.4
	否	12	13.6

（二）乡村中小学教师继续教育 I-U-G-S 模式适切度测评结果

该培训模式最大的特点就是充分考虑到参训教师的主体地位，实施"按需施教"，提供订单式培训服务。无论是在培训目的、时间安排、内容、方式还是管理评价方面，都努力做到最大限度地满足教师专业发展内在实然需要和对社会对基础教育师资的外在应然要求。因此，在培训前，所有培训教师都必须认真研读国家近几年关于基础教育教师培训的重要政策文本，并对乡村参训教师开展培训需求调查。在做好前期调查的基础上，设计拟定培训方案。为了有效测评培训实施之后，是否有效满足了乡村参训教师的内心需求，还对其进行了追踪评价，以了解该培训项目是否真正做到按需施教。在培训开展之前，运用问卷星，对参训的乡村中小学教师就培训目的、培训时间、培训内容、培训形式、培训师资、培训管理等方面进行了需求调查。在培训结束后以同样题目的问卷进行认可度调查。调查题目全部为多选题，每个题目的选项已选赋值1、未选赋值2，按照参训教师在各选项"已选"一栏中勾选的百分比进行统计。

1. "培训目的"的适切度调查

乡村中小学教师培训目的适切度调查结果见表7-6。

从乡村教师关于培训目的需求度和认可度的数据可以看出，无论是初中教师还是小学教师，其参训目的更多地集中在"提升教育教学专业能力""为了开拓视野，了解新的教育政策和方向""为了个人专业发展"等方面，而为了晋升职称等功利性目的不再是教师们关注的重点。因此，能够为参训教师提供更好的发展条件，促进其专业能力的提升和专业知识的拓展，更容易切合参训教师的培训需求。此外，乡村中小学教师对其教育教学专业能力提升方面认可度均低于需求度，说明关于教师专业能力的培训仍有较多可以改进完善的地方。

对于初中教师而言，在"职业发展"和"素养提升"两个维度的各个选项排序顺序完全一致，说明认可度与需求度相符，完全体现了按需施教的原则。特别是在"职业发展"的"为了开拓视野，了解新的教育政策和方向"方面，认可度高于需求度10.38%，说明这一方面，培训突破教师预期取得良好效果，但在"素养提升"维度的"提升教育教学专业能力"方面，认可度与需求度稍有差距，并没有充分满足参训老师的需求，应该引起重视。

对于小学教师而言，在"职业发展"维度上，需求度和认可度排序相符，培训需求排序由强到弱依次是"为了开拓视野，了解新的教育政策和方向""为了个人的专业发展""为了积累培训经历，为晋升职称准备条件""为了结交同行专家朋友"，且各个选项的百分比认可度均高于需求度，从一定程度上也反映出培训做到了按需施教，参训教师对培训促进个人专业发展的效果认可程度较高。在"素养提升"维度，需求度和认可度选择顺序同样完全相符。具体在"更新教育理念，提高师德水平"，认可度较需求度提高了25%，在"增加教育教学专业知识"方面增加了10.23%，说明这两方面培训与需求还存在一定差距。

表7-6 乡村中小学教师"培训目的"适切度调查结果

学段	维度	选项（多选）	参训前需求度/%	参训前需求度排序/%	参训后认可度/%	参训后认可度排序/%
初中教师	职业发展	为了积累培训经历，为晋升职称准备条件	3.77	3	4.72	3
		为了个人专业发展	75.47	1	73.58	1
		为了结交同行专家朋友	2.83	4	3.77	4
		为了开拓视野，了解新的教育政策和方向	45.28	2	55.66	2
	素养提升	更新教育理念，提高师德水平	37.73	3	38.70	3
		增加教育教学专业知识	51.89	2	54.71	2
		提升教育教学专业能力	81.13	1	76.42	1
小学教师	职业发展	为了积累培训经历，为晋升职称准备条件	23.86	3	38.63	3
		为了个人的专业发展	47.72	2	71.59	2
		为了结交同行专家朋友	5.68	4	20.45	4
		为了开拓视野，了解新的教育政策和方向	70.45	1	93.18	1
	素养提升	更新教育理念，提高师德水平	26.14	3	51.14	3
		增加教育教学专业知识	62.5	2	72.73	2
		提升教育教学专业能力	97.73	1	84.09	1

2. "培训时间"的适切度调查

乡村中小学教师"培训时间"适切度调查结果见表7-7。

从乡村教师关于培训时间需求和认可度的数据来看，关于时间选择和时间长度，初中教师的需求度和认可度并不一致，表现为：在"培训时间选择"的需求方面，67.92%的初中教师和72.73%的小学教师都倾向于在"寒暑假"进行培训，但现实中，乡村教师似乎对"在工作日中抽出一部分时间"进行培训认可度更高，明显多于选择"寒暑假"培训的教师。特别是小学教师，选择"在工作日中抽出一部分时间"进行培训的认可度占比高达84.09%，高于初中教师的61.32%。这可能是应用这一模式进行的教师培训较为灵活，多选择在教师下午下课之后，而小学教师课程结束较早，有相对充足的时间接受培训。这样，既不影响教师的正常工作，又能及时把所学内容与实践很好地结合起来，便于做到随学随用。而且在实践中遇到问题可以随时咨询专家，获得较好的解

161

决办法，因此，教师们认可度较高。而初中相对课程较多，教师工作量也较大、很多老师挤出时间参加培训，很有可能会把原本在学校可以做完的工作带到家里，因此，对这一选项认可度低于小学教师。在"双休日"和"工作日中抽出部分时间与节假日结合"的选项上，中小学老师的需求度和认可度都较低，说明中小学教师平时工作量较大、工作时间长，不希望培训占用自己的休息时间，组织培训时务必要考虑到。

在时间长度的需求方面，乡村中小学教师的最大需求都集中在"3—5天"，这一点两个群体选择较为一致，但对于"1—2天"还是"一周左右"，中小学教师选择并不相同。初中教师在需求度选择中，将"一周左右"排在第二位，而小学教师则将"1—2天"排在第二位。

尤其需要引起注意的是乡村小学教师在"一周左右"选项的差异较大，其认可度超过需求度47.73%，说明关于培训时间长度安排方面，没有切实考虑到教师需求，"因需施教"尚存在问题。

表7-7 乡村教师"培训时间"适切度的调查结果

学段	维度	选项（多选）	参训前需求度/%	参训前需求度排序/%	参训后认可度/%	参训后认可度排序/%
初中	培训时间选择	在工作日中抽出一部分时间	49.06	2	61.32	1
		双休日	9.43	3	1.89	4
		寒暑假	67.92	1	57.55	2
		工作日中抽出部分时间与节假日结合	0.94	4	2.83	3
	培训时间长度	1—2天	16.98	3	15.09	3
		3—5天	86.79	1	89.62	1
		一周左右	49.06	2	42.42	2
		10天以上	1.89	4	1.89	4

续表

学段	维度	选项（多选）	参训前需求度/%	参训前需求度排序/%	参训后认可度/%	参训后认可度排序/%
小学	培训时间选择	在工作日中抽出一部分时间	63.64	2	84.09	1
		双休日	2.27	3	6.82	3
		寒暑假	72.73	1	56.86	2
		工作日中抽出部分时间与节假日结合	1.14	4	0	4
	培训时间长度	1—2 天	51.14	2	36.36	3
		3—5 天	88.67	1	96.59	1
		一周左右	23.86	3	71.59	2
		10 天以上	4.55	4	1.14	4

3. "培训内容"的适切度调查

"乡村初中教师'培训内容'的适切度调查结果"，见表 7-8。

从乡村初中教师培训内容的具体维度来看：在"专业理念"方面，"农村中学教育工作的内容和特点"认可度低于需求度 16.04%，二者差异较大，说明培训中关于中学的教育内容和农村结合不够紧密，难以满足教师的培训需求。关于"党和国家的教育方针政策"认可度高于需求度 26.42%，反映了这一方面的认可度较高，但教师对此需求并不强烈，培训与需求存在矛盾。在"专业知识"方面，"信息化技术教学知识""学科专业知识"，乡村初中教师对培训认可度大大高于需求度，但"农村中学教育教法知识""一般科学文化知识"的培训明显存在不足。在"专业能力"方面，"课程的开发设计与乡村教育实际相结合"需求度比认可度高了 17.92%，反映了培训师资缺乏对于乡村教育实际与课程的开发设计的关注和研究，培训一定程度上仍存在着城市化倾向，需要后续培训给予及时改进，其余各项专业能力的认可度均稍高于需求度，但差异不大，说明该培训基本上能够做到实然与应然的吻合。

表 7-8 乡村初中教师"培训内容"的适切度调查结果

维度	选项（多选）	参训前需求度/%	参训前需求度排序/%	参训后认可度/%	参训后认可度排序/%
专业理念	党和国家的教育方针政策	56.60	3	83.02	1
	中学教师的专业性和独特性	62.26	2	70.75	2
	农村中学教育工作的内容和特点	83.96	1	67.92	3
	中学生学习认知能力	56.60	4	64.15	4
	中学教师的修养和行为规范	23.58	5	26.42	5
专业知识	一般科学文化知识	29.24	5	23.58	5
	学科专业知识	49.06	4	62.26	3
	农村中学生心理健康相关的知识	82.08	1	83.02	2
	农村中学教育教法知识	55.66	3	47.17	4
	信息化技术教学知识	75.47	2	84.91	1
	通识知识	10.38	6	11.32	6
专业能力	课堂学科教学能力	50.94	8	54.72	8
	现代教育技术运用能力	66.04	5	67.92	5
	班级组织与管理能力	86.79	2	87.74	3
	教育教学研究能力	69.81	4	68.87	4
	沟通与合作能力	80.19	3	89.62	2
	教育教学评价能力	63.21	7	65.09	6
	反思与发展能力	90.57	1	92.45	1
	课程的开发设计与乡村教育实际相结合	65.09	6	47.17	7

乡村小学教师对各项培训内容的需求度和认可度比例见表 7-9。

从乡村小学教师培训内容的具体维度来看：在"专业理念"方面，乡村小学教师对培训的需求度和认可度排序基本相符。只有"农村小学教育工作的内容和特点"和"小学教师的修养和行为规范"两个方面，培训认可度分别低于需求度 11.36% 和 2.28%。在"专业知识"方面，乡村小学教师对培训的需求度和认可度完全吻合，说明培训针对性较强，培训内容较大程度地满足了乡村小学教师的实际需求。但关于"农村小学教育教法知识"的认可度仍低于需求度

4.54%，说明如何结合农村小学生特点开展教育教学的培训需求空间较大。在"专业能力"方面，乡村小学教师需求度与认可度排序不完全相符，其中，"课堂学科教学能力"和"教育教学评价能力"认可度高于需求度较多，分别为11.36%和12.3%，而"课程的开发设计与乡村教育实际相结合"认可度则低于需求度14.78%，由此可以看出，乡村小学教师培训与初中教师培训相同，在专业能力方面存在着部分内容针对性不强的问题，尤其是结合乡村教育实际特点进行课程开发设计方面的培训，距离满足乡村教师的真实需求尚有距离。

表7-9 乡村小学教师"培训内容"的适切度调查结果

维度	选项（多选）	参训前需求度/%	参训前需求度排序/%	参训后认可度/%	参训后认可度排序/%
专业理念	党和国家的教育方针政策	73.86	3	78.41	3
	小学教师的专业性和独特性	81.82	2	85.23	2
	农村小学教育工作的内容和特点	62.5	4	51.14	4
	小学生学习认知能力	92.05	1	96.59	1
	小学教师的修养和行为规范	51.14	5	48.86	5
专业知识	一般科学文化知识	26.14	5	25	5
	学科专业知识	51.14	4	56.81	4
	农村小学生心理健康相关的知识	85.23	3	86.36	3
	农村小学教育教法知识	95.45	1	90.91	2
	信息化技术教学知识	95.45	1	97.73	1
	通识知识	11.36	6	10.22	6
专业能力	课堂学科教学能力	59.09	8	70.45	8
	现代教育技术运用能力	79.55	6	84.09	4
	班级组织与管理能力	90.91	2	92.05	2
	教育教学研究能力	94.32	1	96.59	1
	沟通与合作能力	86.36	4	82.95	5
	教育教学评价能力	59.29	7	71.59	7
	反思与发展能力	84.09	5	87.5	3
	课程的开发设计与乡村教育实际相结合	88.64	3	73.86	6

4."培训形式"的适切度调查

乡村中小学教师对培训形式的需求度和认可度比例见表7-10。

在"培训方式"维度，无论是乡村初中教师还是小学教师培训需求都在"与课题相结合的教育研究""同行经验介绍、交流讨论""教学现场考察、教学观摩""案例教学""师徒带教"几个方面表现得较为鲜明；在"培训途径"维度，中小学教师的需求则呈现出差异，初中教师更希望"请专家到本校培训"，而小学教师则更倾向于"到外地培训机构学习"。这可能是由于初中更强调学生的学业成绩，教师工作量更大，所以对于"请专家到本校培训"这种便捷省时的培训方式表现出特别的偏好。

从乡村初中教师在培训需求度和认可度的比较来看：首先，乡村初中教师对培训方式的需求度与认可度不完全一致，特别是"师徒带教"方式，认可度低于需求度25.47%，反映了教师对于这一培训方式较为青睐，但由于这一培训方式对培训者时间和精力有较高要求，因此，本次培训尚未充分满足乡村教师这一要求。其次，乡村初中教师对培训途径的需求度和认可度排序基本一致，但在未来培训中应尽量减少初中教师"到本地培训机构学习"和"到外地培训机构学习"的次数，以更贴合参训教师的内在需求。

从乡村小学教师在培训需求度和认可度的比较来看：首先，小学教师对"培训方式"的需求度与认可度在"与课题相结合的教育研究""教学现场考察、教学观摩"和"师徒带教"三个选项上排序不一致。其中，前两项需求度低于认可度，而关于"师徒带教"的需求度高于认可度18.18%，二者差异较大，说明乡村小学教师对"师徒带教"这一具体动态发展的培训方式有独特偏好，日后培训应适当增加这一形式以确保将"因需施教"切实落到实处。其次，小学教师对于"培训途径"的认可度和需求度排序完全符合，其中"利用网络、新媒体的远程教育"认可度高于需求度10.22%，尽管一定程度上反映了培训的有效性，但仍需注意其与需求度之间不宜差距过大。

表7-10 乡村中小学教师"培训形式"适切度的调查结果

学段	维度	选项（多选）	参训前需求度/%	参训前需求度排序/%	参训后认可度/%	参训后认可度排序/%
初中	培训方式	专家进行专题讲座	23.58	8	28.30	8
		导师指导下自学	8.49	9	5.66	9

续表

学段	维度	选项（多选）	参训前需求度/%	参训前需求度排序/%	参训后认可度/%	参训后认可度排序/%
初中	培训方式	校本教研	28.30	7	31.82	7
		与课题相结合的教育研究	77.35	4	79.25	3
		同行经验介绍、交流讨论	61.32	5	62.26	5
		网络远程培训	37.74	6	38.67	6
		教学现场考察、教学观摩	86.79	2	83.96	2
		案例教学	79.24	3	84.91	1
		师徒带教	92.45	1	66.98	4
		其他	2.83	10	1.87	10
	培训途径	到本地培训机构学习	38.68	2	52.83	2
		到外地培训机构学习	21.70	3	41.51	3
		利用网络、新媒体的远程教育	11.32	4	18.87	4
		请专家到本校培训	80.19	1	89.62	2
		其他	0.94	5	0.94	5
小学	培训方式	专家进行专题讲座	11.36	8	17.05	8
		导师指导下自学	4.55	9	7.95	9
		校本教研	25	7	34.09	7
		与课题相结合的教育研究	79.55	4	85.23	3
		同行经验介绍、交流讨论	62.5	5	61.36	5
		网络远程培训	34.09	6	36.36	6
		教学现场考察、教学观摩	81.82	3	90.91	1
		案例教学	85.23	2	89.77	2
		师徒带教	92.04	1	73.86	4
		其他	2.27	10	3.41	10

续表

学段	维度	选项（多选）	参训前需求度/%	参训前需求度排序/%	参训后认可度/%	参训后认可度排序/%
小学	培训途径	到本地培训机构学习	56.82	2	60.23	2
		到外地培训机构学习	72.73	1	73.86	1
		利用网络、新媒体的远程教育	34.09	4	44.31	4
		请专家到本校培训	45.45	3	46.59	3
		其他	3.41	5	2.27	5

5．"培训师资"的适切度调查

乡村中小学教师"培训师资"适切度的调查结果，见表7-11。

在"师资构成"维度，乡村中小学教师都对"初中一线教师""中学教育领域专家"以及"初中各科教研员"表现出较高的需求度。在"师资水平"维度，乡村中小学教师更关注"能理论联系实践""教学能力强"的师资，而对其是否"声名显赫"并不十分关注。因此，对于乡村培训师资的选聘应注重其乡村教育实践经历和能力而不要过多关注各类专家闪耀的头衔和声望。

乡村初中教师对培训"师资构成"和"师资水平"方面各个题目的选项需求度和认可度完全一致，说明培训教师的安排能够有效做到按需施教。

乡村小学教师对"师资构成"需求度和认可度不完全相符。其中，"小学一线教师"的认可度低于需求度10.23%，而"小学教育领域专家"则正好相反，其认可度高于需求度6.28%，一方面反映了参训教师对培训专家的认可，同时也反映出乡村教师培训仍停留在以教育专家为主要构成部分的师资培训队伍。然而现实中，乡村小学教师亟需优秀学校的一线教师给予更多实践的指导，这方面在后续培训中应给予积极调整。在"师资水平"方面，乡村小学教师的需求度和认可度完全相符。与乡村初中教师一样，小学教师对师资的主要需求仍然集中在"能理论联系实际""善于与学员交流""教学能力强"等几个方面。由此可以看出，乡村参训教师对于培训师资的实践能力需求较高。因此，承训单位应努力扭转为了图方便或是图名气，多聘请教育专家作报告的培训倾向。

表 7-11　乡村中小学教师"培训师资"适切度的调查结果

学段	维度	选项（多选）	参训前需求度/%	参训前需求度排序/%	参训后认可度/%	参训后认可度排序/%
初中	师资构成	中学教育领域专家	82.07	2	83.96	2
		初中校长	56.60	4	58.49	4
		初中一线教师	89.62	1	84.90	1
		初中各科教研员	80.19	3	82.07	3
		培训机构人员	19.81	5	17.92	5
	师资水平	幽默风趣，有吸引力	49.06	5	55.66	5
		理论功底深厚	61.32	4	66.98	4
		能理论联系实际	92.45	1	94.34	1
		善于与学员交流	82.08	3	81.13	3
		教学能力强	84.90	2	92.45	2
		声名显赫	32.08	6	36.79	6
		其他	0.94	7	0.94	7
小学	师资构成	小学教育领域专家	82.95	2	89.77	1
		小学校长	59.09	4	57.95	4
		小学一线教师	88.63	1	78.40	2
		小学各科教研员	70.45	3	76.13	3
		培训机构人员	36.36	5	38.63	5
小学	师资水平	幽默风趣，有吸引力	79.54	5	73.86	5
		理论功底深厚	80.68	4	84.09	4
		能理论联系实际	96.59	1	97.73	1
		善于与学员交流	90.91	2	93.18	2
		教学能力强	88.64	3	85.22	3
		声名显赫	36.36	6	23.86	6
		其他	2.27	7	1.14	7

6. "培训管理"的适切度调查

乡村中小学教师"培训管理"适切度的调查结果，见表7-12。

表7-12 乡村中小学教师"培训管理"适切度的调查结果

学段	维度	选项（多选）	参训前需求度/%	参训前需求度排序/%	参训后认可度/%	参训后认可度排序/%
初中	组织管理	管理人员分工合理，业务素质高	83.96	2	79.24	4
		提供实践的机会	96.23	1	89.62	2
		提供良好的培训食宿环境	79.25	4	92.45	1
		提供培训需要的线上网络学习平台	83.96	2	86.79	3
		安排好培训教师的业余生活，包括电子阅览室、体育馆、图书馆等	76.42	5	77.35	5
		有详细的培训方案和培训计划	66.04	6	52.83	6
初中	学习管理	写论文	15.09	4	12.26	5
		笔试学科知识	23.58	3	22.64	3
		实践操作（比如汇报课展示、制作教学课件或软件）	82.08	2	80.19	2
		出勤情况	11.32	6	9.43	6
		培训总结和心得体会	18.87	4	16.98	4
		跟踪培训后教学检查	89.62	1	92.45	1
	追踪管理	听课评课	83.02	3	78.30	4
		课例分析	95.28	1	97.17	1
		教学比赛	61.32	5	48.11	5
		课题申报实施指导	82.06	4	80.19	3
		具体教研指导	94.34	2	91.50	2

续表

学段	维度	选项（多选）	参训前需求度/%	参训前需求度排序/%	参训后认可度/%	参训后认可度排序/%
小学	组织管理	管理人员分工合理，业务素质高	88.63	3	85.22	3
		提供实践的机会	96.59	1	79.54	5
		提供良好的培训食宿环境	76.13	6	93.18	2
		提供培训需要的线上网络学习平台	93.18	2	94.32	1
		安排好培训教师的业余生活，包括电子阅览室、体育馆、图书馆等	86.36	4	87.5	4
		有详细的培训方案和培训计划	80.68	5	78.40	6
	学习管理	写论文	23.86	4	25	4
		笔试学科知识	14.15	6	11.32	6
		实践操作（比如汇报课展示、制作教学课件或软件）	88.63	2	89.77	2
		出勤情况	28.41	3	27.27	3
		培训总结和心得体会	14.77	5	13.64	5
		跟踪培训后教学检查	95.45	1	96.59	1
小学	追踪管理	听课评课	72.73	3	63.63	3
		课例分析	95.45	1	97.73	1
		教学比赛	22.73	5	20.45	5
		课题申报实施指导	51.14	4	48.86	4
		教研指导	77.27	2	89.77	2

在"组织管理"维度，乡村中小学教师对"提供实践的机会""提供培训需要的线上网络学习平台"以及"管理人员分工合理，业务素质高"等方面需求度排在前三位；在"学习管理"维度，乡村中小学教师对"跟踪培训后教学检查"和"实践操作"需求度均超过了80%，且遥遥领先于其他内容，说明培训中给予参训教师适当的实践操作展示机会，并对学习后效果进行持续跟踪检查是广大乡村教师的普遍心声。在"追踪管理"维度，乡村中小学教师对"听

课评课""课例分析"以及"具体教研指导"需求度更高，由此也可以看出乡村一线教师更为关心培训给实际教学工作带来的影响。乡村中小学教师在培训管理中表现出来的需求特点给今后的培训提供了必要借鉴。

对于乡村初中教师而言：培训管理三个维度不同选项的需求度和认可度排序均不完全一致。"组织管理"方面，需求度排在首位的是"提供实践的机会"，而认可度则是将"提供良好的培训食宿环境"放在第1位，且在食宿环境提供方面的认可度超出需求度13.2%，而"提供实践的机会"认可度则低于需求度6.61%，说明给参训教师提供更多的实践机会比优越的食宿条件更能获得参训教师的认可；在"学习管理"方面，需求度和认可度基本一致，参训教师比较倾向于后期跟踪过程中进行考察评价和以实践操作为评价内容；在"追踪管理"方面，初中教师的需求度和认可度基本符合，即对"课例分析"需求度最高，同时认可度也最高，说明培训的后期跟踪管理较好地做到了"因需施教"。其次，初中教师对"听课评课""具体教研指导""课题申报实施指导"等方面也有较高的需求度和认可度，说明本次培训基本能够满足乡村初中教师的培训需求。

对于乡村小学教师而言：对"组织管理"的认可度和需求度不完全相符，但在"学习管理"和后期"追踪管理"中，其需求度和认可度完全一致。具体表现在组织管理中，与初中教师一样，乡村小学教师将"提供实践的机会"的需求度排在第1位，而认可度则排在第5位，说明本次培训未能在"提供实践的机会"方面给乡村小学教师良好的培训体验。同时，对于小学教师对"提供良好的培训食宿环境"的需求度则低于认可度17.05%，应该引起培训管理足够的重视。在"学习管理"方面，绝大多数小学教师都倾向于通过"实践操作"（比如汇报课展示、制作教学课件或软件）来检验培训效果或是在后期跟踪中进行实地的教学检查而不是"写论文"的形式化的评价方式。在"追踪管理"方面，可以看出乡村小学教师关注的重心在"听课评课""课例分析"和"具体教研指导"等教学相关内容，而科研水平提升尚未成为主要的培训需求。

（三）乡村中小学教师继续教育 I-U-G-S 模式满意度测评结果

为了解乡村参训初中教师对 I-U-G-S 模式实施的满意度，编制了培训项目满意度调查问卷，由培训时间、培训内容、培训形式、培训师资、培训评价五个维度构成。题目均采用 Likert 5 点计分，得分越高，表示满意度越高。培训后对 106 名乡村初中教师和 88 名乡村小学教师发放问卷，将回收的问卷进行统计分析，调查结果发现，乡村中小学教师对这一教师继续教育模式的整体满意度平均得分较高，具体见表 7-13。

通过表7-13"乡村教师继续教育满意度描述性统计结果"分析后发现：初中和小学教师对该模式培训满意度整体得分（$M=4.26$，$M=4.24$）中等偏上，初中教师稍高于小学教师，反映出乡村教师对"I-U-G-S"乡村教师继续教育模式总体感知水平较高。具体在"培训时间""培训内容""培训形式""培训师资""培训管理"五个维度满意度中，初中教师和小学教师均对"培训师资"最为满意，满意度得分均排在第1位，表现出较高的一致性，说明师资安排较为科学合理。而对于"培训内容"和"培训管理"，两个学段的参训老师满意度差别较大。小学教师对"培训管理"满意度较高，而"培训内容"满意度则排名靠后；但初中教师对"培训内容"满意度较高而对"培训管理"满意度得分最低，可以推断两个不同群体对于教育内容和培训管理在需求上存在差异。因此，在制订培训计划时，应充分考虑两个学段各自的教育特点，设计更具差异性、针对性的培训方案。

表7-13 乡村教师继续教育满意度描述性统计结果

学段	维度	N	M	SD	最小值	最大值	排序
初中教师	培训时间	106	4.24	0.52	3.90	4.70	4
	培训内容	106	4.32	0.44	3.00	5.00	2
	培训形式	106	4.30	0.34	3.50	5.00	3
	培训师资	106	4.44	0.45	3.50	5.00	1
	培训管理	106	4.07	0.32	3.33	5.00	5
	总体满意度	106	4.26	0.20	3.91	4.73	
小学教师	培训时间	88	4.12	0.45	3.00	5.00	5
	培训内容	88	4.21	0.40	3.50	5.00	4
	培训形式	88	4.24	0.43	3.50	5.00	3
	培训师资	88	4.38	0.42	3.50	5.00	1
	培训管理	88	4.26	0.36	3.33	5.00	2
	总体满意度	88	4.24	0.19	3.82	4.82	

为了进一步探讨培训满意度在人口统计学变量上的差异，进行了群体差异性检验，结果见表7-14。

统计分析结果显示，对于培训的满意度，乡村教师并未表现出在人口统计变量上的显著差异性，说明乡村教师群体对该模式的培训满意度没有差别，整体评价都较高，也在一定程度上反映了该模式培训有效。

表 7-14　培训满意度在人口学变量上的差异性分析

变因	范围	N	M	SD	t/F
学段	初中	106	4.26	0.20	0.518
	小学	88	4.24	0.19	
性别	男	87	4.24	0.18	-0.808
	女	107	4.26	0.20	
年龄	30 岁以下	54	4.29	0.20	0.989
	31—40 岁	47	4.25	0.20	
	41—50 岁	66	4.23	0.17	
	51 岁及以上	27	4.25	0.20	
教龄	5 年及以下	54.00	4.27	0.20	1.574
	6—10 年	9.00	4.35	0.20	
	11—20 年	52.00	4.26	0.19	
	21—30 年	57.00	4.22	0.18	
	30 年以上	22.00	4.21	0.19	
最终学历	高中以下	0	0	0	0.512
	大专	44.00	4.23	0.18	
	本科	146.00	4.26	0.19	
	硕士及以上	4.00	4.23	0.22	
职称	二级	38.00	4.27	0.20	0.985
	一级	93.00	4.23	0.19	
	无	40.00	4.25	0.19	
	其他	23.00	4.30	0.20	
是否在编	是	168	4.24	0.19	-1.507
	否	26	4.30	0.19	

（四）乡村中小学教师继续教育 I-U-G-S 模式影响力测评结果

以往的教师教育培训更关注参训教师对于培训项目和实施过程的评价，而往往忽视了对参训主体自身的评价。河北省乡村教师继续教育 I-U-G-S 模式，在原有"U-G-S"的模式基础上，更加强调个人即参训者自身在培训中的主体地位，因此，该继续教育模式在评价指标体系设计中也更突出强调了"I"的因素,改变了过去通过作业、出勤率、上交培训总结等形式化的评价方式,而是通过对参训主体("I")自身专业素养在参训前后发生的变化验证该继续教育模式的有效性。

1. 参训前乡村中小学教师的专业素养调查结果

(1) 初中教师

在开始培训之前,对河北省参训的乡村初中教师整体专业素养以及各维度的专业素养进行了描述性统计分析,见表7-15。

通过表中数据统计结果发现:乡村初中"教师专业素养总体水平"为3.98,整体水平处于中等偏上,但仍有较大提升空间。其中,"专业理念和师德"维度($M=4.12$)得分最高,反映乡村教师在专业理念和师德方面的素养较高;其次,分别为"专业知识"($M=3.99$)和"专业能力"($M=3.93$),由此可见,乡村初中教师整体专业素养中,专业知识与专业能力相对较低,特别是专业能力得分低于总体平均分,需要在教师进修培训中予以更多的关注。

从专业素养三个具体维度来看,在"专业理念和师德"方面,"职业理解与认识"($M=4.15$)、"对待学生的态度和行为"($M=4.14$)平均得分较高;在"专业知识"方面,"学科知识"($M=4.21$)、"教学知识"($M=4.00$)得分较高,但在"通识知识"($M=3.79$)和"教育知识"($M=3.95$)方面可提升空间较大。但在专业能力方面,"教育活动"($M=4.11$)、"沟通与合作"($M=4.04$)、"教学能力"($M=4.00$)得分均高于平均分,但教师"班级管理"($M=3.20$)和"教育反思"($M=3.88$)方面得分均低于平均分,需要通过教师培训加以强化。

表7-15 乡村初中教师参训前专业素养和各维度的描述性统计分析

专业素养	维度	M	SD	最小值	最大值
专业理念和师德	职业理解与认识	4.15	0.76	1	5
	对待学生的态度和行为	4.14	0.73	1	5
	个人修养	4.06	0.76	1	5
	整体	4.12	0.67	1	5
专业知识	教育知识	3.95	0.75	1	5
	学科知识	4.21	0.63	1	5
	教学知识	4.00	0.66	1	5
	通识知识	3.79	0.73	1	5
	整体	3.99	0.62	1.33	5

续表

专业素养	维度	M	SD	最小值	最大值
专业能力	教学能力	4.00	0.59	1.67	5
	教育活动	4.11	0.60	1	5
	班级管理	3.20	0.61	1.5	5
	沟通与合作	4.04	0.61	1.67	5
	教育反思	3.88	0.68	1	5
	整体	3.93	0.54	1.53	5
专业素养总体水平		3.98	0.55	1.38	5

(2) 小学教师

与乡村初中教师一样，在开始培训之前，对河北省参训的乡村小学教师整体专业素养以及各维度的专业素养进行了描述性统计分析，见表7-16。

通过表中数据统计结果发现：乡村小学教师"专业素养总体水平"为3.89，说明乡村小学教师专业素养整体水平处于中等偏上，但仍需要进一步提升。其中，与初中教师一样，"专业理念和师德"维度（$M=4.03$）得分最高，"专业能力"（$M=3.82$）得分最低，由此可见，专业能力不仅是乡村初中教师，同时也是小学教师专业素养中的"洼地"。

从专业素养三个具体维度来看，在专业理念和师德方面，"个人修养"（$M=4.00$）需要通过培训加以提升。在专业知识方面，"通识知识"（$M=3.73$）和"教育知识"（$M=3.89$）低于平均分。在专业能力方面，乡村小学教师同样在"班级管理"（$M=3.12$）和"教育反思"（$M=3.69$）两个方面得分较低，由此也反映了这两项专业能力是乡村教师专业素养的短板，亟待教师继续教育给予足够的关注和重视。

表7-16 乡村小学教师参训前专业素养和各维度的描述性统计分析

专业素养	维度	M	SD	最小值	最大值
专业理念和师德	职业理解与认识	4.02	0.84	1.00	5.00
	对待学生的态度和行为	4.06	0.78	1.00	5.00
	个人修养	4.00	0.81	1.00	5.00
	整体	4.03	0.73	1.00	5.00

续表

专业素养	维度	M	SD	最小值	最大值
专业知识	教育知识	3.89	0.76	1.00	5.00
	学科知识	4.18	0.65	1.00	5.00
	教学知识	3.96	0.68	1.00	5.00
	通识知识	3.73	0.77	2.00	5.00
	整体	3.94	0.65	1.33	5.00
专业能力	教学能力	3.86	0.53	2.11	5.00
	教育活动	4.05	0.63	1.00	5.00
	班级管理	3.12	0.61	1.50	5.00
	沟通与合作	4.05	0.69	1.00	5.00
	教育反思	3.69	0.68	1.00	5.00
	整体	3.82	0.51	1.74	4.89
专业素养总体水平		3.89	0.55	1.5	4.94

2. 参训后乡村中小学教师的专业素养调查结果

培训结束后，经过一段时间，课题组组织了培训的后期跟踪调研。在调研中，对河北省参训后的乡村中小学教师整体专业素养及各维度专业素养再次分别进行了调查和描述性统计分析，见表7-17和表7-18。

（1）初中教师

从乡村初中教师参训后的数据统计结果发现：乡村初中教师"专业素养总体水平"为4.31，说明乡村初中教师专业素养整体水平较参训前（$M=3.98$）有了明显提高。首先，"专业理念和师德"维度（$M=4.42$）仍然在三个维度中得分最高，说明乡村教师在专业理念和师德方面的素养在原有基础上有了进一步提升；其次分别为"专业能力"（$M=4.29$）和"专业知识"（$M=4.29$），较参训前"专业能力"（$M=3.93$）和"专业知识"（$M=3.99$）都有了不同程度的提升，特别是专业能力平均分提高了0.36，有了较大变化，可以说，该培训模式对乡村教师薄弱点具有较强的针对性。

从专业素养三个具体维度来看，在专业理念和师德方面，"职业理解与认识"（$M=4.50$）、"对待学生的态度和行为"（$M=4.59$）平均得分较高；在专业知识方面，"通识知识"（$M=4.25$）、"教育知识"（$M=4.25$）得分较培训前依次提高了0.46分和0.3分；在专业能力方面，参训前得分较低的"班级管理"

($M=3.20$)和"教育反思"($M=3.88$)能力经过培训,依次提高了1.02分和0.47分,发生了显著变化。

表7-17 乡村初中教师专业素养和各维度的描述性统计分析

专业素养	维度	M	SD	最小值	最大值
专业理念和师德	职业理解与认识	4.50	0.56	2.00	5.00
	对待学生的态度和行为	4.59	0.46	3.00	5.00
	个人修养	4.16	0.61	2.50	5.00
	整体	4.42	0.44	2.50	5.00
专业知识	教育知识	4.25	0.41	4.00	5.00
	学科知识	4.33	0.43	4.00	5.00
	教学知识	4.33	0.37	4.00	5.00
	通识知识	4.25	0.40	4.00	5.00
	整体	4.29	0.35	4.00	5.00
专业能力	教学能力	4.31	0.37	4.00	5.00
	教育活动	4.27	0.40	4.00	5.00
	班级管理	4.22	0.32	4.00	5.00
	沟通与合作	4.24	0.39	4.00	5.00
	教育反思	4.35	0.37	4.00	5.00
	整体	4.29	0.33	4.00	5.00
专业素养总体水平		4.31	0.33	3.74	5

(2)小学教师

从乡村小学教师参训后的数据统计结果发现:乡村小学教师"专业素养总体水平"为4.11,较参训前的3.89增加了0.22分,提升幅度小于初中教师。其中,"专业理念和师德"维度($M=4.31$)得分最高;其次分别为"专业知识"($M=4.19$)和"专业能力"($M=4.02$),较参训前"专业知识"($M=3.94$)和"专业能力"($M=3.82$)都有了较小幅度的提升。

从三个具体维度来看,在专业理念和师德方面,"职业理解与认识"($M=4.32$)、"对待学生的态度和行为"($M=4.34$)平均得分高于平均分;在专业知识方面，除了"通识知识"得分较低，其余"学科知识"（$M=4.30$）、"教育知识"（$M=4.20$）和"教学知识"（$M=4.23$）得分均高于平均分；在专业能力方面，"教育活动"（$M=4.14$）、"沟通与合作"（$M=4.16$）得分较高，而较培训前"班级管理"能力虽然有一定的提高，但改变并不十分显著。

表7-18 乡村小学教师参训后专业素养和各维度的描述性统计分析

专业素养	维度	M	SD	最小值	最大值
专业理念和师德	职业理解与认识	4.32	0.53	3.00	5.00
	对待学生的态度和行为	4.34	0.53	3.00	5.00
	个人修养	4.26	0.58	2.50	5.00
	整体	4.31	0.46	3.17	5.00
专业知识	教育知识	4.20	0.56	3.00	5.00
	学科知识	4.30	0.56	2.00	5.00
	教学知识	4.23	0.53	2.00	5.00
	通识知识	3.99	0.63	2.50	5.00
	整体	4.19	0.47	2.44	5.00
专业能力	教学能力	4.03	0.39	3.33	5.00
	教育活动	4.14	0.51	2.33	5.00
	班级管理	3.51	0.67	1.50	5.00
	沟通与合作	4.16	0.53	2.67	5.00
	教育反思	4.06	0.53	2.00	5.00
	整体	4.02	0.37	3.26	4.95
专业素养总体水平		4.11	0.38	3.03	4.97

3. 乡村中小学教师参训前后的专业素养水平比较

（1）初中教师

乡村初中教师培训前的专业素养与培训后的专业素养整体平均值分别是3.98和4.31，具体培训前后三个维度的平均分对比见图7-3。

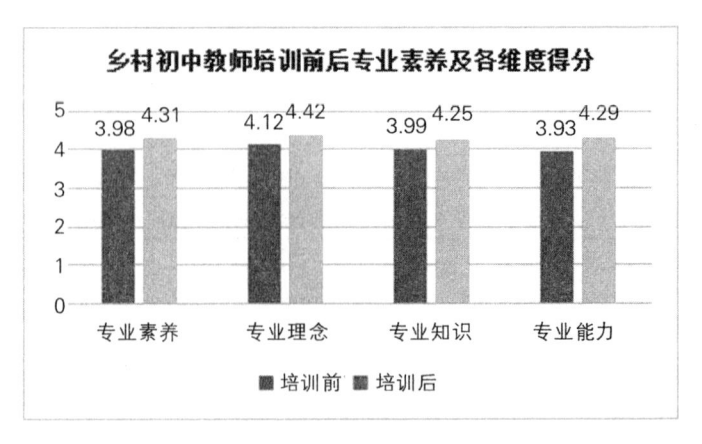

图7-3 乡村初中教师培训前后专业素养比较

由图7-3中数据可知，培训后教师在专业素养总体得分和各维度得分有了较大幅度提升。其中，培训后教师专业素养总体得分较培训之前高了0.33分。具体到三个维度，"专业能力"提升幅度最大，培训后比培训前增加了0.36分；"专业知识"提升幅度最小，培训后比培训前增加了0.3分。由此也可以推断，关于教育理念和能力类经过培训效果更明显，而有关知识的掌握则要求教师在培训基础上，需要在更多的实践和领悟中逐渐建构和内化。

培训前后参训乡村初中教师的专业理念、专业知识和专业技能各二级指标平均得分见表7-19。

由表7-19中数据对比可知：经过培训，乡村初中教师的专业理念中"职业理解与认识""对待学生的态度和行为"和"个人修养"三个维度依次提升了0.35，0.45，0.10分，参训后乡村初中教师的专业理念在原有基础上有了进一步提升。

乡村初中教师在培训后的专业知识领域，"教育知识""学科知识""教学知识""通识知识"四个维度依次提升了0.3，0.12，0.33，0.46分，培训后专业知识明显高于培训前的专业知识得分，尤其是之前得分较低的"通识知识"经过培训提升幅度较大。

培训后乡村初中教师的专业能力明显高于培训前的专业能力得分。在各具体维度，"教学能力""教育活动""班级管理""沟通合作"和"教育反思"都有了较大提升，较培训前分别提高了0.31，0.16，1.02，0.2，0.47分，尤其是之前得分较低的"班级管理"能力有了显著提高，说明培训的针对性较强，效果显著。

表 7-19　培训前后乡村初中教师专业素养各维度平均分比较

一级指标	二级指标	培训前平均分	培训前排序	培训后平均分	培训后排序
专业理念和师德	职业理解与认识	4.15	1	4.50	2
	对待学生的态度和行为	4.14	2	4.59	1
	个人修养	4.06	3	4.16	3
专业知识	教育知识	3.95	3	4.25	2
	学科知识	4.21	1	4.33	1
	教学知识	4.00	2	4.33	1
	通识知识	3.79	4	4.25	2
专业能力	教学能力	4.00	3	4.31	2
	教育活动	4.11	1	4.27	3
	班级管理	3.20	5	4.22	5
	沟通合作	4.04	2	4.24	4
	教育反思	3.88	4	4.35	1

(2) 小学教师

乡村小学教师培训前的专业素养与培训后的专业素养整体平均分分别是 3.89 分和 4.11 分，具体三个维度的培训前后的平均分对比见图 7-4。

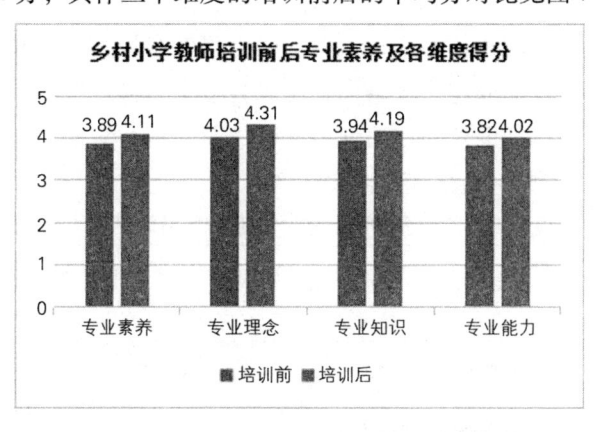

图 7-4　乡村小学教师培训前后专业素养比较

由图 7-4 中数据可知，乡村小学教师经过培训，其专业素养总体得分和各维度得分具有了一定幅度提升。其中，培训后乡村小学教师专业素养总体得分较培训之前提高了 0.22 分。具体到三个维度，乡村小学教师的"专业理念"提升幅度最大，培训后比培训前增加了 0.28 分；而"专业能力"提升幅度最小，培训后比培训前仅增加了 0.2 分。由此也可以推断，对于先进的教育理念，小学教师更容易通过培训获得了解，而有关教育教学能力的提升则可能需要更长时间的实践应用逐渐显示出效果，所以培训后期的跟踪至关重要，需要引起培训者的重视。

培训前后，参训乡村小学老师的专业理念、专业知识和专业能力各二级指标平均得分见表 7-20。

由表 7-20 中数据对比可知，培训后的教师"专业理念和师德"中，"职业理解与认识""对待学生的态度和行为"和"个人修养"三个维度依次提升了 0.3 分、0.28 分、0.26 分，可以看出，乡村小学教师们经过培训，接受了新的教育理念、教育思想，在专业思想认识方面与培训前相比有了较大的改变。

乡村小学教师通过培训在"专业知识"领域，其"教育知识""学科知识""教学知识""通识知识"四个维度依次提升了 0.31 分、0.12 分、0.27 分、0.26 分，且四个维度得分排序与培训前一致。其中，"教育知识"提升幅度较多，"通识知识"虽然有了提升，但仍是各维度中的最低分，需要今后的培训进一步强化这一方面知识的学习。

培训后乡村小学教师各项专业能力均高于培训前的专业能力的平均得分。5 个维度分别提升了 0.17 分、0.09 分、0.39 分、0.11 分和 0.37 分，尽管"班级管理""教育反思"得分仍较低，但整体提升幅度较大，由此可以看出该培训具有较强的针对性。但就整体而言，这两项能力仍然有较大的提升空间。特别是对于能力的提高，并非通过几次培训就可以直接自然显示出效果的，而必须在后期的跟踪辅导中，帮助教师在培训中学到的新知识、新技能灵活运用到教育教学实践中，这些都需要后期培训予以持续关注。

表 7-20　培训前后乡村小学教师专业素养各维度平均分比较

一级指标	二级指标	培训前平均分	培训前排序	培训后平均分	培训后排序
专业理念和师德	职业理解与认识	4.02	2	4.32	2
	对待学生的态度和行为	4.06	1	4.34	1
	个人修养	4.00	3	4.26	3

续表

一级指标	二级指标	培训前平均分	培训前排序	培训后平均分	培训后排序
专业知识	教育知识	3.89	3	4.20	3
	学科知识	4.18	1	4.30	1
	教学知识	3.96	2	4.23	2
	通识知识	3.73	4	3.99	4
专业能力	教学能力	3.86	2	4.03	4
	教育活动	4.05	1	4.14	2
	班级管理	3.12	4	3.51	5
	沟通合作	4.05	1	4.16	1
	教育反思	3.69	3	4.06	3

4. 乡村中小学教师专业素养参训前后的差异性分析

（1）初中教师

为了具体比较和分析培训前后参训乡村初中教师专业素养发生的变化，将该群体培训前后的专业素养和三个维度分别进行了 T 检验，具体结果见表7-21。

从表7-21中的数据可以看出，乡村初中教师专业素养在培训后与培训前具有显著性差异（$t=-5.408, p<0.001$），教师在培训后的专业素养得分（$M=4.31$）显著高于培训前的专业素养平均得分（$M=3.98$）。具体而言，在"专业理念""专业知识""专业能力"三个维度上，培训前与培训后均具有显著差异且培训后的乡村初中教师专业素养各维度得分明显高于培训前，说明I-U-G-S教师继续教育模式能够提高乡村参训教师的专业素养，培训效果显著。

表7-21 乡村初中教师"专业素养"的差异性检验结果

维度	组别	N	M	SD	t
专业理念	培训前	106	4.12	0.67	-3.594***
	培训后	106	4.42	0.44	
专业知识	培训前	106	3.99	0.62	-4.609***
	培训后	106	4.25	0.35	
专业能力	培训前	106	3.93	0.54	-5.942***
	培训后	106	4.29	0.33	

续表

维度	组别	N	M	SD	t
专业素养总体	培训前	106	3.98	0.55	-5.408***
	培训后	106	4.31	0.33	

注：** 表示 $p<0.01$；*** 表示 $p<0.001$

（2）小学教师

为了具体比较和分析培训前后参训的乡村小学教师专业素养的差别，将其培训前后的专业素养和三个维度也分别进行了T检验，具体结果见表7-22。

从表7-22中的数据可以看出，乡村小学教师专业素养在培训后与培训前具有显著性差异（$t=-3.132, p<0.05$），教师在培训后的专业素养得分（$M=4.11$）显著高于培训前的专业素养平均得分（$M=3.89$）。具体而言，在"专业理念""专业知识""专业能力"三个维度上，培训前与培训后均具有显著差异且培训后的乡村小学教师专业素养各维度得分明显高于培训前，说明"I-U-G-S"继续教育模式对于乡村小学教师同样适用，是一种有效的教师培训模式，值得在教师教育中广泛推广应用。

表7-22 乡村小学教师"专业素养"的差异性检验结果

维度	组别	N	M	SD	t
专业理念	培训前	88	4.03	0.73	-3.050*
	培训后	88	4.31	0.46	
专业知识	培训前	88	3.94	0.65	-2.877*
	培训后	88	4.19	0.47	
专业能力	培训前	88	3.82	0.51	-2.951*
	培训后	88	4.02	0.37	
专业素养总体	培训前	88	3.89	0.55	-3.132*
	培训后	88	4.11	0.38	

注：* 表示 $p<0.05$

通过"I-U-G-S"乡村教师继续教育模式在乡村中小学教师培训中的应用的整体有效性评价结果，可以看出该模式无论是前期培训需求的适切度、过程中参训教师对于培训的满意度，还是培训结束对于参训教师的影响力方面，都取得了较为理想的结果，较大程度上做到了因需施教。在培训中，关注教师需求、教师评价以及让参训教师成为最主要的评价对象，极大地促进了参训教师在整个培训过程中主体性的发挥，也彰显了这一模式与传统"U-G-S"教师继续教育模式的不同之处。然而，在培训中仍存在着时间、内容、形式、管理等方面不能完全与参训教师的培训需求相符合，培训内容、方式等乡村元素不够突出，参训中小学教师的专业能力方面提升不够明显等问题。在今后的培训中，应针对这一模式应用中出现的各类问题不断调整修正，始终树立参训教师自主发展的培训理念，坚持抓好培训前、培训中以及培训后三个不同阶段的各自任务，完善政府、高校、学校和教师本人四方合作的协调联动机制，真正发挥出该乡村继续教育模式对于乡村教师专业素养提升的有效价值。

三、乡村幼儿教师继续教育 I-U-G-S 模式的有效性分析

本研究选取接受本次培训的 52 名乡村幼儿园教师作为调查对象（基本信息见表 7-23），调查工具为《乡村幼儿教师专业素养调查问卷》（问卷见附录 3）、《乡村幼儿园教师继续教育需求度和认可度调查问卷》（问卷见附录 9）和《乡村中小学幼儿园教师继续教育满意度调查问卷》（问卷见附录 7）。为了便于参训教师填写以及问卷管理，三份问卷在发放时合并为一个问卷，其中第一部分为基本情况，包括教师的性别、年龄、教龄、学历、职称以及在编情况；第二部分为培训后的专业素养自评问卷，从专业素养、专业知识和专业能力三方面作五级评定；第三部分为继续教育认可度问卷，包括参训目的、培训时间、培训内容、培训形式、培训者以及培训管理情况；第四部分为满意度问卷，主要对培训时间、培训内容、培训形式、培训者以及培训管理情况的满意度作五级评定。

表 7-23　有效性问卷调查对象基本信息统计表（N=52）

项目	选项	人数/人	比例/%
性别	男	2	3.85
	女	50	96.15
年龄	20 岁及以下	2	3.85
	21—25 岁	5	9.61
	26—30 岁	11	21.15
	31—40 岁	22	42.31
	41 岁及以上	12	23.08

续表

项目	选项	人数/人	比例/%
教龄	不足 1 年	7	13.46
	1—3 年	9	17.31
	4—6 年	5	9.62
	7—10 年	10	19.23
	11—20 年	11	21.15
	21 年及以上	10	19.23
学历	高中（中专）及以下	14	26.92
	大专	28	53.85
	本科	10	19.23
	硕士及以上	0	0
职称	高级	7	13.46
	一级	10	19.23
	二级	6	11.54
	三级	0	0
	无职称	29	55.77
	其他	0	0
在编情况	是	15	28.85
	否	37	71.15

（一）幼儿园教师继续教育切合度评价结果

培训的有效性很大程度上取决于培训课程与参训教师的需求的相关性。换句话说，就是培训课程如果可以满足参训教师的需要，他们就会比较认可课程及其内容，相应地就会产生较高的满意度。因此幼儿园教师继续教育切合度评价是通过比较培训前的继续教育需求和培训后认可度的一致性来评定的。本研究从培训内容、培训形式、培训途径、培训时间、考核方式五个方面进行训前需求度和训后认可度的对比评价。

1. 培训内容切合度评价

培训内容的切合度评价从教师专业素养、专业知识和专业能力三个方面进行训前需求度和训后认可度及其排序的比较。

从表 7-24 可以看出，实施培训前教师们对"专业能力"的需求度排第一，为55.30%；其次是"幼儿发展知识"的需求，为46.88%；第三位是对"专业理念与师德"的需求，为42.37%。之后则依次是对"幼儿保育和教育知识"的需求、"农村学前教育动态"的需求、"教师职业发展规划"的需求、科研方法的需求以及通识性知识的需求。在培训后再对教师们进行认可度调查可知，老师们对"专业能力"培训的认可度为首位，达到61.43%；其次是"幼儿发展知识"，认可度为50.31%，这两个项目的认可度与需求度的排序一致，这说明I-U-G-S继续教育模式的培训效果良好。但是认可度排位第三和排位第四的则与需求度相反，分别为"幼儿保育和教育知识"（44.82%）和"专业理念与师德"（42.57%）；而位列后四位的认可度分别为"通识性知识"（20.40%）、"科研方法"（14.55%）、"教师职业发展规划"（13.78%）和"农村学前教育动态"（0）。虽然这些项目与需求度的排序不完全一致，但是其大概的趋势是相似的。此外，农村学前教育动态的认可度为0的原因是此方面没有单独作为一个专题来进行培训，而是把农村学前教育的相关信息与内容融合在专业理念与师德、专业知识与专业能力方面的专题与实践中，如我国对于乡村教育振兴相关的政策解读、乡土资源的利用等。但是不可否认的是，虽然在其他专题与实践中涉及了农村学前教育的内容，但存在涉及内容不够广泛、表达不够清晰等问题。例如当前农村学前教育存在"小学化"现象，家长把算数、认字、背诗等能够应试的能力看作是教育的唯一检验标准。为了迎合家长的这些要求，农村幼儿园会不自觉地把学前教育"小学化"。在培训中，培训者并没有时时强调农村幼儿园"小学化"的问题，只是在各个领域为老师们传递幼儿应该掌握的核心经验以及游戏化的活动组织方法，因此也会造成农村幼儿园老师们认为的没有涉及农村学前教育动态内容的问题。

除此之外，"专业知识"和"专业能力"两个维度也是进行切合度评价的非常重要的方面。表7-24显示，训前教师需求度从高到低排序分别是"幼儿发展知识"（71.65%）、"幼儿保育与教育知识"（70.09%）和"通识性知识"（20.40%）。与之相对应，培训后，教师认可度排序与需求度完全一致，认可度分别为73.32%、72.78%和24.35%，这充分说明针对专业知识维度，课题组的课程设置与实施是符合乡村教师的需求与期待的，老师们也在培训中获得了相关的专业知识，如幼儿学习特点与学习方式、幼儿心理发展与心理健康、如何做好幼小衔接等。

对于专业能力维度，乡村教师的需求度从高到低依次为"游戏活动的支持与引导"（61.06%）、"教育活动的计划与实施"（53.89%）、"一日生活的组织与保育"（36.45%）、"环境创设与利用"（34.27%）、"沟通与合作能力"

（32.24%）、"反思与发展能力"（17.60%）和"激励与评价能力"（14.33%）。从认可度来看，老师们对"教育活动的计划与实施"的认可度排在第一位（61.56%），其次为"游戏活动的支持与引导"（58.90%），而其他项目的顺序则与教师需求度完全一致。从调查结果来看，造成需求度和认可度前两位的位置不匹配的原因可能是教育活动的计划与实施从五大领域分别入手进行活动设计书写、案例分析、针对性指导，而游戏活动的支持与引导则是相对笼统的区域游戏，并没有像教育活动一样分领域地分别把老师们关注的课程游戏化以及游戏渗透在集体活动中。

表7-24 培训内容按需施教调查结果统计表

维度	选项（多选）	训前需求度/%	训前需求度排序/%	训后认可度/%	训后认可排序度/%
专业素养	专业理念与师德	42.37	3	42.57	4
	幼儿发展知识	46.88	2	50.31	2
	幼儿保育和教育知识	41.90	4	44.82	3
	通识性知识	8.88	8	20.40	5
专业素养	专业能力	55.30	1	61.43	1
	科研方法	9.66	7	14.55	6
	农村学前教育动态	33.33	5	0	8
	教师职业发展规划	14.64	6	13.78	7
专业知识	幼儿发展知识	71.65	1	73.32	1
	幼儿保育与教育知识	70.09	2	72.78	2
	通识性知识	20.40	3	24.35	3
专业能力	环境创设与利用	34.27	4	41.27	4
	一日生活的组织与保育	36.45	3	42.69	3
	游戏活动的支持与引导	61.06	1	58.90	2
	教育活动的计划与实施	53.89	2	61.56	1
	激励与评价能力	14.33	7	14.11	7
	沟通与合作能力	32.24	5	27.73	5
	反思与发展能力	17.60	6	19.84	6

2. 培训形式切合度评价

同样，培训形式的切合度评价也是从参训教师的训前需求度和训后认可度来进行的，主要有以下 10 种培训形式。

根据调查结果来看，参训幼儿园教师对"专家授课、做讲座""教育活动现场考察观摩""同行经验介绍""交流讨论""案例教学"的需求度占前四位，分别为 64.80%、61.37%、40.65% 和 34.11%。从与之对应的认可度来看，参训教师对专家讲座的认可度为 67.49%，排在第一位，但是后面的三种形式与需求度发生了变化，分别为"同行经验介绍、交流讨论"（58.68%）、"案例教学"（49.82%）和"教育活动现场考察、观摩"（46.53%）。出现这种情况的原因主要是各地区和幼儿园的防疫规定，老师们无法进入幼儿园现场进行参观，只能通过线上播放视频的方式进行培训，因此老师们对案例教学的认可度排序高于教育活动现场考察观摩。教师需求度排五到七位的是与课题相结合的"与课程相结合的教育研究"（28.04%）、"园本教研"（26.17%）和"网络远程培训"（20.72%），但是老师们却对网络远程培训（32.37）的认可度更高。究其原因，也是与疫情相关，由于无法全部现场进行培训，网络远程培训则成为更高效、更有利的培训方式。排名末三位的培训形式需求度则是"导师指导下自学""师徒带教"和"教师对学员个别指导"，相应的，认可度与需求度排位一致。

表 7-25　培训形式按需施教调查结果统计表

选项（多选）	训前需求度/%	训前需求度排序/%	训后认可度/%	训后认可度排序/%
专家授课、做讲座	64.80	1	67.49	1
教育活动现场考察、观摩	61.37	2	46.53	4
同行经验介绍、交流讨论	40.65	3	58.68	2
案例教学	34.11	4	49.82	3
与课题相结合的教育研究	28.04	5	29.58	6
园本教研	26.17	6	25.41	7
网络远程培训	20.72	7	32.37	5
导师指导下自学	11.68	8	15.20	8
师徒带教	7.32	9	9.37	9
教师对学员个别指导	4.98	10	5.31	10

从以上结果可以看出，参训幼儿园教师更希望通过集中且高效的、解决实际问题的、能够互动与对话的多样化的形式来开展培训学习，而不仅仅是知识至上的单方面的知识与技能的灌输。

3. 培训途径切合度评价

在培训途径上，通过表 7-26 可以看出老师们对"到本地培训机构学习"的需求度是最高的，达到 63.55%，其次是需求度为 50% 的"利用网络、新媒体的远程教育"，最后则分别是"到外地培训机构学习"（45.79%）和"参加园本培训"（42.21%）。但是，认可度的结果则与需求度大相径庭。认可度第一的是"利用网络、新媒体的远程教育"（64.49%），第二的是"参加园本培训"（51.56%），而"到专门培训机构学习"的认可度则最低。究其原因，一方面还是因为疫情，老师们基本无法实地到其他机构学习；另一方面，乡村幼儿园教师数量少，一旦有老师外出或请假，则只能班内的一个老师从早顶班到晚，更有甚者，有老师请假则无人带班。无论是疫情原因还是乡村教师数量不足的原因，都是现存的不可抗力因素。

表 7-26　培训途径按需施教调查结果统计表

选项（多选）	训前需求度/%	训前需求度排序/%	训后认可度/%	训后认可度排序/%
到本地培训机构学习	63.55	1	34.68	3
到外地培训机构学习	45.79	3	0	4
利用网络、新媒体的远程教育	50	2	64.49	1
参加园本培训	42.21	4	51.56	2

4. 培训时间切合度评价

就培训时间而言，根据表 7-27 可以看出，训前大部分老师更希望"在工作日中抽出一部分时间"（28.66%）或"在工作日抽出部分时间与节假日结合"（27.26%）的方式。培训后，教师们的认可度排序与需求度一致，分别是"在工作日中抽出一部分时间"（38.51%）"在工作日中抽出部分时间与节假日结合"（33.16%）和"双休日"（28.33%）。对于培训时间，通过对幼儿园老师、园长的访谈也可以获得信息。M 幼儿园的园长指出，"老师们周末都特别忙，平时工作就多，周末洗洗涮涮，采购点东西时间也就过去了。要是全天让她们培训她们就没时间休息了"。此外，A 幼儿园的老师对只是工作日培训也提出了自己的意见，"我们下午四五点下班，回家做饭，给孩子辅导作业啥的，弄完也就九十点了，要是经常晚上培训，我肯定不能保证每次都参加"。此外，在培训过程中，由于各个幼儿园教师在工作日的空闲时间段不同，因此大部分采用下班后晚上的时间来为老师们做线上培训、双休日的时间做线下培训的工作日+双休

第七章 乡村教师继续教育 I-U-G-S 模式的实施效果

日结合的模式来进行培训。

表 7-27 培训时间按需施教调查结果统计表

选项（多选）	训前需求度/%	训前需求度排序/%	训后认可度/%	训后认可度排序/%
在工作日中抽出一部分时间	28.66	1	38.51	1
在工作日中抽出部分时间与节假日结合	27.26	2	33.16	2
双休日	19.94	3	28.33	3
寒暑假	18.69	4	0	4
无所谓，没有时间限制	5.45	5	0	4

通过以上培训时间切合度评价可以看出，根据前期调研结果安排培训时间对于参训老师来讲是有效的、满意的。

5. 考核方式切合度评价

通过问卷调查可以看出老师们对实践操作的训前需求度是最高的，这与参训教师在教师专业素养内容中对专业能力的需求度是一致的（表 7-28）。由于考虑到乡村幼儿园老师对内容的需求更多的是专业能力，因此在考核中"实践操作"和"跟踪培训后教学检查"两种考核方式也占比最高。因此，在认可度上，参训教师们训后认可度最高的也是"实践操作"（56.93%）、"出勤情况"（40.13%）和"跟踪培训后教学检查"（35.96%）。而笔试认可度为 0 的原因是在本次考核中没有采用笔试的考核方式。

表 7-28 考核方式按需施教调查结果统计表

选项（多选）	训前需求度/%	训前需求度排序/%	训后认可度/%	训后认可度排序/%
实践操作	55.92	1	56.93	1
出勤情况	39.72	2	40.13	2
跟踪培训后教学检查	38.32	3	35.96	3
笔试	21.96	4	0	6
写论文	11.68	5	15.78	4
没有考核	10.44	6	14.63	5

(二) 幼儿园教师继续教育满意度评价结果

1. 乡村幼儿教师培训满意度总体情况

本研究通过对参训教师培训的满意度进行描述性统计分析，结果见表7-29。

从问卷的分数设置来看，1分表示很不满意，2分表示不满意，3分表示一般，4分表示满意，5分表示很满意，从表7-29看出，参加培训的乡村幼儿园教师对培训时间、培训内容、培训形式、培训师资和培训管理五个维度的满意度水平介于一般与很满意之间。

表 7-29　参训教师培训满意度样本统计（$N=52$）

维度	题目	最大值	最小值	M	SD
培训时间	时间选择	5.00	2.00	3.77	0.83
	周期长度	5.00	2.00	4.11	0.92
培训内容	内容针对性	5.00	2.00	3.97	0.94
	内容全面性	5.00	2.00	4.08	0.93
培训形式	形式多样性	5.00	1.00	4.12	0.86
	形式灵活性	5.00	1.00	4.11	0.88
培训师资	人员构成	5.00	2.00	4.10	0.92
	授课水平	5.00	1.00	3.99	0.81
培训管理	组织安排	5.00	1.00	4.25	0.86
	考核方式	5.00	1.00	4.12	0.97
	追踪管理	5.00	1.00	4.04	0.92

此外，对五个维度进行描述性统计分析（表7-30），各培训维度的满意度情况差别不大，得分从高到低分别是"培训管理""培训形式""培训师资""培训内容"和"培训时间"。

表 7-30　参训教师培训满意度统计表（$N=52$）

维度	题数	均值（M）	标准差（SD）
培训时间	2	3.94	0.67
培训内容	2	4.02	0.76
培训形式	2	4.11	0.75
培训师资	2	4.04	0.69

续表

维度	题数	均值（M）	标准差（SD）
培训管理	3	4.14	0.76

2. 不同特征参训教师的满意度情况

（1）不同年龄参训教师的满意度情况

本研究对参训教师的满意度及其年龄进行方差分析，结果见表7-31。

从表7-31可以看出，不同年龄的教师在满意度上不存在显著差异。但可以看出，20岁及以下的教师在培训内容、培训形式、培训师资和培训管理上的满意度最高，而在培训时间上最低；相反，41岁及以上的教师对培训时间的满意度是最高的。

表7-31 不同年龄参训教师满意度的差异性分析

维度	20岁及以下 （N=2） M±SD	21-25岁 （N=5） M±SD	26-30岁 （N=11） M±SD	31-40岁 （N=22） M±SD	41岁及以上 （N=12） M±SD	F
培训时间	3.75±0.35	4.11±0.35	3.93±0.60	3.82±0.54	4.13±0.66	1.032
培训内容	4.5±0.71	4.00±0.87	4.16±0.56	3.97±0.77	3.98±0.89	0.445
培训形式	4.5±0.71	4.06±0.88	4.14±0.60	4.05±0.80	4.19±0.75	0.275
培训师资	4.5±0.71	4.00±0.71	4.18±0.61	3.96±0.75	4.06±0.65	0.453
培训管理	4.5±0.71	4.07±1.02	4.27±0.65	4.13±0.71	4.01±0.87	0.460

（2）不同教龄的参训教师的满意度情况

教龄可以反映参训教师从事幼教行业时间的长短，不同教龄的教师对学前教育的理解也会不同，进而对培训的需求也会有差别，这也是影响满意度的重要因素。因此，通过单因素方差分析对参训教师的满意度和教龄进行分析，结果见表7-32。

表7-32 不同教龄参训教师满意度的差异性分析

维度	不足1年 （N=7） M±SD	1-3年 （N=9） M±SD	4-6年 （N=5） M±SD	7-10年 （N=10） M±SD	11-20年 （N=11） M±SD	20年以上 （N=10） M±SD	F
培训时间	4.18±0.64	3.72±0.65	3.83±0.56	3.98±0.82	3.85±0.63	4.08±0.65	1.031
培训内容	4.29±0.54	4.00±0.75	4.22±1.06	4.03±0.85	3.91±0.73	3.89±0.72	0.661

续表

维度	不足1年 (N=7) M±SD	1-3年 (N=9) M±SD	4-6年 (N=5) M±SD	7-10年 (N=10) M±SD	11-20年 (N=11) M±SD	20年以上 (N=10) M±SD	F
培训形式	4.25±0.64	3.94±0.64	4.22±0.71	4.25±0.79	4.02±0.89	4.08±0.75	0.765
培训师资	4.25±0.58	3.89±0.65	4.39±0.55	4.10±0.77	3.85±0.73	4.05±0.69	0.271
培训管理	4.33±0.61	3.85±0.86	4.52±0.47	4.17±0.72	4.19±0.75	3.98±0.86	0.249

通过表7-32结果可知，不同教龄的教师在培训满意度上不存在差异。

(3) 不同学历的参训教师的满意度情况

学历也是影响教师对课程和培训的理解的重要因素之一。本研究对参训教师的满意度和学历进行单因素方差分析分析，结果见表7-33。

通过表7-33可以看出，不同学历的教师在"培训时间"和"培训师资"上存在显著差异（$F=3.472$, $p=0.039<0.05$；$F=3.249$, $p=0.043<0.05$）。通过多重比较可知，本科学历的参训教师在培训时间上的满意度显著低于大专学历的教师；而在培训师资的满意度上，本科学历的参训教师则显著低于高中（中专）及以下的教师。从结果来看，学历为本科的参训教师对培训的满意度较低，可能是由于在培训中更多倾向在水平相对中等的参训教师，而本科学历的教师学习能力较强且学习过的知识技能也更多，因此对培训内容的满意度相对较低。

表7-33 不同学历参训教师满意度的差异性分析

维度	高中（中专）及以下 (N=14) M±SD	大专 (N=28) M±SD	本科 (N=10) M±SD	F
培训时间	3.91±0.59	4.02±0.62	3.63±0.86	3.472*
培训内容	4.07±0.96	4.09±0.68	3.78±0.64	1.344
培训形式	4.14±0.71	4.15±0.71	3.98±0.91	0.410
培训师资	4.25±0.63	4.03±0.68	3.80±0.73	3.249*
培训管理	4.13±0.90	4.19±0.69	4.00±0.75	2.018

注：*表示$p<0.05$

(4) 不同职称的参训教师的满意度情况

职称在某种程度上是专业能力的一种标志，为了了解不同职称的参训教师在培训上的满意度，采用单因素方差分析，结果见表7-34。

通过表7-34可以看出，不同职称的教师在培训师资上的满意度存在显著差异（$F=2.857$，$p=0.047<0.05$）。通过多重检验结果可知，二级职称的教师在培训师资的满意度上显著低于高级、一级和无职称的教师。出现这种结果的原因可能是二级教师在有职称的教师中级别最低，因此对于培训的需求也最高，最希望自己通过培训获得更多的成长。

表7-34 不同职称参训教师满意度的差异性分析

维度	高级（$N=7$） $M\pm SD$	一级（$N=10$） $M\pm SD$	二级（$N=6$） $M\pm SD$	无职称（$N=29$） $M\pm SD$	F
培训时间	3.85±0.75	3.95±0.66	3.82±0.81	3.94±0.63	0.888
培训内容	4.08±0.45	4.13±0.83	3.95±0.61	3.96±0.82	0.526
培训形式	3.96±0.63	4.18±0.80	3.86±1.03	4.13±0.70	0.964
培训师资	4.00±0.68	4.18±0.53	3.55±0.76	4.06±0.69	2.857*
培训管理	4.05±0.76	3.95±1.01	4.15±0.79	4.19±0.67	0.284

注：* 表示 $p<0.05$

（三）幼儿园教师继续教育影响力评价结果

除切合度和满意度之外，对教师训后专业素养的追踪评价也是非常重要的。对训前、训后的参训教师的专业素养进行比较，可以直观地显示此轮培训对乡村幼儿园参训教师的专业素养的效果。本研究通过训前教师对自己专业素养的自评问卷和训后教师对专业素养的自评问卷结果进行配对样本t检验，以分析I-U-G-S继续教育模式培训对乡村幼儿园教师专业素养的效果。

1. 专业素养总体情况影响力评价

首先对专业素养的总体情况影响力进行配对样本t检验，结果见表7-35。

通过表7-35可以看出，"专业理念与师德""专业知识""专业能力"和"专业素养"总体情况在培训后都得到了显著提升。总体来看，教师"专业素养"在培训后比培训前的均分高出0.94分，存在着极其显著的差异（$t=-20.79$，$p=0.000<0.001$）；"专业理念与师德"在培训后得到极其显著的提高（$t=-27.01$，$p=0.000<0.001$）；"专业知识"的提高程度则更高一些（$t=-135.19$，$p=0.000<0.001$）；最后，参训教师得到最显著提高的则是"专业能力"（$t=-227.84$，$p=0.000<0.001$）。

表7-35 专业素养训前训后差异性检验统计表

维度	项目	$M±SD$	t
专业理念与师德	前测	3.80±0.36	−27.01***
	后测	4.65±0.34	
专业知识	前测	3.41±0.55	−135.19***
	后测	4.34±0.57	
专业能力	前测	3.87±0.49	−227.84***
	后测	4.50±0.51	
教师专业素养	前测	3.55±0.48	−20.79***
	后测	4.49±0.40	

注：***表示 $p<0.001$

2. 专业理念与师德影响力评价

"师德为先"是《幼儿园教师专业标准（试行）》中的第一条基本理念，它要求幼儿园教师要热爱教育事业，具有职业理想和敬业精神，认同自己的职业；同时也要求幼儿园教师要热爱幼儿，为人师表，能够正确引领幼儿。通过对参训教师进行专业理念与师德相关内容的培训后，进行调查和差异性检验，结果见表7-36。

通过表7-36可以看出，乡村幼儿园教师在培训后的"职业理解与认识""对幼儿的态度与行为""对幼儿保育与教育的行为态度"均得到了极其显著的提升（$t=-14.60$，$p=0.000<0.001$；$t=-29.97$，$p=0.000<0.001$；$t=-15.38$，$p=0.000<0.001$），而"个人修养与行为"的培训前和培训后得分不存在显著差异。通过对应《幼儿园教师专业标准（试行）》可知，个人修养与行为更专注在教师的个人品格、个人习惯等，不是通过系列培训就能够获得长足进步的。

表7-36 专业理念与师德训前训后差异性检验统计表

维度	项目	$M±SD$	t
职业理解与认识	前测	3.73±0.61	−14.60***
	后测	4.56±0.49	
对幼儿的态度与行为	前测	4.05±0.35	−29.97***
	后测	4.81±0.33	
幼儿保育与教育的行为态度	前测	3.98±0.53	−15.38***
	后测	4.65±0.55	

续表

维度	项目	$M \pm SD$	t
个人修养与行为	前测	3.95±0.63	-1.87
	后测	4.15±0.55	

注：*** 表示 $p<0.001$

此外，除了数据的结果，培训后参训教师的评价也佐证了数据的结果。

教师 Z："通过幼儿园教师职业特点这个课，听了老师给讲的这些个案例，我就发现我们做的不光就是看孩子，还真的得把孩子的习惯培养、个性啥的重视起来。虽然我们村里好多人都觉得幼儿园老师就是个看孩子的，别摔着碰着就行了，但老师这个课我就发现人的发展真的要从娃娃抓起，好些个习惯小时候没养成后面就很难改，这么一看咱幼儿老师真的很重要。"

教师 K 从另一个角度表达了自己对职业理解与认识维度的理解："我们幼儿园老师少，互相交流也少，大家都各自为政，今天老师讲完这个幼儿园的案例，我就发现，我们可以合作，今年我带大班，你带中班，明年你就大班了，我把我大班的一些个材料留给中班的老师，又能有交流，还能省工夫，还不浪费，这么看真的挺好。"

从教师 Z 和教师 K 的话语中可以看出，通过案例教学，老师们对自身职业的认识更加深刻，更能找到自我的价值。只有当老师们认可自己的职业、认同自己做的事情的时候，幼儿园的教育水平才能获得进步与发展。

对于个人修养与行为，虽然培训后与培训前没有显著差异，但是参训教师也有所收获，"通过老师的讲座，也学了一些调节自己情绪的方法，毕竟我们幼儿园工作压力挺大的"。但是也有老师认为"虽然老师讲的方法很有用，但是我们老师就是这么少，有个事都很难请假，因为没老师顶班，这也不是完全就自己能调节过来的"。从参训教师们的话语中可以看出，乡村幼儿园教师压力大、任务重，因此更需要重视老师们的心理健康，同时也应重视乡村幼儿园教师队伍的建设，尽量每个班配备足够数量的教师。

3. 专业知识影响力评价

专业知识是幼儿园教师进行活动组织的前提，也是教师专业化的重要内容。从幼儿保育到集体活动组织，再到区角活动的设计等都需要教师有足够的知识储备才能进行实践。与《幼儿园教师专业标准》一致，本研究从幼儿发展知识、幼儿保育和教育知识以及通识性知识三个子维度来考查培训在专业知识维度的影响力。

从表 7-37 的结果可以看出，乡村幼儿园教师在培训后的幼儿发展知识、幼儿保育和教育知识均得到了极其显著的提升（$t=-17.02$，$p=0.000<0.001$；$t=-11.19$，$p=0.000<0.001$），而通识性知识的培训前和培训后得分不存在显著差异。通过训后访谈，进一步了解情况。

表 7-37　专业知识训前训后差异性检验统计表

维度	项目	$M±SD$	t
幼儿发展知识	前测	3.90±0.69	-17.02***
	后测	4.48±0.61	
幼儿保育和教育知识	前测	3.89±0.67	-11.19***
	后测	4.45±0.51	
通识性知识	前测	3.47±0.77	-1.84
	后测	3.74±0.69	

注：*** 表示 $p<0.001$

教师 L：比如老师讲到数概念，我原来就知道幼儿园数学让孩子们学学数的组合与分解、认识数字什么的，但是老师讲完发现数学的这个体系还挺复杂的，而且一环扣一环。虽然老师没都讲完，但是老师还给我们推荐了《幼儿园数学领域教育精要——关键经验与活动指导》这本书，也给我后续学习提供了材料。

教师 M：经常说游戏化，但是我们农村的家长都要求孩子学点啥才行，所以我们大班经常学数学什么的。但是这次培训，老师给了一些具体的游戏，这样孩子又玩了，还学了知识。老师提供的这些我以后上课时候也能用得上。

通过两位老师的反馈结果可以看出，通过此次的培训课程，乡村幼儿园教师在幼儿发展知识、幼儿保育和教育知识两个子维度的一些方面有所收获。

本次培训针对老师们想要学习地做课件也安排了相关的课程，如美篇的制作、视频的剪辑等，但是由于老师年纪大或者身边没有电脑、幼儿园网络不佳等原因，培训效果并不是很好，如 G 老师讲到"其实特别想学这个多媒体、课件制作这方面的，但是我们幼儿园的电脑实在不给力，网络时有时无的"。此外，这些都需要日常练习才能有效果，并不是听一次讲座就能够操作的，因此培训前和培训后并没有显著差异。

4. 专业能力影响力评价

幼儿园教师应该把知识、理论与实践结合起来，重视提升保教实践能力和专业化水平。本研究中，从环境的创设与利用、一日生活的组织与保育、游戏活动的支持与引导、教育活动的计划与实施、激励与评价、沟通与合作、反思与发展七个方面来考察乡村幼儿园参训教师的培训效果。

从表 7-38 可以看出，此次培训后教师专业能力的七个方面得分都显著高于培训前教师的自我评价。例如，"环境的创设与利用"专题后，M 幼儿园的 G 老师能够根据专题的内容以及给出的案例进行适合自己班级的改进，并且讲到"老师您给我们讲了这个主题墙以后，我终于知道这个主题墙和小朋友们美术课的关系了，我挂在上面家长也能看得到，这样特别好"。虽然 G 老师对于主题墙和课程的认识没有很深入，但是了解了主题墙不是教师自己的作品的呈现，应该有儿童的参与。Y 老师在进行了班级主题墙的更新后也拍照询问哪些方面可以修正与更改，通过与 Y 老师在线上的交流后，Y 老师更了解了主题墙要如何留白。

对于"一日生活的组织与保育"，在老师们观看了相关视频和案例后，J 老师讲到"第一次知道这个排队、喝水、如厕这种过渡环节还能把教育这样渗透进去"，教师 P 提及"看到老师讲的案例，把玩具放在排队的地方，有的小朋友在排队的时候也有得玩，就不至于干等，那个玩具还能锻炼小朋友们的手的小肌肉，这种做法太厉害了"。通过两位老师的反馈可以发现，虽然因为疫情原因没办法组织老师们到幼儿园中参观，但是通过对一日生活组织实施的案例教学让老师们真切感觉到教育的智慧也贯穿在幼儿园的方方面面。

在专业知识的讲座中，就为老师们设置了相关的专题，在专业能力中的游戏专题除了给老师们介绍游戏的重要性、游戏的案例，更强调了教师对于儿童游戏的支持、指导、观察和分析。教师 W 反馈到"之前一直知道孩子们游戏的时候我们要观察，但是这次老师讲的内容和视频案例把幼儿游戏还有我们要观察的指标要点，也就是孩子的发展都联系起来了，这样就不会像之前似的不知道观察什么了"。教师 H 也认为"老师讲的这个游戏支持让我知道具体的游戏化的方法，而不是只是把游戏化当成是一个口号"。

在"教育活动的计划与实施"部分，更多以研课磨课、同课异构、辩课互动等方式进行，通过参训教师设计与实施五大领域集体教育活动后，进行反思、评价、辩课，从而获得自身教育活动设计与实施能力的提升。通过这样的课程，参训教师们一致反映在与其他同伴的交流中自己收获颇多。但是也存在着一些老师只对自己教授的领域关注，对非自己教授的领域毫不关心的现象，如教师 G 就说到"我们也不教唱歌、画画，这些都是另一个老师教的，我就教数学、语言什么的，我对这个艺术也不了解，也没办法做到那么好的备课和评课"。但是幼儿的发展是整体的，幼儿园教师应该注重领域和目标之间的相互渗透与融合，而不是某一个方面或某一个领域的发展。

对于"激励与评价"，则是将内容融入环境创设、教育活动计划与实施等课程中接续讲解，而不是单独拿出来分别讲解。参训老师们通过对自己以及他人的环境创设和教育活动的评价，在评价中学习与进步，例如教师 D 讲到"看到别的老师设计的主题墙，我能看到这个老师在学之后比学之前的进步，而且在看别人设计出来的环境我也能反观自己做得好的和做得不好的地方"，教师 Y 则对自己进行了"老师讲完，我发现自己没给幼儿参与环境创设的机会，还有就是我设计的环境太拥挤了，没有留白"的评价。

"沟通与合作"方面则更多集中在幼儿园与家庭的合作共育上，主要原因是在训前很多老师都讲到乡村的幼儿家长只是把自己的注意力集中在幼儿学了什么，是否会写字、算数等，没有把重点放在幼儿核心素养的全面发展上。因此通过家园合作的讲座与案例，让参训老师看到其他示范园的家长工作是如何做的，家长会的内容是如何开展的，以及面对家长的育儿讲座等，让老师们了解了家长工作和家园沟通更多的方式与内容。

教师 C："老师讲了很多案例，比如老师讲的分离焦虑的例子，既给了对我们老师的建议，还有给家长的建议，这样我就可以直接用来解决我遇到的这样类似的问题了"。

教师 S："老师给了我们一些个和家长沟通的技巧，我觉得很实用……"

通过老师们的反馈可以看出，参训教师通过案例教学可以真正获得一些实用的交流与沟通的方法和技巧。

最后关于反思与发展内容，参训教师在听了讲座后发现"我们幼儿园都没有教研，从来也不知道教研是什么、怎么教研，这次看了老师讲的案例，发现教研可以做这么多事""看了市里面幼儿园的教研，发现我们中班的几个老师也可以一块研讨一下，这样可以互相学习，还能省点工夫""大家在一起教研，遇到的问题还能问别的老师，这样问题还容易解决"。从老师们的反馈可以看出，他们通过讲座，了解了幼儿园教研的目的、做法和好处，是能够利于教师自我发展和幼儿园发展的。

表 7-38 专业能力训前训后差异性检验统计表

维度	项目	$M \pm SD$	t
环境的创设与利用	前测	3.97±0.61	-13.67***
	后测	4.47±0.64	
一日生活的组织与保育	前测	4.04±0.45	-10.18***
	后测	4.63±0.49	

续表

维度	项目	$M\pm SD$	t
游戏活动的支持与引导	前测	3.96±0.57	-7.10***
	后测	4.37±0.65	
教育活动的计划与实施	前测	4.03±0.50	-11.62***
	后测	4.57±0.52	
激励与评价	前测	4.06±0.51	-8.18***
	后测	4.48±0.57	
沟通与合作	前测	4.21±0.41	-11.36***
	后测	4.69±0.49	
反思与发展	前测	3.96±0.60	-4.99***
	后测	4.26±0.71	

注:*** 表明 $p<0.001$

通过以上的切合度评价、教师满意度评价和专业素养影响力评价可以看出，I-U-G-S 这种基于乡村幼儿园教师发展需要设计的，突出参训教师主体地位的继续教育模式，是可以提高乡村教师专业素养、提升参训教师满意度、促进乡村教师发展的职后教育模式。但是在整个过程中依然存在着不足与困难。

第一，幼儿园参训教师在专业理念上虽然有了提升，但是在日后的幼儿园实际工作中能否落实需要后续跟踪。

第二，参训教师在培训中学到的活动设计书写规范、课程游戏化等相对不容易操作的方面，在训后是否能够持之以恒有待考量。

第三，本模式均在参训教师的下班后时间及周末进行，虽然不存在工学矛盾，但是占据老师们的休息时间，长期培训造成教师压力大，进而导致积极性不足。

第四，由于许多乡村幼儿园老师没有编制且工资较低，对于培训的需求并不是非常强烈，在培训后期出现疲态。如何有效激发乡村教师专业发展的内驱力，仍是一个严峻问题。

第五，特殊情况下，无法带领参训教师到示范园进行观摩与学习。

第六，本课题组力量有限，无法更大规模地进行多轮培训实验以检验模式的效果。

希望日后本模式可以在更多乡村地区得到更广泛地支持来进行大规模实践操作，使得本模式更加完善，以促进乡村学前教育的发展。

参考文献

［1］朱旭东．中国现代教师教育体系构建研究［M］．北京：北京师范大学出版社，2014．

［2］薛正斌．乡村教师支持计划政策研究［M］．北京：中国社会科学出版社，2021．

［3］刘宗南，章普，杨兴芳，等．乡村教师补充政策评估研究［M］．武汉：武汉大学出版社，2022．

［4］唐智松．乡村教师队伍建设研究［M］．重庆：西南大学出版社，2022．

［5］周晔．乡村教师发展［M］．上海：华东师范大学出版社，2020．

［6］郑百伟，等．教师继续教育模式研究与探索［M］．北京：中国人民大学出版社，2009．

［7］高盼望．乡村教师生活的历史考察［M］．北京：中国社会科学出版社，2021．

［8］戴礼章，丁常春，黄琼，等．县域乡村教师有效培训研究［M］．上海：华东师范大学出版社，2022．

［9］王定华．中国教师教育：观察与研究［M］．北京：人民教育出版社，2020．

［10］曾煜．中国教师教育史［M］．北京：商务印书馆，2016．

［11］李晓庆，刘微娜，李希铭，等．智能化技术助力乡村教师专业化发展的实践路径——基于我国40所乡村学校的调研［J］．教师教育学报，2022，9（5）．

［12］张辉蓉，谢小蓉．乡村青年教师职业发展的困境与优化策略——基于人与组织匹配理论［J］．教师教育学报，2022，9（5）．

［13］曹晓薇．近十五年我国乡村教师专业发展研究的回顾与展望——基于

CNKI 核心期刊的文献计量分析［J］．教育观察，2022，11（26），83.

［14］戴伟芬．乡村教师混合培训路径——基于第三空间理念［J］．教育研究，2022，43（8）.

［15］袁梦雪．促进乡村教师专业发展的路径分析——基于 PDS 教师教育模式的视角［J］．创新创业理论研究与实践，2022，5（13）.

［16］陈理宣，刘炎欣．融合型教师教育的理论构建与实践探索［J］．教师教育学报，2022，9（4）.

［17］范强．乡村教师在乡村也可以教得更好［J］．人民教育，2022（12）.

［18］李广．教师教育协同创新机制研究——东北师范大学"U-G-S"教师教育模式新发展［J］．教育研究，2017，38（4）.

［19］高慧斌．中小学教师远程培训效果实证研究［J］．教育研究，2018，39（4）.

［20］石连海，田晓苗．我国乡村教师队伍建设政策的发展与创新［J］．教育研究，2018，39（9）.

［21］白亮，王爽，武芳．乡村教师发展支持体系研究［J］．中国教育学刊，2019（1）.

［22］梅兵，唐玉光，荀渊．世界教师教育发展模式的演变及我国的选择［J］．教师教育研究，2021，33（5）.

［23］杜尚荣，邝心怡．我国教师教育模式演进的历程、脉络及转型［J］．黑龙江高教研究，2022，40（5）.

［24］肖起清．新师范背景下乡村教师教育新模式探索与实践［J］．国家教育行政学院学报，2021（10）.

［25］伊娟，马飞．城乡教师教学共同体的发展困境及其建构策略［J］．继续教育研究，2022（7）.

［26］吴凯欣，毛菊，张斯雷．乡村教师身份认同危机转化过程的多向—发展动力机制研究——基于 X 省 D 教师的个案考察［J］．教育理论与实践，2022，42（13）.

［27］吴梦徽．专业性与开放性的权衡——德国联邦州教师教育模式比较研究［J］．教育发展研究，2020，40（15/16）.

［28］李盛兵．新加坡教师教育：模式的变革与创新［J］．华南师范大学学报（社会科学版），2022（3）.

［29］马艳芳．"U-G-S 教师教育共同体"的实践优势、冲突与优化［J］．齐鲁师范学院学报，2022，37（1）．

［30］李兴洲，唐文秀．乡村教师政策靶向瞄准优化策略研究［J］．国家教育行政学院学报，2020（6）．

附　录

附录1：乡村初中教师专业素养现状调查问卷

尊敬的老师：

您好！

为了解乡村中小学教师专业素养培训前后的变化，我们特别邀请您参加此项调查。本调查问卷共分为两部分，答案没有好坏对错之分，请根据要求如实回答。本次调查为匿名性质，我们对您提供的资料将严格保密，感谢您的支持与合作！

第一部分：基本情况

1. 您的性别：（　　）

　A. 男　B. 女

2. 您的年龄：（　　）

　A. 30 岁以下　　B. 31—40 岁　　C. 41—50 岁　　D. 50 岁以上

3. 您的教龄：（　　）

　A. 5 年及以下　　B. 6—10 年　　C. 11—20 年　　D. 21 年以上

4. 您的初始学历（　　）

　A. 高中及以下　　B. 大专　C. 本科　　D. 硕士研究生及以上　　E. 其他

5. 您的最高学历：（　　）

　A. 高中及以下　　B. 大专　C. 本科　　D. 硕士研究生及以上　　E. 其他

6. 您的职称（　　）

　A. 中教三级　B. 中教二级　C. 中教一级　　D. 中教高级　E. 其他

　F. 无职称

7. 您是否为中学正式在编教师？（　　）

　　A. 是　B. 否

第二部分：专业素养

下面是关于教师专业素养的问项，请认真思考后在最接近的选项下划"√"。

题号	项目	完全不符合	比较不符合	一般	比较符合	完全符合
1	我很认同热爱农村初中（小学）教育工作并愿意长期扎根农村的教育事业	①	②	③	④	⑤
2	我认为农村初中（小学）教师是专业技术人员，非常希望自身专业素养得到不断提升	①	②	③	④	⑤
3	我很关注学生的心理健康问题，特别是农村留守学生的心理问题	①	②	③	④	⑤
4	我能够对学习成绩落后和家庭困难的学生给予更多的关照	①	②	③	④	⑤
5	自我调节情绪能力较强，面对什么事情都能保持平和心态，很少向学生发脾气	①	②	③	④	⑤
6	我热情开朗，有较强的亲和力	①	②	③	④	⑤
7	我掌握很多关于班级管理和班集体建设的知识	①	②	③	④	⑤
8	我非常熟悉乡村初中生（小学生）身心发展规律与特点	①	②	③	④	⑤
9	我能够熟练掌握所教授的学科专业知识，并能做到各个学科知识的有机融合	①	②	③	④	⑤
10	我能够很好地掌握7—9年级（1—6年级）所教授学科的教材及拓展延伸知识	①	②	③	④	⑤
11	我对自己从事学科的新课程标准非常熟悉	①	②	③	④	⑤
12	我经常关注和学习农村中有关学科课程资源开发相关的信息	①	②	③	④	⑤
13	我熟练掌握自己所教授学科的教学方法与策略	①	②	③	④	⑤

续表

题号	项目	完全不符合	比较不符合	一般	比较符合	完全符合
14	我拥有较高的人文和科学素养，特别对乡村文化有深刻认识	①	②	③	④	⑤
15	我的艺术修养（如色彩搭配和音乐鉴赏能力）很好	①	②	③	④	⑤
16	对于不同水平的学生，我设置分层教学目标	①	②	③	④	⑤
17	在课程资源选择方面，我以教科书为参照并结合农村的特点广泛查找各种资源融入课程	①	②	③	④	⑤
18	我在备课时会参照集体备课内容同时根据学科特点、单元学习内容以及农村学生实际情况进行独立的备课	①	②	③	④	⑤
19	我会利用案例、故事和实验等手段促进学生的理解和记忆	①	②	③	④	⑤
20	关于课堂练习，一般会使用教材上的习题训练学生	①	②	③	④	⑤
21	关于课堂练习，我一般会根据不同水平的学生使用自编试题，提供分层练习	①	②	③	④	⑤
22	在学科教学中，我能够将涉及的内容以恰当的多媒体形式展现出来	①	②	③	④	⑤
23	我将考试的命题方向渗透在学生的作业中	①	②	③	④	⑤
24	我会采用多元评价方法，从德智体美和社会实践多方面、多视角、全过程评价学生发展	①	②	③	④	⑤
25	我能有效地解决学生之间的矛盾和问题，帮助他们建立良好的同伴关系	①	②	③	④	⑤
26	我经常在学科教学时对学生进行思想道德方面的教育	①	②	③	④	⑤
27	我能够结合农村学生人生观和价值观的特点有针对性地组织开展德育活动	①	②	③	④	⑤
28	我能够有效管理和开展班级活动	①	②	③	④	⑤
29	面对班级的突发事件，我能够很好地处理	①	②	③	④	⑤

续表

题号	项目	完全不符合	比较不符合	一般	比较符合	完全符合
30	我经常能像朋友一样和初中生（小学生）进行平等的沟通交流	①	②	③	④	⑤
31	我经常和同年组教师分享教学和班级管理经验	①	②	③	④	⑤
32	我经常和家长进行沟通关于学生的在校学习和生活状况	①	②	③	④	⑤
33	我会根据学生课堂表现调整自己的教学	①	②	③	④	⑤
34	我会主动地针对教育教学工作中的现实需要与问题，进行反思、探索和研究	①	②	③	④	⑤

再次感谢您参与此次调查！

附录2：乡村小学教师专业素养现状调查问卷

尊敬的老师：

您好！非常感谢您在百忙中抽时间完成此问卷，请您仔细阅读以下问题，依据实际情况作答。问卷采取无记名方式，仅供调研使用，您不要有任何顾虑。感谢您的支持！

一、个人基本情况

1. 您的性别：（　　）

A. 男　　B. 女

2. 您的年龄：（　　）

A. 30岁及以下　B. 31—40岁　C. 41—50岁　D. 50岁以上

3. 您的教龄：（　　）

A. 5年及以下　B. 6—10年　C. 11—20年　D. 21—30年　E. 30年以上

4. 您的初始学历：（　　）

A. 高中（中专）及以下　B. 大专　C. 本科　D. 硕士研究生及以上

5. 您的职称：(　　　)

　　A. 小教三级　　B. 小教二级　　C. 小教一级　　D. 小教高级

　　E. 其他职称　　F. 无职称

6. 您是否为在编教师：(　　　)

　　A. 在编　　　B. 不在编

二、专业素养现状

题号	项目	完全不符合	比较不符合	一般	比较符合	完全符合
1	对所教学段的知识点、重点、难点和疑点掌握较好	①	②	③	④	⑤
2	对本学科本学段知识发展情况和最前沿信息的掌握较好	①	②	③	④	⑤
3	对本学科本学段的学期、学年课程进度有清晰的计划	①	②	③	④	⑤
4	在学科教学中能够做到各个学科知识的有机融合	①	②	③	④	⑤
5	学习过并熟悉掌握了教育理论知识	①	②	③	④	⑤
6	了解课程和教学的理论知识，经常关注教育教学和课程改革的信息	①	②	③	④	⑤
7	对哲学、社会学、文化学、人类学等理论知识有所了解	①	②	③	④	⑤
8	您认为所教学科的知识是否符合乡村小学生的经验和需求	①	②	③	④	⑤
9	您了解心理学的知识，善于观察学生，熟悉乡村小学生身心发展存在的问题	①	②	③	④	⑤
10	能够有效地将乡土资源与学科知识相融合	①	②	③	④	⑤
11	教学设计时能够考虑到课堂上各种可能性，并进行预设	①	②	③	④	⑤
12	教学设计时，能够利用各种教学资源对教材内容进行重新选择和设计	①	②	③	④	⑤
13	课堂教学很有激情，能够调动学生的积极性和主动性	①	②	③	④	⑤

续表

题号	项目	完全不符合	比较不符合	一般	比较符合	完全符合
14	善于进行情景的创设,注重学生的体验和主动认知	①	②	③	④	⑤
15	经常探索新的教学模式和教学方法,教学善于创新	①	②	③	④	⑤
16	课堂教学能够有效地从学生那里获得反馈,并及时处理	①	②	③	④	⑤
17	班级中发生偶发事件能够及时有效地进行解决	①	②	③	④	⑤
18	经常并善于对教学工作和学生的学业发展设计评价方案进行评价	①	②	③	④	⑤
19	在教学过程中经常进行观察、思考,发现问题,并转化为研究课题	①	②	③	④	⑤
20	进行教学设计时,能够对乡村小学生的知识基础、学习水平和个性特点以及实际生活经验等学情进行详细、准确地分析	①	②	③	④	⑤
21	能够根据课程标准和乡村小学教育实际,设计教学目标	①	②	③	④	⑤
22	经常并善于组织有乡村特色的教育教学活动对学生进行教育	①	②	③	④	⑤
23	根据乡村小学生身心发展存在的实际问题,积极寻找适宜的教育方法	①	②	③	④	⑤
24	对乡村教育特色、特点有深刻的感悟,并积极主动地进行研究	①	②	③	④	⑤
25	对自己有明确的专业发展规划	①	②	③	④	⑤
26	对自己的专业特点和教学风格有非常清楚的认识	①	②	③	④	⑤
27	您课后经常根据教学进行反思并总结改进	①	②	③	④	⑤
28	您对当前教育教学改革持积极态度	①	②	③	④	⑤
29	您能够在教育教学过程中进行很好的自我调节	①	②	③	④	⑤

再次感谢您参与此次调查！

附录3：乡村幼儿教师专业素养调查问卷

尊敬的老师：

您好！

为了了解幼儿教师专业素养现状及提升需求，我们特别邀请您参加此项调查。本调查问卷分为两部分，第一部分：个人基本情况；第二部分：乡村幼儿教师专业素养现状调查问卷。选项没有好坏对错之分，请根据要求如实回答。本次调查为匿名性质，我们对您提供的资料将严格保密。

感谢您的支持与合作！

第一部分：个人基本情况

以下是您的一些基本资料，请根据您的实际情况在选项上打"√"或填写。

1. 您的性别是（　　）

A. 男　B. 女

2. 您的年龄是（　　）

A. 20 岁以下　B. 21—25 岁　C. 26—30 岁　D. 31—40 岁　E. 41 岁以下

3. 您的教龄为（　　）

A. 不足 1 年　B. 1—3 年　C. 4—6 年　D. 7—10 年　E. 11—20 年　F. 21 年及以上

4. 您的初始学历是（　　）

A. 高中（中专）及以下　B. 大专　C. 本科　D. 硕士研究生及以上

5. 您目前最高的学历是（　　）

A. 高中（中专）下及以　B. 大专　C. 本科　D. 硕士研究生及以上

6. 您目前的职称是（　　）

A. 高级　B. 一级　C. 二级　D. 三级　E. 无职称　F. 其他职称

7. 您是否为正式在编幼儿教师（　　）

A. 是　B. 否

第二部分：乡村幼儿教师专业素养现状调查问卷

下面是关于教师专业素养现状的调查问卷，请认真思考后在最接近的选项下划"√"。

题号	项目	完全不符合	比较不符合	一般	比较符合	完全符合
1	我很热爱农村幼儿教育工作并愿意长期扎根农村的教育事业	①	②	③	④	⑤
2	我认为农村幼儿教育很重要,前景很好	①	②	③	④	⑤
3	我认为只要识字,人人都能当幼儿教师	①	②	③	④	⑤
4	我认为目前自己的职责就是看孩子,别让孩子出事	①	②	③	④	⑤
5	如有机会,我一定不再当农村幼儿教师	①	②	③	④	⑤
6	我很关注幼儿的心理健康问题,特别是农村留守儿童的心理问题	①	②	③	④	⑤
7	我接纳犯错误的孩子,并帮助他们改正错误	①	②	③	④	⑤
8	我认为每一个孩子都有可爱之处	①	②	③	④	⑤
9	当幼儿对活动失去兴趣时,我能够重新激起他们的兴趣	①	②	③	④	⑤
10	虽然农村幼儿教师生活和工作条件一般,但我依然乐观开朗,喜欢农村幼儿。	①	②	③	④	⑤
11	在幼儿面前,我对自己的言谈举止没有多少顾忌	①	②	③	④	⑤
12	教育活动中我能迅速察觉幼儿对活动的反应,并调整原定计划	①	②	③	④	⑤
13	我总是借助图片、实物等使知识看得见、摸得着	①	②	③	④	⑤
14	我熟练掌握《3—6岁儿童发展指南》的主要内容	①	②	③	④	⑤
15	我经常关注和学习农村中幼儿游戏资源开发相关的信息	①	②	③	④	⑤
16	我很注重农村儿童卫生习惯的养成	①	②	③	④	⑤
17	我熟练地掌握了建立良好的一日常规的方法	①	②	③	④	⑤

续表

题号	项目	完全不符合	比较不符合	一般	比较符合	完全符合
18	我熟练掌握幼儿安全预防知识和幼儿意外事故急救知识	①	②	③	④	⑤
19	我熟练掌握信息技术教学的相关知识	①	②	③	④	⑤
20	我的艺术修养（如色彩搭配、音乐节奏能力、形体训练能力）很好	①	②	③	④	⑤
21	我拥有较高的人文和科学素养	①	②	③	④	⑤
22	我能用农村常见的材料进行环境创设	①	②	③	④	⑤
23	从村庄、田园和农民手中，我发现了很多能做玩教具的东西	①	②	③	④	⑤
24	面对班级的突发事件，我经常束手无策	①	②	③	④	⑤
25	我常用农村特有资源开展游戏活动	①	②	③	④	⑤
26	教育活动中我提出的问题能启发幼儿积极思考、探索	①	②	③	④	⑤
27	对于能力不同的幼儿，我会采用不同的教育方式	①	②	③	④	⑤
28	每次集体教育活动前，我都做详细的活动计划	①	②	③	④	⑤
29	我根据本班幼儿的特点来确定每次教育活动的目标	①	②	③	④	⑤
30	在我组织的教育活动中，幼儿参与的兴趣很高	①	②	③	④	⑤
31	评价幼儿时，我总是将他（她）跟其他孩子做比较	①	②	③	④	⑤
32	我经常在活动中对幼儿做出及时、肯定的评价	①	②	③	④	⑤
33	我能有效运用观察、谈话、家园联系、作品分析等多种方法，客观地、全面地了解和评价幼儿	①	②	③	④	⑤
34	我经常能像朋友一样和幼儿进行平等的沟通交流	①	②	③	④	⑤
35	我经常和其他幼儿教师分享活动组织和班级管理的经验	①	②	③	④	⑤

续表

题号	项目	完全不符合	比较不符合	一般	比较符合	完全符合
36	我经常和家长沟通幼儿在园情况	①	②	③	④	⑤
37	我经常翻看幼儿教育杂志、报刊、书籍	①	②	③	④	⑤
38	我经常反思自己教育中的得与失，并坚持写反思日记	①	②	③	④	⑤
39	我会制定自己专业发展的规划，主动申请外出培训的机会以不断提高自身专业素养	①	②	③	④	⑤

再次感谢您参与此次调查！

附录4：乡村中小学教师继续教育现状与发展需求调查问卷

尊敬的老师：

您好！为了解中小学教师继续教育现状及发展需求，我们特别邀请您参加此项调查。本调查问卷分为两部分，第一部分：个人基本情况；第二部分：乡村中小学教师继续教育现状与发展需求。选项没有好坏对错之分，请根据要求如实回答。本次调查为匿名性质，我们对您提供的资料将严格保密，感谢您的支持与合作！

第一部分：个人基本情况

1. 您的性别：（   ）

　　A. 男　　　　B. 女

2. 您的年龄：（   ）

　　A. 30岁及以下　　B. 31—40岁　　C. 41—50岁　　D. 50岁以上

3. 您的教龄：（   ）

　　A. 5年及以下　B. 6—10年　C. 11—20年　D. 21—30年　E. 30年以上

4. 您的初始学历：

　　A. 高中（中专）及以下　B. 大专　C. 本科　D. 硕士研究生及以上

5. 您职前所学专业：（   ）

6. 您曾任教的科目：（   ）

7. 您的职务：（　　）

8. 您所在的地区：（　　）县（　　）乡/镇（　　）村

9 您的职称：（　　）

A. 小教三级　　B. 小教二级　　C. 小教一级　　D. 小教高级

E. 中教三级　　F. 中教二级　　G. 中教一级　　H. 中教高级

I. 其他职称　　J. 无职称

10. 您是否为在编教师：（　　）

A. 在编　　　B. 不在编

第二部分：乡村中小学教师继续教育现状与发展需求

1. 您最近5年平均每年外出参加各种形式的培训次数是（　　）

A. 1次　　　B. 2次　　　C. 3—5次　　D. 6次以上　　E. 没有参加过

2. 您今年外出参加培训的次数是（　　）

A. 1次　　　B. 2次　　　C. 3次　　　D. 4次　　　E. 5次以上

3. 您认为比较合理的外出参加培训的频次是（　　）

A. 每5年1次　　　B. 每5年2—3次　　　C. 每5年4—5次

D. 每年一次以上　　E. 不需要

4. 您最近5年参加了哪些级别的培训（　　）

A. 国家级　　B. 省级　　C. 地市级　　D. 县级　　E. 乡镇及校本培训

5. 您最近5年平均每次参加培训的时间是（　　）

A. 1-2天　　B. 3-5天　　C. 一周左右　　D. 10天以上　　E. 没参加过

6. 您每次参加培训的时间大多集中在（　　）

A. 平时工作日　B. 周末　C. 寒暑假　D. 法定节假日　E. 不固定，随时

7. 您认为乡村教师培训实施的时间最好安排在（　　）

A. 在工作日中抽出一部分时间　　　B. 双休日　　　C. 寒暑假

D. 在工作日中抽出部分时间与节假日结合　　　E. 无所谓，没有时间限制

8. 您对参加教师培训的态度是（　　）

A. 非常愿意　　B. 愿意　　C. 一般　　D. 不太愿意　　E. 不愿意

9. 您最近5年参加培训的主要动因是（　　）

A. 政策规定不得不参加　　B. 学历达标　　C. 职称评聘　　D. 职位升迁

E. 自我提高　　F. 选择更好的工作环境　　G. 跟形势随大流　　H. 其他

10. 您最近5年参加培训的内容主要集中在（　　）

A. 一般科学文化知识　　B. 教育心理及教法知识　C. 学科专业知识

D. 教育教学能力　　E. 科研方法　　F. 班主任工作　　G. 专业理念与师德

H. 其他

11. 您参加的培训内容是否符合您的需要（   ）

A. 完全符合   B. 基本符合   C. 一般   D. 不大符合   E. 不符合

12. 您认为最受教师欢迎的培训形式是（   ）

A. 专家授课、做讲座   B. 导师指导下自学   C. 校本教研

D. 与课题相结合的教育研究   E. 同行经验介绍、交流讨论

F. 网络远程培训   G. 教学现场考察、教学观摩   H. 案例教学

I. 教师对学员个别指导   J. 其他

13. 目前，在教师专业素养方面，您认为自己最需要得到的培训是（   ）

A. 一般科学文化知识   B. 教育心理及教法知识   C. 学科专业知识

D. 学科教学技能   E. 科研方法   F. 班主任工作   G. 专业理念与师德

H. 教师职业发展规划   I. 其他

14. 目前，在教师专业知识方面，您认为最需要得到的培训是（   ）

A. 一般科学文化知识   B. 学科专业知识   C. 教育心理及教法知识

D. 职业理解与认识   E. 其他

15. 目前，在教师专业能力方面，您认为最需要得到的培训是（   ）

A. 学科教学能力   B. 现代教育技术能力   C. 班级组织与管理能力

D. 科研能力   E. 沟通与合作能力   F. 教育教学评价能力

G. 反思与发展能力   H. 其他

16. 您参与过的教师培训的主要形式有（   ）

A. 专家授课、做讲座   B. 导师指导下自学   C. 校本教研

D. 与课题相结合的教育研究   E. 同行经验介绍、交流讨论

F. 网络远程培训   G. 教学现场考察、教学观摩   H. 案例教学

I. 教师对学员个别指导   J. 其他

17. 您认为对您最有效的培训形式排在前三位的是（   ）

A. 专家授课、做讲座   B. 导师指导下自学   C. 校本教研

D. 与课题相结合的教育研究   E. 同行经验介绍、交流讨论

F. 网络远程培训   G. 教学现场考察、教学观摩   H. 案例教学

I. 教师对学员个别指导   J. 其他

18. 以下培训形式您认为对您帮助较小的三种是（   ）

A. 专家授课、做讲座   B. 导师指导下自学   C. 校本教研

D. 与课题相结合的教育研究   E. 同行经验介绍、交流讨论

F. 网络远程培训   G. 教学现场考察、教学观摩   H. 案例教学

I. 教师对学员个别指导   J. 其他

19. 您经常参加培训的途径主要是（   ）

A. 到本地培训机构学习   B. 到外地培训机构学习

C. 利用网络、新媒体的远程教育   D. 参加校本培训   E. 其他

20. 您希望参加培训的途径是（   ）

A. 到本地培训机构学习   B. 到外地培训机构学习

C. 利用网络、新媒体的远程教育   D. 参加校本培训   E. 其他

21. 对您实施培训的教师主要是（   ）

A. 本地进修或本校骨干教师   B. 一线教学名师   C. 学科教学专家

D. 教育心理科学专家   E. 教育行政领导   F. 其他

22. 您认为承担培训任务的教师是否了解乡村教育教学实际（   ）

A. 非常了解   B. 基本了解   C. 不太了解   D. 不了解

23. 您认为承担培训任务的教师是否了解您的培训需求（   ）

A. 非常了解   B. 基本了解   C. 不太了解   D. 不了解   E. 说不清楚

24. 您认为培训者最重要的是（   ）

A. 讲课幽默风趣，有吸引力   B. 理论功底深厚   C. 能理论联系实践

D. 善于与学员交流   E. 教学能力强   F. 声名显赫   G. 其他

25. 对您的提高帮助最大的培训者是（   ），其次是（   ）（   ）

A. 本地进修学校老师   B. 本校骨干教师   C. 一线教学名师

D. 教育心理学科专家   E. 学科教学法专家   F. 教育行政领导

26. 您对国家、省、市、县教师继续教育政策和要求的了解是（   ）

A. 非常了解   B. 了解一些   C. 了解较少   D. 不了解

27. 培训前，培训机构或培训者向您收集过关于培训哪些方面的信息或建议（   ）

A. 教学中遇到的困难   B. 已有的知识技能   C. 已参加过的培训

D. 对培训内容的需求   E. 对培训方式的意见   F. 对培训者的建议

G. 没有收集过

28. 培训中，培训机构或培训者是否向您询问过您对培训的建议并做出相应调整（   ）

A. 询问过，并做出一些调整   B. 询问过，但没有做出调整

C. 没有询问，但是感觉培训中有调整   D. 没有询问，没有调整

29. 培训结束后，培训机构或培训者通过哪些方式征求您对培训的看法（   ）

A. 填问卷　　B. 做访谈　　C. 填写意见书　　D. 派人回访或电话回访

E. 其他方式　　F. 没有征求过

30. 您参与培训的内容主要决定者是（　　）

A. 国家教育政策规定　　B. 教育主管部门或领导　　　C. 培训机构

D. 培训主讲教师　　　　E. 受训教师自己选择　　　　F. 不清楚

31. 您所在学校是否支持教师参加各种培训活动（　　）

A. 积极支持　　B. 比较支持　　C. 一般　　D. 不太支持　　E. 不支持

32. 您参与在职培训所需费用的承担方式是（　　）

A. 所在学校承担　　　B. 培训教师个人承担　　C. 个人与学校按比例分担

D. 学校与政府按比例分担　　E. 个人与政府按比例分担　　F. 其他

33. 您对在职培训所需费用的感受是（　　）

A. 费用太高，不堪重负　　B. 费用较高，负担较重

C. 可以承受，但有一定困难　　D. 费用适中，可以承受

E. 费用不成问题，完全能够承受

34. 在您参加过的培训中，常用的考核方式有（　　）

A. 写论文　　B. 笔试　　C. 实践操作（比如试讲、制作教学课件或软件）

D. 出勤情况　　E. 跟踪培训后教学检查　　F. 没有考核　　G. 其他

35. 您希望培训的考核方式是（　　）

A. 写论文　　B. 笔试　　C. 实践操作（比如试讲、制作教学课件或软件）

D. 出勤情况　　E. 跟踪培训后教学检查　　F. 其他

36. 您怎样评价目前教师在职培训的实效性？（　　）

A. 很高　　B. 比较高　　C. 一般　　D. 比较低　　E. 很低

37. 您认为当前乡村教师培训中，做得比较好的方面是（　　）

A. 师资水平高　　B. 培训方式灵活多样　　C. 目的明确合理

D. 课程设置合理　　E. 学员交流多　　F. 时间、经费充足

G. 学员考核及时、合理　　H. 其他

38. 您认为当前乡村教师培训中存在的主要问题是（　　）

A. 费用太高　　B. 学习时间不足，工学矛盾突出　　C. 培训内容没有针对性

D. 培训者素质不高　　E. 培训形式单一　　F. 培训机构基础薄弱，条件差

G. 培训激励机制不完善　　H. 培训评价机制不健全　　I. 教师参与意识不强，积极性不高　　J. 培训后跟踪辅导不够　　K. 其他

39. 您认为乡村教师专业发展的优势是（　　）

A. 国家重视，有政策支持　　　　B. 所在学校重视，时间经费有保障

C. 教师自身专业发展需求迫切　　D. 工作任务量小，学习时间有保障

E. 学习资源丰富，可以满足教师专业发展需求　　F. 其他

40. 您认为乡村教师专业发展的弱势是（　　）

A. 教育观念比较保守　　B. 教育教学改革信息缺乏　　C. 教师学历层次低

D. 教师学科知识陈旧　　E. 教师教育教学能力较低

F. 教师职业动机不强，专业发展自觉性不高

G. 信息技术不发达，资源有限　　H. 政策或学校不支持　　I. 其他

41. 您在自身专业发展方面存在哪些困难或问题（　　）

A. 工作忙，没时间　　B. 信息闭塞　　C. 资源有限，没办法发展

D. 能够胜任工作，没必要进修　　E. 缺乏发展动力，不想进修

F. 对各种培训制度和规范认识不清　　G. 其他

再次感谢您参与此次调查！

附录5：乡村中小学教师专业发展现状与需求访谈提纲

访谈1：对乡村中小学教师的访谈

1. 您是如何理解教师专业能力的？

2. 您是否知道我国目前有哪些教师专业能力标准？您对此标准是否满意？如果不满意请谈谈您的理由。

3. 您认为在新课改的背景下，您最欠缺的专业能力有哪些？给您的工作带来哪些困难？

4. 您在师范院校学习期间曾受过哪些方面的教师专业能力训练？所受训练对您目前工作帮助有多大？

5. 您是通过什么途径入校当上正式老师的？详细谈谈您的聘任过程。

6. 您在走上工作岗位后有没有接受过教师专业能力的培训？通过培训您最希望提高哪些方面的专业能力？

7. 您认为目前的教师培训是否能达到提升教师专业素养的目的？具体谈谈你所接受的一些培训的情况。

8. 您参加教师培训的费用从何而来？您认为目前教师继续教育费用分担分配是否合理？教师培训由哪些机构承担对提高教师专业能力的效果最好？

9. 您所在学校或地区是否将教师专业能力纳入教师资格认证、学校聘任教

师的管理体系之中？您对这一问题是怎样理解的？

10. 您在教育教学工作中遇到哪些困难？您希望这些困难通过什么方式得到解决？

访谈2：对县域教师进修学校校长或教师的访谈

1. 请介绍一下您所在进修学校的办学条件、教学、管理、培训能力等方面的基本情况。

2. 您所在进修学校有多少专任教师？他们的年龄、学历、职称、专业等方面的基本情况怎样？

3. 您所在进修学校每年承担的常规性的培训任务有哪些？有哪些即时性的任务？

4. 您认为您学校的老师能否承担这些师资培训的任务？完成任务的情况如何？

5. 作为一名进修学校教师，您认为您自身的专业能力水平如何？

6. 作为一名进修学校教师，您认为您在承担培训任务时遇到哪些困难？您一般是如何解决这些困难的？

7. 您认为就您的专业水平，能够胜任所有的中小学教师的培训任务吗？

8. 谈谈您自身的情况，包括毕业院校、所学专业、特长、任职年限、进修情况等。

9. 您认为目前县域教师进修学校的培训能力到底如何？

10. 您认为目前县域教师进修学校存在哪些问题？谈谈您自己对这些问题的看法以及解决途径。

访谈3：对乡村中小学校长或其他学校领导的访谈

1. 您是如何理解教师专业标准的？

2. 您的学校在招聘教师时的标准主要有哪些？教师专业素质在教师应聘条件中所占比例大概是多少？

3. 您所在学校或地区是否将教师专业能力标准纳入教师资格认证、学校聘任教师的管理体系之中？您对此问题是怎样理解的？

4. 您对您学校教师的专业素质水平是否满意？您认为您学校的教师专业发展还存在哪些问题？

5. 您学校资金是如何分配的？有没有用到提高教师专业素质上？如果有，所占比例大概多少？

6. 您认为目前教师在职培训费用分担分配是否合理？如果不合理，您认为有效的解决途径是什么？

7. 您认为当前农村教师培训机构存在哪些问题？由哪些机构承担培训工作对提高教师专业能力的效果最好？

8. 您是怎样解决教师参与在职培训中的工学矛盾问题的？

9. 您所在学校对参与在职培训的教师有哪些激励机制？

10. 您认为当前限制农村教师专业发展的主要原因是什么？提出您的一些合理化建议。

附录6：乡村幼儿教师继续教育现状与发展需求调查问卷

尊敬的老师：

您好！为了了解幼儿教师专业素养现状及提升需求，我们特别邀请您参加此项调查。本调查问卷分为两部分，第一部分：个人基本情况；第二部分：乡村幼儿教师继续教育现状与发展需求调查问卷。选项没有好坏对错之分，请根据要求如实回答。本次调查为匿名性质，我们对您提供的资料将严格保密。感谢您的支持与合作！

第一部分：个人基本情况。以下是您的一些基本资料，请根据您的实际情况在选项上打√或填写。

1. 您的性别是：○男 ○女
2. 您的年龄是：○20岁以下 ○21—25岁 ○26—30岁 ○31—40岁 ○41岁以上
3. 您的教龄为：○不足1年 ○1—3年 ○4—6年 ○7—10年 ○11—20年 ○21年及以上
4. 您的初始学历是：○高中（中专）及以下 ○大专 ○本科 ○硕士研究生及以上
5. 您目前最高的学历是：○高中（中专）及以下 ○大专 ○本科 ○硕士研究生及以上
6. 您职前所学专业是：○学前教育（幼儿教育） ○特殊教育 ○小学教育（初等教育）○心理学 ○体育学 ○文学 ○管理学 ○医学 ○艺术学 ○教育技术学 ○理学 ○无专业○其他_____

7. 您的教师资格证类型为：○幼儿教师资格证　○小学教师资格证　○初级中学教师资格证　○高级中学教师资格证　○中等职业学校教师资格证　○无

8. 您目前的职称是：○高级　○一级　○二级　○三级　○无职称　○其他职称_____

9. 您是否为正式在编幼儿教师：○是　○否

10. 您的幼儿园所在地区是：_____

11. 您所在的班级中的教师人数为（包括保育员）：
○1人　○2人　○3人　○4人　○5人　○其他_____

12. 您在幼儿园担任的职务是：○园长　○园长助理　○主班教师　○副班教师○保育员　○专科教师　○其他_____

13. 您所在的幼儿园的性质是：○公办园　○民办园　○集体/企事业办园　○其他_____

14. 您目前的每月的工资为_____

第二部分：乡村幼儿教师继续教育现状与发展需求调查问卷。无论单项选择题还是多项选择题，请选择您认为最合适的答案，在序号上打"√"，请不要漏掉任何一项。

15. 您最近5年平均每年参加各种形式的培训次数是［单选题］：
○1次　○2次　○3—5次　○6次以上　○没有参加过（请跳至第37题）

16. 您今年外出参加培训的次数是［单选题］：
○1次　○2次　○3次　○4次　○5次以上

17. 您最近5年平均每次参加培训的时间是［单选题］：
○1—2天　○3—5天　○1周左右　○10天以上

18. 您每次参加培训的时间大多在［单选题］：
○平时工作日　○周末　○寒暑假　○法定节假日　○不固定，随时

19. 您最近5年参加了哪些级别的培训［多选题］：
○国家级　○省级　○地市级　○县级　○乡镇及园本培训

20. 您最近5年参与培训的主要动因是什么［多选题］：
○政策规定　○学历达标　○职称评聘　○自我提高　○职位升迁　○选择更好的工作环境　○跟形势随大流　○其他_____

21. 您最近5年参加培训的内容主要集中在［多选题］：
○专业理念与师德　○幼儿发展知识　○幼儿保育和教育知识　○通识性知识　○专业能力　○科研方法　○农村学前教育动态　○其他_____

22. 您参加的培训内容是否符合您的需要 [单选题]：
○完全符合　○基本符合　○一般　○不大符合　○不符合

23. 您参与过的教师培训的主要形式有 [多选题]：
○专家授课、做讲座　○导师指导下自学　○与课题相结合的教育研究
○同行经验介绍、交流讨论　○教育活动现场考察、观摩
○案例教学　○教师对学员个别指导　○园本教研　○网络远程培训
○师徒带教　○其他_____

24. 您经常参加培训的途径主要是 [多选题]：
○到本地培训机构学习　○到外地培训机构学习　○参加园本培训
○利用网络、新媒体的远程教育　○其他_____

25. 对您实施培训的教师主要是 [多选题]：
○本地教师进园或本园骨干教师　○培训机构教师　○优秀幼儿园一线教师　○较高水平的大学教师　○教育行政领导　○幼儿园管理者　○其他_____

26. 您认为承担培训任务的教师是否了解乡村学前教育实际 [单选题]：
○非常了解　○基本了解　○不太了解　○不了解

27. 您认为承担在职培训教学的教师是否了解您的培训需求 [单选题]：
○非常了解　○基本了解　○不太了解　○不了解　○说不清楚

28. 对您的提高帮助最大的培训者是（　　），其次是（　　）[排序题，请在中括号内依次填入数字]：
[ ] 本地教师进园或本园骨干教师　　[ ] 优秀幼儿园一线教师
[ ] 较高水平的大学教师　[ ] 培训机构教师　[ ] 教育行政领导
[ ] 幼儿园管理者　[ ] 其他

29. 培训前，培训机构或培训者向您收集过关于培训哪些方面的信息或建议 [多选题]：
○教学中遇到的困难　○已有的知识技能　○对培训内容的需求
○对培训方式的意见　○对培训者的建议　○已参加过的培训
○没有收集过　○其他_____

30. 培训中，培训机构或培训者是否向您询问过您对培训的建议并做出相应调整 [单选题]：
○询问过，并做出一些调整　○询问过，但没有做出调整
○没有询问，但是感觉培训中有调整　○没有询问，没有调整

31. 培训结束后，培训机构或培训者通过哪些方式征求您对培训的看法 [多

选题］：

○填问卷　○做访谈　○填写意见书　○派人回访或电话回访

○没有征求过　○其他方式_____

32. 您参与培训的内容的主要决定者是［单选题］：

○国家教育政策规定　○教育主管部门或领导　○培训机构

○培训主讲教师　○受训教师自己选择　○不清楚

33. 您所在幼儿园是否支持教师参加各种培训活动［单选题］：

○积极支持　○比较支持　○一般　○不太支持　○不支持

34. 您参与在职培训所需费用的承担方式是［单选题］：

○所在幼儿园承担　○幼儿园与政府按比例分担　○培训教师个人承担

○个人与幼儿园按比例分担　○个人与政府按比例分担　○其他_____

35. 您对在职培训所需费用的感受是［单选题］：

○费用太高，不堪重负　○费用较高，负担较重　○可以承受，但有一定困难　○费用适中，可以承受　○费用不成问题，完全能够承受

36. 在您参加过的培训中，常用的考核方式有［多选题］：

○写论文　○笔试　○实践操作（比如试讲、制作教学课件或软件）

○出勤情况　○跟踪培训后教学　○没有考核　○其他_____

37. 您认为比较合理的外出参加培训的频次是［单选题］：

○每5年1次　○每5年2—3次　○每5年4—5次　○每年一次以上

○不需要

38. 您认为乡村教师培训实施的时间最好是在［单选题］：

○在工作日中抽出一部分时间　○双休日　○寒暑假

○在工作日中抽出部分时间与节假日结合　○无所谓，没有时间限制

39. 您对参加教师培训的态度是［单选题］：

○非常愿意　○愿意　○一般　○不太愿意　○不愿意

40. 您对国家、省、市、县教师培训政策和要求的了解是［单选题］：

○非常了解　○了解一些　○了解较少　○不了解

41. 目前，在教师专业素养方面，您认为自己最需要得到的培训是［多选题］：

○专业理念与师德　○幼儿发展知识　○幼儿保育和教育知识

○通识性知识　○专业能力　○科研方法　○农村学前教育动态

○教师职业发展规划　○其他_____

42. 在教师专业知识方面，您认为您目前最需要得到的培训是［多选题］：

○幼儿发展知识　○幼儿保育与教育知识　○通识性知识　○其他_____

43. 目前，在教师专业能力方面，您认为最需要得到的培训是［多选题］：
○环境创设与利用　　○一日生活的组织与保育　　○游戏活动的支持与引导
○教育活动的计划与实施　　○激励与评价能力　　○沟通与合作能力
○反思与发展能力　　○其他_____

44. 您认为对您有效的培训形式排在前三位的是［排序题，请在中括号内依次填入数字］：
［　］专家授课、做讲座　　［　］导师指导下自学　　［　］园本教研
［　］与课题相结合的教育研究　　［　］同行经验介绍、交流讨论　　［　］网络远程培训　　［　］教育活动现场考察、观摩　　［　］案例教学　　［　］师徒带教
［　］教师对学员个别指导　　［　］其他

45. 以下培训形式您认为对您帮助较小的三种是［排序题，请在中括号内依次填入数字］：
［　］专家授课、做讲座　　［　］导师指导下自学　　［　］园本教研
［　］与课题相结合的教育研究　　［　］同行经验介绍、交流讨论　　［　］网络远程培训　　［　］教育活动现场考察、观摩　　［　］案例教学　　［　］师徒带教
［　］教师对学员个别指导　　［　］其他

46. 您希望参加培训的途径是［多选题］：
○到本地培训机构学习　　○到外地培训机构学习　　○参加园本培训
○利用网络、新媒体的远程教育　　○其他_____

47. 您认为培训者最重要的是［多选题］：
○讲课幽默风趣，有吸引力　　○理论功底深厚　　○善于与学员交流
○教学能力强　　○能理论联系实践　　○声名显赫　　○其他_____

48. 您希望培训的考核方式是［多选题］：
○写论文　　○笔试　　○实践操作（如试讲、制作教学课件或软件）
○出勤情况　　○跟踪培训后教学检查　　○没有考核　　○其他_____

49. 您怎样评价目前乡村教师在职培训的实效性［单选题］：
○很高　　○比较高　　○一般　　○比较低　　○很低

50. 您认为当前乡村幼儿教师培训中，做得比较好的方面是［多选题］：
○师资水平高　　○培训方式灵活多样　　○课程设置合理　　○学员交流多
○学员考核及时、合理　　○目的明确合理　　○时间、经费充足　　○其他_____

51. 您认为当前乡村幼儿教师培训中存在的主要问题是［多选题］：
○费用太高　○学习时间不足，工学矛盾突出　○培训内容没有针对性
○培训者素质不高　○培训形式单一　○培训机构基础薄弱，条件差
○培训激励机制不完善　○培训评价机制不健全
○教师参与意识不强，积极性不高　○培训后跟踪辅导不够　○其他_____

52. 您认为乡村幼儿教师专业发展的优势是［多选题］：
○国家重视，有政策支持　○所在幼儿园重视，时间经费有保障
○教师自身专业发展需求迫切　○工作任务量小，学习时间有保障
○学习资源丰富，可以满足教师专业发展需求　○其他_____

53. 您认为乡村幼儿教师专业发展的弱势是［多选题］：
○教育观念比较保守　○教育教学改革信息缺乏　○教师学历层次低
○教师专业知识陈旧　○教师教育能力较低　○教师职业动机不强，专业发展自觉性不高　○信息技术不发达，资源有限　○政策或幼儿园不支持
○教师数量不足　○其他_____

54. 您在自身专业发展方面存在哪些困难或问题［多选题］：
○工作忙，没时间　○信息闭塞　○资源有限，没办法发展
○能够胜任工作，没必要参加培训　○缺乏发展动力，不想参加培训
○对各种培训制度和规范认识不清　○其他_____

感谢您参与此次调查！

附录7：乡村中小学幼儿园教师继续教育满意度调查问卷

尊敬的老师：

您好！

为了了解您对乡村教师继续教育 I-U-G-S 模式实施的满意度，我们特别邀请您参加此项调查。本调查问卷共分为两部分，答案没有好坏对错之分，请根据要求如实回答。本次调查为匿名性质，我们对您提供的资料将严格保密，感谢您的支持与合作！

一、参训教师基本情况

1. 您的性别：
A. 男　　B. 女

2. 您的年龄：

A. 20 岁及以下　　B. 21—25 岁　　C. 26—30 岁　　D. 31—40 岁　　E. 41—50 岁

F. 50 岁以上

3. 您的教龄：

A. 不足 1 年　　B. 1—3 年　　C. 4—6 年　　D. 7—10 年　　E. 11—20 年

F. 21—30 年　　G. 30 年以上

4. 您的初始学历：

A. 高中（中专）及以下　　B. 大专　　C. 本科　　D. 硕士研究生及以上

5. 您的最高学历：

A. 高中（中专）及以下　　B. 大专　　C. 本科　　D. 硕士研究生及以上

6. 您的职称：

A. 中教三级　　B. 中教二级　　C. 中教一级　　D. 中教高级　　E. 小教三级

F. 小教二级　　G. 小教一级　　H. 小教高级　　I. 幼教三级　　J. 幼教二级

K. 幼教一级　　L. 幼教高级　　M. 其他职称　　N. 无职称

7. 您是否为在编教师：

A. 在编　　　　B. 不在编

二、参训教师培训满意度

（一）培训时间

1. 您对培训时间的选择（　　）

A. 很不满意　　B. 不满意　　C. 一般　　D. 满意　　E. 很满意

2. 您对培训周期长度（　　）

A. 很不满意　　B. 不满意　　C. 一般　　D. 满意　　E. 很满意

（二）培训内容

3. 您对培训内容的针对性（　　）

A. 很不满意　　B. 不满意　　C. 一般　　D. 满意　　E. 很满意

4. 您对培训内容的全面性（　　）

A. 很不满意　　B. 不满意　　C. 一般　　D. 满意　　E. 很满意

（三）培训形式

5. 您对培训形式的多样性（　　）

A. 很不满意　　B. 不满意　　C. 一般　　D. 满意　　E. 很满意

6. 您对培训内容的灵活性（　　）

A. 很不满意　　B. 不满意　　C. 一般　　D. 满意　　E. 很满意

（四）培训师资

7. 您对培训师资人员的构成（　　）

A. 很不满意　　B. 不满意　　C. 一般　　D. 满意　　E. 很满意

8. 您对培训师资人员的授课水平（　　）

A. 很不满意　　B. 不满意　　C. 一般　　D. 满意　　E. 很满意

（五）培训管理

9. 你对培训各方面的组织安排（　　）

A. 很不满意　　B. 不满意　　C. 一般　　D. 满意　　E. 很满意

10. 您对培训考核的评价方式（　　）

A. 很不满意　　B. 不满意　　C. 一般　　D. 满意　　E. 很满意

11. 您对培训后期的追踪管理（　　）

A. 很不满意　　B. 不满意　　C. 一般　　D. 满意　　E. 很满意

再次感谢您参与此次调查！

附录8：乡村中小学教师继续教育需求度和认可度调查问卷

一、参训教师基本情况

1. 您的性别：

A. 男　　　B. 女

2. 您的年龄：

A. 30 岁及以下　　B. 31—40 岁　　C. 41—50 岁　　D. 50 岁以上

3. 您的教龄：

A. 5 年及以下　B. 6—10 年　C. 11—20 年　D. 21—30 年　E. 30 年以上

4. 您的初始学历：

A. 高中（中专）及以下　B. 大专　C. 本科　D. 硕士研究生及以上

5. 您的最高学历：

A. 高中（中专）及以下　B. 大专　C. 本科　D. 硕士研究生及以上

6. 您的职称：

A. 中教三级　　B. 中教二级　　C. 中教一级　　D. 其他职称　　E. 无职称

7. 您是否为在编教师：

A. 在编　　　B. 不在编

229

二、参训教师培训需求

(一) 参训教师目的

1. 通过培训，您希望（   ）

A. 为了积累培训经历，为晋升职称准备条件   B. 为了个人的专业发展

C. 为了结交专业人士和朋友   D. 为了开拓视野，了解专业发展新方向

2. 通过培训，您最希望哪些方面得到提升（   ）

A. 专业理念   B. 专业知识   C. 专业能力

(二) 培训时间

3. 您认为比较合理的外出参加培训的频次是（   ）

A. 每3年1次   B. 每2年3—4次   C. 每年1次   D. 每半年1次

E. 每月1次   F. 不需要

4. 您愿意选择在什么时间接受继续教育或培训（   ）（可多选）

A. 在工作日中抽出一部分时间   B. 双休日   C. 寒暑假

D. 在工作日中抽出部分时间与节假日结合   E. 无所谓，没有时间限制

5. 您希望每次参加培训的时间长度是（   ）

A. 1—2天   B. 3—5天   C. 一周左右   D. 10天以上   E. 不想参加

(三) 培训内容

6. 在教师专业素养方面，您最需要得到的培训是（   ）（可多选）

A. 一般科学文化知识   B. 教育心理及教法知识   C. 学科专业知识

D. 学科教学技能   E. 科研方法   F. 班主任工作   G. 专业理念与师德

H. 教师职业发展规划   I. 与乡村教育实际相结合的课程的开发设计

J. 其他

7. 在专业理念方面，您最需要得到的培训是（   ）（可多选）

A. 党和国家的教育方针政策   B. 中学教师的专业性和独特性

C. 农村中学教育工作的内容和特点   D. 农村中学生的身心发展特点

E. 中学生学习认知能力   F. 中学教师的修养和行为规范

8. 在教师专业知识方面，您最需要得到的培训是（   ）（可多选）

A. 一般科学文化知识   B. 学科专业知识

C. 农村中学生心理健康相关的知识   D. 农村中学教育教法知识

E. 信息化技术教学知识   F. 通识知识   G. 其他

9. 在教师专业能力方面，您最需要得到的培训是（   ）（可多选）

A. 课堂学科教学能力   B. 现代教育技术运用能力   C. 班级组织与管理能力

D. 教育教学研究能力　　E. 沟通与合作能力　　F. 教育教学评价能力

G. 反思与发展能力　　H. 课程的开发设计与乡村教育实际相结合　　I. 其他

（四）培训形式

10. 您愿意接受的培训的方式是（　　）（可多选）

A. 专家进行专题讲座　　B. 导师指导下自学　　C. 校本教研

D. 与课题相结合的教育研究　　E. 同行经验介绍、交流讨论

F. 网络远程培训　　G. 教学现场考察、教学观摩　　H. 案例教学

I. 师徒带教　　J. 其他

11. 您希望参加培训的途径是（　　）（可多选）

A. 到本地培训机构学习　　B. 到外地培训机构学习

C. 利用网络、新媒体的远程教育　　D. 请专家到本校培训　　E. 其他

（五）培训者

12. 你喜欢的培训师资是（　　）（可多选）

A. 中学教育领域的专家　　B. 初中校长　　C. 初中一线教师

D. 初中各科教研员　　E. 培训机构的培训人员

13. 您认为培训者最重要的是（　　）（可多选）

A. 讲课幽默风趣，有吸引力　　B. 理论功底深厚　　C. 能理论联系实践

D. 善于与学员交流　　E. 教学能力强　　F. 声名显赫　　G. 其他

（六）培训管理

14. 您希望的培训组织安排包括（　　）（可多选）

A. 管理人员分工合理，业务素质高　　B. 管理人员工作负责，态度好

C. 提供实践的机会　　D. 提供良好的培训食宿环境

E. 提供培训需要的线上网络学习平台

F. 安排好培训教师的业余生活，包括电子阅览室、体育馆、图书馆等

G. 有详细的培训方案和培训计划

H. 制定完善的培训管理制度，如教学管理制度、学员管理制度等

15. 您希望培训的考核方式是（　　）（可多选）

A. 写论文　　B. 学科知识笔试

C. 实践操作（比如汇报课展示、制作教学课件或软件）　　D. 出勤情况

E. 培训总结和心得体会　　F. 跟踪培训后教学检查

G. 不考核直接结业　　H. 其他

231

16. 您希望的后期跟踪管理主要开展哪些内容（　　）

A. 听课评课　B. 课例分析　C. 教学比赛　D. 课题申报实施指导

E. 教研指导

再次感谢您参与此次调查！

附录9：乡村幼儿园教师继续教育需求度和认可度调查问卷

尊敬的老师：

您好！

为了了解幼儿教师继续教育的需求，我们特别邀请您参加此项调查。本调查问卷分为两部分，第一部分：个人基本情况；第二部分：参训教师培训需求。选项没有好坏对错之分，请根据要求如实回答。本次调查为匿名性质，我们对您提供的资料将严格保密。

感谢您的支持与合作！

一、参训教师基本情况

1. 您的性别：

A. 男　　B. 女

2. 您的年龄：

A. 20岁及以下　B. 21—25岁　C. 26—30岁　D. 31—40岁　E. 40岁以上

3. 您的教龄：

A. 不足1年　B. 1—3年　C. 4—6年　D. 7—10年　E. 11—20年

F. 20年以上

4. 您的初始学历：

A. 高中（中专）及以下　B. 大专　C. 本科　D. 硕士研究生及以上

5. 您的最高学历：

A. 高中（中专）及以下　B. 大专　C. 本科　D. 硕士研究生及以上

6. 您的职称：

A. 高级　B. 一级　C. 二级　D. 三级　E. 无职称　F. 其他

7. 您是否为在编教师：

A. 在编　　　B. 不在编

二、参训教师培训需求

(一) 参训教师目的

1. 通过培训，您认为可以（   ）

A. 积累培训经历，为晋升职称准备条件   B. 促进个人的专业发展

C. 结交专业人士和朋友   D. 开拓视野，了解专业发展新方向

2. 通过培训，您认为您在哪方面得到了最好的提升（   ）

A. 专业理念与师德   B. 专业知识   C. 专业能力

(二) 培训时间

3. 您认为比较合理的外出参加培训的频次是（   ）

A. 每3年1次   B. 每2年3—4次   C. 每年1次

D. 每半年1次   E. 每月1次   F. 不需要

4. 您愿意选择在什么时间接受继续教育或培训（   ）（可多选）

A. 在工作日中抽出一部分时间   B. 双休日   C. 寒暑假

D. 在工作日中抽出部分时间与节假日结合   E. 无所谓，没有时间限制

5. 您希望每次参加培训的时间长度是（   ）

A. 1—2天   B. 3—5天   C. 一周左右   D. 10天以上   E. 不想参加

(三) 培训内容

6. 在教师专业素养方面，您认为最有效的培训是（   ）（可多选）

A. 对幼儿的态度与行为   B. 幼儿保育与教育的行为态度

C. 个人修养与行为   D. 职业理解与认识   E. 幼儿发展知识

F. 幼儿保育和教育知识   G. 通识性知识   H. 环境的创设与利用

I. 一日生活的组织与保育   J. 游戏活动的支持与引导

K. 教育活动的计划与实施   L. 激励与评价

M. 沟通与合作   N. 反思与发展

7. 在专业理念方面，您认为最有效的培训是（   ）（可多选）

A. 党和国家的教育方针政策   B. 幼儿园教师的专业性和独特性

C. 幼儿园教育工作的内容和特点   D. 幼儿的身心发展特点

E. 幼儿园教师的修养和行为规范

8. 在教师专业知识方面，您认为最有效的培训是（   ）（可多选）

A. 一般科学文化知识   B. 艺术欣赏与表现知识

C. 幼儿发展知识   D. 幼儿保育和教育知识

E. 现代信息技术知识   F. 其他

9. 在教师专业能力方面，您认为最有效的培训是（　　）（可多选）

A. 环境的创设与利用能力　　B. 一日生活的组织与保育能力

C. 游戏活动的支持与引导能力　　D. 教育活动的计划与实施能力

E. 激励与评价能力　　F. 沟通与合作能力

G. 反思与发展能力　　H. 其他

（四）培训形式

10. 您愿意接受的培训的方式是（　　）（可多选）

A. 专家进行专题讲座　　B. 导师指导下自学　　C. 园本教研

D. 与课题相结合的教育研究　　E. 同行经验介绍、交流讨论

F. 网络远程培训　　G. 教学现场考察、教学观摩

H. 案例教学　　I. 师徒带教　　J. 其他

11. 您希望参加培训的途径是（　　）（可多选）

A. 到本地培训机构学习　　B. 到外地培训机构学习

C. 利用网络、新媒体的远程教育　　D. 请专家到本园培训　　E. 其他

（五）培训者

12. 您喜欢的培训师资是（　　）（可多选）

A. 学前教育领域的高校专家　　B. 幼儿园园长

C. 幼儿园一线教师　　D. 培训机构的培训人员

13. 您认为培训者最重要的是（　　）（可多选）

A. 讲课幽默风趣，有吸引力　　B. 理论功底深厚　　C. 能理论联系实践

D. 善于与学员交流　　E. 教学能力强　　F. 声名显赫　　G. 其他

（六）培训管理

14. 您最认可的培训组织安排包括（　　）（可多选）

A. 管理人员分工合理，业务素质高　　B. 管理人员工作负责，态度好

C. 提供实践的机会　　D. 提供良好的培训食宿环境

E. 提供培训需要的线上网络学习平台

F. 安排好培训教师的业余生活，包括电子阅览室、体育馆、图书馆等

G. 有详细的培训方案和培训计划

H. 制定完善的培训管理制度，如教学管理制度、学员管理制度等

15. 您希望培训的考核方式是（　　）（可多选）

A. 写论文　　B. 知识笔试

C. 实践操作（比如汇报课展示、制作教学课件或软件）　　D. 出勤情况

E. 培训总结和心得体会　F. 跟踪培训后教学检查

G. 不考核直接结业　　H. 其他

16. 您最认可的后期跟踪管理主要开展哪些内容（　　　）

A. 听课评课　B. 课例分析　C. 教学比赛　D. 课题申报实施指导

E. 教研指导

再次感谢您参与此次调查！